"十三五"职业教育国家规划教材

微课版

财务管理

（第七版）

新世纪高职高专教材编审委员会 组编

主　编 赵晓丽 赵咏梅 裴更生

副主编 张岩瑾 王　丹 殷铁华

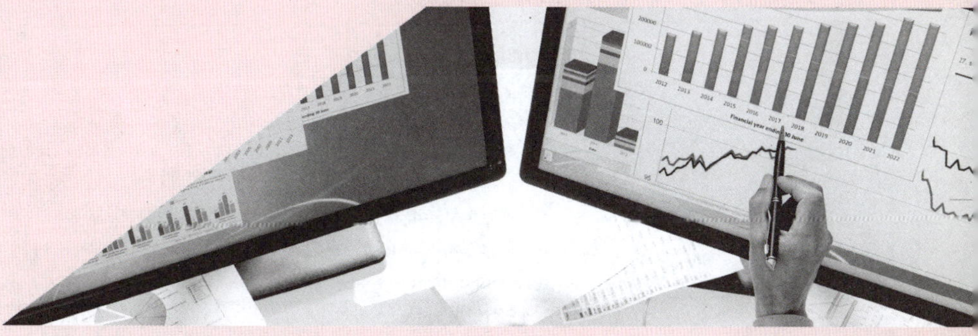

大连理工大学出版社

图书在版编目(CIP)数据

财务管理 / 赵晓丽，赵咏梅，裴更生主编. -- 7 版
. -- 大连 ：大连理工大学出版社，2022.1(2022.7 重印)
新世纪高职高专大数据与会计专业系列规划教材
ISBN 978-7-5685-3735-3

Ⅰ. ①财… Ⅱ. ①赵… ②赵… ③裴… Ⅲ. ①财务管理—高等职业教育—教材 Ⅳ. ①F275

中国版本图书馆 CIP 数据核字(2022)第 020070 号

大连理工大学出版社出版
地址:大连市软件园路 80 号　邮政编码:116023
发行:0411-84708842　邮购:0411-84708943　传真:0411-84701466
E-mail:dutp@dutp.cn　URL:http://dutp.dlut.edu.cn

辽宁虎驰科技传媒有限公司印刷　　大连理工大学出版社发行

幅面尺寸:185mm×260mm　　印张:15.5　　字数:397 千字
2004 年 7 月第 1 版　　2022 年 1 月第 7 版
2022 年 7 月第 3 次印刷

责任编辑:郑淑琴　　责任校对:王　健
封面设计:对岸书影

ISBN 978-7-5685-3735-3　　定　价:48.80 元

前言

《财务管理》(第七版)是“十三五”职业教育国家规划教材、“十二五”职业教育国家规划教材和普通高等教育“十一五”国家级规划教材,也是新世纪高职高专教材编审委员会组编的大数据与会计专业系列规划教材之一,本教材与《财务管理实训》(第六版)配套使用。

本教材在第六版基础上,根据教育部《高职高专教育财务管理课程教学基本要求》,并充分汇集了相关教学单位的意见和建议,进行了更切合高职高专教学实际、更有针对性的改进,在工学结合方面进行了大胆尝试,根据“项目引导,任务驱动”的原则编写,以期能满足高职高专教学的需要。本次修订主要有三方面的变化:一是增加了素质培养目标,将习近平新时代中国特色社会主义思想融入教材内容;二是修订了任务引例,用反映财会领域变革新法律、新法规和新标准的案例替换了原内容;三是更新了教材内容,补充了一些新的财务管理理论和方法。本次修订后,教材结构更合理,特色更鲜明,工学结合特点更突出。本教材的特色具体表现为:

1.完善的体系架构

本教材坚持“能力本位、工学结合、校企合作”的理念,以培养学生职业能力为目标来设计教材体系。本教材编写人员对企业、行业和职业工作过程有深入体验,力争通过先进的教学方法,使学生更好地学习和掌握职业能力和职业方法。

2.确定了基于财务管理岗位能力要求的“任务驱动,岗、证、课一体化”教学模块

本教材基于能力本位、任务一体化的要求,以职业标准、岗位工作能力要求为教学的基本要求,以项目教学、工学结合为实训的主要手段,重组教材内容,构建理论与实践相辅相成、以技能训练为主线的体系结构。这样既保证了知识的系统性、完整性,又力求内容精练、准确,简化理论叙述,使其简约明了,通俗易懂。

3.推进习近平新时代中国特色社会主义思想进教材

本次修订,增加了素质培养目标,将习近平新时代中国特色社会主义思想融入教材内容,引领学生认识当前我国经济发展新常态,深

刻理解中央提出的供给侧结构性改革，增强使命感，树立担当意识。深化职业理想和职业道德教育，引导学生成长为有理想、有本领、有担当的时代新人。

4.强化可操作性，注重应用能力的培养

本教材围绕高职高专教育培养应用型人才的目标，克服了“重理论、轻实践”的弊端，侧重实务介绍，力求接近企业财务管理实际，突出任务驱动，强化操作性，注重对学生实际应用能力的培养，从而有利于提高学生分析问题和解决问题的能力。

5.结构安排新颖，强化趣味性与可读性

本教材为满足教师讲授和学生自学的需要，项目中列出工作任务列表、项目引言及任务引例，正文按照“项目引言—任务引例—工作任务—职业能力操作—职业能力训练”的体例进行项目及任务分解。针对项目任务中的关键知识点和技能点，本教材制作了大量的微课，便于学生在线学习。同时，每个项目后附有针对性、启发性、实践性与趣味性较强的职业能力训练题。这样由浅入深，逐步提高学生学习的积极性，从而激发学生学习的主动性，使学生自觉地参与到教学中来，最终达到提升教学效果的目的。

本教材共分八个项目，分别为：财务管理基本认知，财务管理价值观念，筹资管理，投资管理，营运资本管理，收益分配管理，财务预算与控制，财务分析。

本教材由河北政法职业学院赵晓丽、东营职业学院赵咏梅、河北政法职业学院裴更生任主编，内蒙古机电职业技术学院张岩瑾、盘锦职业技术学院王丹、河北华诚会计师事务所有限公司殷铁华任副主编。具体的编写分工为：赵晓丽编写项目二、项目七；赵咏梅编写项目一；裴更生编写项目三、项目四；张岩瑾编写项目六；王丹编写项目五；殷铁华编写项目八。

在编写本教材的过程中，编者参考、引用和改编了国内外出版物中的相关资料以及网络资源，在此表示深深的谢意！相关著作权人看到本教材后，请与出版社联系，出版社将按照相关法律的规定支付稿酬。

本教材适用于大数据与会计专业、大数据与财务管理及相关专业的教学，也适用于在职人员培训及其他应用型人才的培养教育。

为方便教师教学和学生自学，本教材配有教学课件等配套资源，如有需要，请登录职教数字化服务平台获取。

本教材是相关高职院校与企业倾力合作和集体智慧的结晶。尽管在教材的特色建设方面我们做出了很多努力，但不足之处在所难免，恳请各相关高职院校和读者在使用本教材的过程中予以关注，并将意见或建议及时反馈给我们，以便修订时完善。

编　者

2022 年 1 月

所有意见和建议请发往：dutpgz@163.com
欢迎访问职教数字化服务平台：http://sve.dutpbook.com
联系电话：0411-84706671　84707492

目录

项目一

财务管理基本认知

职业能力目标

◎ 理解财务管理的概念及其目标；
◎ 掌握财务管理的基本内容及财务关系；
◎ 了解企业财务管理的环境；
◎ 熟悉财务管理机构及财务人员的职责。

素质培养目标

◎ 培养学生科学、严谨的工作作风；
◎ 具备理财基本认知，引导学生养成良好的职业素养；
◎ 培养学生与时俱进、积极合作的团队精神。

工作任务列表

- 项目一 财务管理基本认知
  - 工作任务1 财务管理目标确立
  - 工作任务2 财务管理环境分析

项目引言

财务管理的基础是企业财务管理赖以生存和发展的基本条件，企业要搞好财务管理离不开这些基本条件，只有具备了这些基本条件，财务管理工作才能正常地运行，其作用才能得到充分发挥。作为企业的财务管理人员，要想熟练运用有关知识和技能对企业进行财务管理，就必须从财务管理基本认知入手，学习相关知识。

工作任务1　财务管理目标确立

任务引例　**新《公司法》体现出了企业理财目标的实质**

财务管理目标是财务管理理论和实务的导向，是用来评价企业理财活动是否合理的标准，也是企业理财活动所希望实现的结果。不同的财务管理目标会产生不同的财务管理运行机制，因此科学合理地设置理财目标，是优化企业理财行为，实现企业理财良性循环的前提。我国目前在公司治理中所强调的“共同治理”机制，实际上是基于“相关者利益最大化”的理财目标。

新《公司法》强化了股东权益的维护机制，进一步明确股东与公司经营管理者的法律关系，以确保股东的合法权益不受侵犯；实行累积投票制、增加有限责任公司股东的退出机制、股东可以依法起诉有限责任公司故意不分配利润的行为、上市公司设立独立董事等多种措施加强对中小股东权益的保护；引入公司法人人格否认制度、并要求公司在减少注册资本时必须通知债权人等措施保护债权人的利益；对关联交易行为做出严格规范，强化公司的清算责任、强调公司的社会责任以维护相关利益者的利益。

现代企业理论认为，企业是多边契约关系的总和：股东、债权人、经营者、一般职工及政府等，如果其中的一方试图通过损害另一方的利益获利，就会导致各种矛盾冲突。新《公司法》显然是综合考虑了参与构成企业利益制衡机制的各相关者的利益，并为各相关者产生利益冲突时提供法律上的解决途径，这也体现出了“相关者利益最大化”理财目标的实质，即考虑与企业有契约关系的各个方面的利益，强调各方利益的协调。

企业财务管理也称为企业理财或公司理财，是研究资本配置规律和概念的学问。财务管理是基于企业再生产过程中客观存在的财务活动和财务关系而产生的，是企业组织各项财务活动、处理财务关系的一项综合性的经济管理工作，它是企业管理的重要组成部分。

要理解财务管理，应先分析企业的财务活动和财务关系。

一、企业财务活动

企业财务是指涉及钱财的业务，是与货币、资本或价值相关的概念。财务活动是指企业为了达到既定目标所进行的筹集资金、运用资金和分配收益的活动，是以现金收支为主的企业资金运动的总称。企业要进行生产经营活动，就必须进行人力、物力和财力的投入，形成生产能力；再经过采购、生产、销售等阶段，获得生产经营收入；还要将生产经营成果分配给利益相关者。在这个过程中，自始至终存在着资金运动，因此，财务活动也可以说是现金流转活动。一般来说，企业财务活动包括以下内容：

（一）筹资活动

企业经营活动必然会产生大量的现金支付需求，如果这些现金支付需求得不到满足，企业就会发生财务危机，甚至导致破产。财务的首要任务就是满足这些基本的资金需求，为此，必须对生产经营所需资金做出及时、准确的估量，包括预测筹集资金的时间、数量和筹资成本，并选择合适的筹资渠道和筹资方式，以降低筹资成本，控制财务风险。企业因为筹集资金而产生的资金收支，便是其财务活动。

（二）投资活动

企业筹集资金的目的是把资金用于生产经营以谋求最大的经济效益。所谓投资是指以获得收入和利润为目标，将资金投入使用的过程。这种投资是以收入为中心，以市场为媒介，以资金或能产生特殊收益的资产为运作对象，以商品经营为手段的经济活动。在投资过程中，企业必须考虑投资规模、投资方向和投资方式，以提高投资效益，控制投资风险。企业因为投放资金而产生的资金收支，便是由企业投资而引起的财务活动。

（三）资金营运活动

企业在日常生产经营过程中，会发生一系列的资金收付活动。首先，企业要采购材料或商品，以便从事生产和销售活动，同时还要支付工资和其他营业费用；其次，当企业把产品或商品售出后，便可取得收入，收回资金；最后，如果企业现有资金不能满足经营的需要，还要采取短期借款的方式来筹集所需资金。上述各环节都会发生资金收付活动，这就是由企业经营而引起的财务活动，也称为资金营运活动。

企业的营运资金，主要是为满足企业日常经营活动的需要而垫支的资金。营运资金的周转与生产经营周期具有一致性。因此，企业应加速资金的周转，以提高资金的利用效率。

（四）资金分配活动

企业将资金投放和使用后，必然会取得一定的成果。这种成果首先表现为生产经营收入，在补偿成本费用后，最终以利润形式体现出来。狭义的分配是指对企业净利润的分配，广义的分配包括支付给职工薪酬、支付给债权人利息、缴纳给政府各种税金、弥补企业以前年度亏损、提取公积金和向投资者分配利润等。企业应依据一定的分配原则，充分考虑各相关利益主体的要求，合理确定分配规模和分配方式，使企业取得最大的长期利益。企业因为分配而产生的资金收支，便是由企业分配而引起的财务活动。

上述财务活动的四个方面相互联系、相互依存，构成了企业财务活动的完整过程，同时也成为企业财务管理的基本内容。

二、企业财务关系

企业财务关系是指企业在组织财务活动过程中与各利益相关主体发生的经济利益关系，一般包括以下几个方面：

（一）企业与政府之间的财务关系

政府作为社会管理者，行使政府行政职能，向社会提供公共服务。任何企业都必须按照国家税法的规定缴纳各种税款，以便政府能维持社会正常秩序、保卫国家安全、组织和管理社会活动等。企业及时足额纳税是企业对国家的贡献，也是对社会应尽的义务。因此，企业与政府之间的财务关系体现为依法纳税和依法征税的关系。此外，政府作为投资者与企业还存在投资和分红的关系。

（二）企业与投资者之间的财务关系

企业与投资者之间的财务关系是指企业的投资者向企业投入资金，企业应向其投资者支付投资报酬所形成的经济关系。投资者因向企业投入资金而成为企业的所有者，拥有对企业的最终所有权，享受企业收益的分配权和剩余财产的支配权，可以对企业进行一定程度的控制，并承担一定的经济法律责任；企业从投资者那里吸收资金形成企业的自有资本，并用其进行经营活动，在此期间，企业对投资者承担资产保值增值的责任，实现利润后，应该按照出资比例或合同、章程的规定，向其投资者支付报酬。因此，企业与投资者之间的财务关系实质上是一种所有权和经营权的关系。

（三）企业与债权人之间的财务关系

企业与债权人之间的财务关系是指企业向债权人借入资金，并按借款合同的规定按时支付利息和归还本金所形成的经济关系。企业在进行生产经营活动过程中，为了降低资金成本或扩大企业经营规模，除利用自有资本进行经营活动外，还要借入一定数量的资金。企业的债权人主要有本企业发行的公司债券的持有人、贷款机构、商业信用提供者、其他出借资金给企业的单位和个人。企业利用债权人的资金，要按照约定的利息率，及时向债权人支付利息，债务到期时，要合理调度资金，按时向债权人归还本金。因此，企业与债权人的财务关系在性质上属于债务与债权的关系。

（四）企业与受资者之间的财务关系

企业与受资者之间的财务关系是指企业以购买股票或直接投资的形式向其他单位投资所形成的经济关系。企业向其他单位投资，应按约定履行出资义务，并依据其出资份额参与受资者的经营管理和利润分配。因此，企业与受资者的财务关系是体现所有权性质的投资与受资的关系。

（五）企业与债务人之间的财务关系

企业与债务人之间的财务关系是指企业将其资金以购买债券、提供借款或商业信用等形式出借给其他单位所形成的经济关系。企业将资金借出后，有权要求其债务人按约定的条件支付利息和归还本金。因此，企业与债务人的财务关系是债权与债务关系。

（六）企业内部各单位之间的财务关系

企业内部各单位在生产经营各环节中相互提供产品或劳务，在实行内部经济核算制的条件下，这些产品和劳务要计价结算。企业与各部门、各单位之间也要发生领款、报销、代收、代付等收支结算关系。因此，企业内部各单位之间的财务关系体现为企业内部各单位之间的利益关系。

（七）企业与职工之间的财务关系

企业职工是企业生产经营活动的主要参与者，为企业提供了体力或脑力劳动。企业要为职工支付劳动报酬，并提供必要的福利和保险等。职工作为人力资本的所有者，其知识和技能是最重要的生产力，要使职工充分发挥潜力，企业必须给予一定的诱导和激励，创造适宜的工作环境。因此，企业与职工之间的财务关系体现为劳动成果的分配关系。

另外，企业与其他利益相关者也存在一定的财务关系，如企业要为客户提供（销售）更多更好的产品，并尽可能降低成本；企业要为社会公众提供就业机会，保护生态环境，确保产品安全及建立良好的公共关系等。企业只有正确处理和协调好这些财务关系，各利益相关者才会继续"参与"到企业组织中，企业组织才能继续生存和发展。

三、财务管理的概念

企业财务管理是研究一个企业如何组织财务活动、协调财务关系、提高财务效率的学科。财务管理是企业管理的一个组成部分，它是组织企业财务活动、处理财务关系的一项经济管理工作。

从不同的角度划分，财务管理有不同的范畴分类。从财务管理活动的内容划分，主要分为筹资管理、投资管理和利润分配管理等；从财务管理的层级划分，主要分为财务管理原理、中级财务管理和高级财务管理等；从财务管理的地域划分，主要分为一般财务管理和跨国财务管理等；从财务管理的广义主体划分，可分为宏观财务管理和微观财务管理；从财务管理的狭义主体划分，可分为所有者财务管理、经营者财务管理和财务经理财务管理等。我们主要是从财务经理的角度，研究资本配置，以提高资本的使用效率。

四、财务管理的内容

资金营运即资金的投放、使用和收回，又称为短期投资。从整体上看，企业的财务活动由筹资、投资、分配三个环节组成。因此，企业财务管理的内容由筹资管理、投资管理、营运资金管理和利润分配管理组成。

1.筹资管理

筹资管理主要分析研究企业如何以较少的代价筹集到足够的资金，以满足企业生产经营的需要。由于筹资方式的多样性，不同筹资渠道的资金，其成本、风险和期限各不相同，对企业产生的影响也不相同，所以企业管理当局应根据企业的资金需要量和使用期限等来分析不同来源、不同方式取得的资金对企业产生的潜在影响，选择最经济的筹资渠道，决定企业筹资的最佳组合方式。

2.投资管理

企业的投资既可以是对内投资，也可以是对外投资；既可以是短期投资，也可以是长期投资。投资管理主要分析研究企业如何选择最合理的投资方案，从而达到提高投资效益、控制投资风险的目的。例如短期投资与长期投资相比，其流动性强、风险低、盈利性差，如果短期投资的比例高，企业的偿债能力就比较强，但利润会减少；而长期投资盈利性好、风险高，如果长期投资的比例高，企业的盈利能力就比较强，但风险会增大。所以，企业要做好预测和决策分析，在提高投资收益的同时将风险控制在合理的范围内。

3.营运资金管理

营运资金是指在企业生产经营中占现金、短期投资、应收及预付款项和存货等流动资产的资金，可以反映出企业短期的财务实力和偿债能力。流动资产的质量高，营运资金的质量就高。在一定时期内，若企业资金周转得快，则可以利用相同数量的资金，生产出更多的产品，取得更多的报酬。营运资金管理能够加速资金周转，提高资金利用效率，合理配置资金，妥善安排流动资产与流动负债的比例关系，使企业有足够的偿债能力，防止营运资金的闲置。

4.利润分配管理

利润分配是指以企业实现的净利润为依据，按照国家法规规定的分配程序和分配方式，在企业各利益相关者之间进行的分配。如果企业向投资者（股东）支付过高的股利，则可能会影响企业的再投资能力，不利于企业的长远发展；如果企业向投资者（股东）支付过低的股利，则又可能引起投资者（股东）的不满，导致企业的股价下跌。因此，企业在进行利润分配（股利分配）的过程中，应兼顾股东和企业的利益，既要有利于企业的长期稳定发展，又要有利于保障股东的利益。

微课 1

财务管理目标比较

五、财务管理目标的选择

财务管理目标是财务管理依据的最高准则，是企业财务活动所要达到的根本目的。从根本上说，财务管理目标取决于企业目标，而企业目标则是一个目标体系，它通常是“所有参与集团共同作用和妥协的结果”，而不简单等同于任一“参与者”的个人目标。在理论上，各利益主体的个人目标可折中为企业的“长期稳定发展”，参与企业活动的各类利益主体都可借此实现其个人目标。从长远意义上说，只有盈利或资本增值，才是企业的本质追求。企业之所以追求其他目标，是为了获取更多的利润或实现更大的资本增值。从动态角度看，财务管理目标是企业目标体系中居于“支配”地位的“职能化”目标。正因如此，企业目标往往被等价地表达为财务管理目标。

财务管理目标主要有以下几种：

（一）利润最大化

利润最大化是西方微观经济学的理论基础，西方经济学界和企业家以往都以利润最大化作为企业的经营目标和理财目标，他们认为，利润代表了企业新创造的财富，利润越多，说明企业财富增加得越多，越接近企业的目标。时至今日，这种观点在理论界与实务界仍有较大影响。经济学家弗里德曼生前最富争议的观点也许就是“企业的唯一目标是赚钱并向股东提供回报”。

以利润最大化作为财务管理目标的原因有以下三点：

1.人类从事生产经营活动，是为了创造剩余产品，而剩余产品的多少，可以用利润的多少来衡量；

2.在自由竞争的资本市场上，资本将流向能实现最大增值的企业，而会计对增值的计量指标就是利润；

3.只有每个企业都最大限度地获得利润，整个社会的财富才会实现最大化。

用利润最大化来定位财务管理目标，简明实用，便于理解，有其合理的一面。但是，会计学家对利润有着严格的定义，即利润等于企业一定期间的全部收入和全部费用的差额，经济学中利润的概念和会计学中利润的概念是不一致的，这里的“利润”被定义为会计上的利润，其利润最大化目标存在以下缺陷：

1.利润最大化目标没有考虑资金时间价值。投资收益现值的大小，不仅取决于其收益将来值总额的大小，还要受取得收益时间的制约。因为早取得收益，就能早进行再投资，进而早获得新的收益，利润最大化目标则忽视了这一点。例如，在投资决策中，今年获利 50 万元和明年获利 50 万元的项目，如果仅以利润来衡量，忽视了现金流入的时间，就难以做出正确的判断。

2.利润最大化目标没有考虑所获利润与投入资本额之间的关系。利润最大化是一个绝对指标，无法在不同资本规模的企业或同一企业的不同期间以利润额的大小来比较并进而评价企业的经济效益。例如，同样获得 100 万元的利润，一个企业投入资本 1 000 万元，另一个企业投入资本 900 万元，哪一个更符合企业的目标？如果不与投入的资本相联系，就难以做出正确的判断。

3.利润最大化目标没有考虑风险因素。在市场经济条件下，收益与风险并存，一般情况下，收益与风险成正比，收益越高，风险越大。如果企业盲目追求利润最大化，忽视风险因素，可能使企业陷入严重危机中。

4.利润最大化目标容易导致企业的短期行为。如果企业只顾实现当前的最大利润，而忽视了企业的长期战略发展，那么可能使企业做出错误决策。

（二）资本利润率最大化或每股盈余最大化

资本利润率是税后净利润与资本额的比率。每股盈余是税后净利润与普通股股数的比值。这一目标的优点是把企业实现的利润额同投入的资本或股本进行对比，能够说明企业的盈利水平，可以在资本规模不同的企业中进行比较，揭示其盈利水平的差异，但该目标存在以下缺陷：

1.资本利润率最大化或每股盈余最大化没有考虑资金时间价值。

2.资本利润率最大化或每股盈余最大化没有考虑风险因素。

3.资本利润率最大化或每股盈余最大化不能避免企业的短期行为。

（三）企业价值最大化

企业价值最大化是指通过企业财务上的合理经营，采用最满意的财务决策，在考虑资金时间价值、风险价值和企业长期稳定发展的基础上，使企业总价值达到最大。所谓企业价值就是企业总资产的市场价值，也就是企业债务价值与所有者权益价值（股东财富）之和。投资者在评估企业资产的价值时，一般以资产能够给企业带来经济利益的折现值来计量，它反映了企业资产的潜力或预期获利能力。如果企业不存在破产倒闭的可能，企业债务的折现值一般是一个定数，企业价值最大化也就是业主经济利益最大化或股东财富最大化。如果企业面临破产风险，企业的债权人将在实质上控制企业资产，企业价值最大化就会与企业债务价值最大化密切相关，或者说是债权人经济利益最大化。对上市公司来说，股东财富是股票价格与股本的乘积，当企业总股本不变时，股东财富最大化就是股票价格最高化。对一般的企业来说，业主经济利益最大化就是在考虑资金时间价值和风险因素后,使企业为业主创造的未来现金流量最大化。

以企业价值最大化作为财务管理目标,其基本思想是将企业长期稳定的发展和持续的获利能力放在首位,强调在实现企业价值增长中对有关利益的满足。其优点表现在:(1)考虑了资金时间价值和风险价值;(2)反映了对企业资产保值增值的要求;(3)有利于克服企业的短期行为;(4)有利于社会资源的合理配置。

当然,以企业价值最大化作为财务管理目标也有一些不足之处。例如,股价会受到多种因素的影响,即期市场上股票的价格并不是完全由企业未来的获利能力所决定的;对非上市公司来说,如何准确计量其价值在实践中有许多困难;企业的相关利益者并不完全认同企业价值最大就会满足其利益等。但是,主流财务理论还是以企业价值最大化作为财务管理的最优目标。

职业能力操作 1-1

初成和业成大学毕业后开办了一家有限公司,该公司注册资本 10 万元,总投资 30 万元。其中,初成出资 8 万元,业成出资 2 万元。公司主要经营电子表等业务。目前,公司的主要业务是从生产厂商处采购电子表,然后进行实体批发和零售。公司在运营一段时间后,二人对公司的未来感到迷茫:公司到底是以赚钱为目标还是以尽快壮大规模为目标,还是其他呢?公司财务目标又是如何确定的?

要求:

1.确定公司合理的财务管理目标。

2.请为公司设计财务管理目标的协调方案。

工作任务 2　财务管理环境分析

任务引例　**新《公司法》投融资制度的完善使公司灵活地利用金融市场进行理财活动**

投资、融资和利润分配是公司财务管理的三大核心内容。公司财务管理就是在于通过投资活动、融资活动和资产的流动性管理等为公司创造价值。公司通过金融市场购买资产创造超过其成本的现金,通过金融市场发行债券、股票和其他金融工具筹集超过其成本的现金,会使公司创造的现金流量超过它所使用的现金流量,进而增加公司的价值,实现其根本的理财目标。

新《公司法》明确规定:只要能够“用货币估价并可以依法转让”的非货币财产,如股权、债权等都可以用于出资,扩大了非货币出资形式;规定货币出资金额不得低于注册资本的 30%,实际上也就是提高无形资产的出资比例;降低了公司上市的条件,公司股本总额由原先的人民币 5000 万元降低为人民币 3000 万元,修改公开发行新股的条件;扩大可发行公司债券企业的范围。这些变动增加了公司融资的灵活性,使更多符合条件的公司能够充分利用资本市场融资。转投资实际上是公司财务管理中所称的对外长期投资,对外投资对于活跃资本市场和企业扩展经营规模、提高经营效益具有积极的意义,同时对外投资又是公司并购、扩张的前提,是公司经营的内在需求。放宽公司对外投资对象和数额的限制,将会分散上市公司的经营风险、节约交易成本、稳定公司经营权,提高公司的知名度和竞争能力。

微课 2

浅谈财务管理环境

一、财务管理环境

财务管理环境又称为理财环境，是指对企业财务活动和财务管理产生影响和作用的企业内外部条件或因素。它处在财务管理系统之外，但又与财务管理系统有着直接或间接的联系，是非财务事件制约企业实现财务管理目标的客观条件。研究财务管理环境，在于分析企业财务当前所处环境的状况和将来的发展趋势，把握开展财务活动的有利条件，提高财务决策对环境的适应性、应变性和对环境变化的预见性，捕捉理财信息，提高财务管理水平，充分发挥财务管理的职能，实现财务管理目标。

财务管理环境按其存在的空间，可分为内部财务环境和外部财务环境。内部财务环境主要包括企业资本实力、生产技术条件、经营管理水平和决策者的素质等。外部财务环境主要包括政治环境、法律环境、经济环境、金融环境、社会文化环境和科技教育环境等，其中，影响最大的是政治环境、法律环境、经济环境和金融环境。内部财务环境存在于企业内部，是企业可以从总体上采取一定措施加以控制和改变的因素；而外部财务环境存在于企业外部，是企业治理契约或公司治理结构以外的其他影响财务主体、财务机制运行的外部条件和因素，是企业难以控制和改变的，需要不断地适应和因势利导。企业财务管理环境的各个方面特征不一，其对企业财务管理的影响也不尽相同，只有充分把握了这些特征，企业财务管理过程才能与环境相协调。

（一）政治环境

政治环境是指影响企业财务活动的政治因素。政治的内容包括作为实体的国家，作为观念的政治思想和作为实践的政治活动。一个国家的政治环境会对企业的财务管理决策产生至关重要的影响，和平稳定的政治环境有利于企业中期、长期财务规划和资金安排。政治环境主要包括社会安定程度、政府制定的各种经济政策的稳定性及政府机构的管理水平、办事效率等。政治思想和政治活动一般不对企业财务管理产生直接影响，而是潜移默化地影响人们的行为或最终引起国家政权的变革，从而对企业财务管理产生实质性的影响。

（二）法律环境

法律环境是指影响企业财务活动的法律因素。企业的财务管理活动，无论是筹资、投资，还是股利分配，都应遵守有关的法律、法规和规章。在我国，随着改革的深化和社会的发展，法律规范越来越健全，企业的财务管理活动受法律规范的约束也越来越显著。一方面，法律提出了企业从事一切经济活动及业务必须遵守的规范，从而对企业的经济行为进行约束。目前，直接制约我国财务管理的法律规范主要有《企业法》《中华人民共和国公司法》（以下简称《公司法》）《中华人民共和国证券法》（以下简称《证券法》）《税法》《企业会计准则》《企业财务通则》等。另一方面，法律也为企业合法从事各项经济活动提供了保障，不同组织形式的企业所适用的法律是不同的。例如，设立企业必须符合企业组织法律规范，这些法律规范包括《公司法》《全民所有制工业企业法》《个人独资企业法》《中外合资经营企业法》《中外合作经营企业法》《外资企业法》《合伙企业法》《私营企业条例》等。这些法律规范对各种不同类型企业的设立、组织机构、企业行为等方面分别做出了规定，它们既是企业的组织法，又是企业的行为法，企业的主要财务活动必须依法进行。

（三）经济环境

经济环境是指影响企业进行财务活动的社会宏观经济因素，包括经济管理体制、经济发展水平和发展战略、宏观经济的运行状况和宏观经济政策等基本因素，还有通货膨胀、产业及行业特征等诸多具体经济因素。

经济管理体制是指制定并执行经济决策的各种机制的总和，它主要包括集权与分权的程度、市场与计划如何协同作用、确立经济目标及诱导人们实现目标的激励机制。首先，集权与分权会影响企业财务管理的作用范围。在完全集权化的经济体制下，决策权集中于单一的中央指挥机构，并由该机构向组织内的低层次单位发布指令。而在完全分权的经济体制下，决策权则掌握在低层次单位手中。尽管现实中很少真正存在完全的集权制和完全的分权制，但偏于分权的经济体制使决策权更多地“回归”企业。其次，计划与市场协调作用的方式和变化也会影响企业财务管理。企业财务管理的过程也就是优化资源配置的过程，只有在以市场为导向的经济体制下，资源配置才是根据市场信息而不是根据计划指令进行的，企业财务管理才有更多的机会和更大的必要发挥其主观能动作用。最后，激励的方式、手段和力度，会直接影响企业财务管理过程中的利益分配，并进而影响企业职工包括财务人员的积极性，从而给企业财务管理带来影响。

经济发展对企业财务管理的影响一般表现为一个国家的经济发展水平和发展战略。发展中国家的特征是基础较薄弱、发展速度较快、经济波动较大、经济政策变更频繁。这就使发展中国家的企业财务管理表现出内容和方法的快速更新、企业财务管理受政策影响显著且不太稳定等共同特征。发达国家企业经济生活中许多新的内容、更为复杂的经济关系以及更为完善的生产方式，决定了企业财务管理内容的丰富多彩和财务管理方法及手段的科学严密。在重视经济发展速度的发展战略下，经济发展速度很快，企业要想维持现有的市场地位，就必须努力保持较高的增长速度，抓住经济增长带来的机遇，实施投资扩张战略，使企业高速成长。相应地，在重视经济发展质量的发展战略下，经济发展速度会放缓，企业必须更加重视环境保护、生态平衡等生活质量指标。企业成长的机会减少，投资扩张就应更慎重。

宏观经济的运行状况，往往可以通过经济周期和通货膨胀变动等方面表现出来。经济周期通常要经历复苏、繁荣、衰退和萧条四个阶段，不同阶段给企业带来的机遇和挑战也不同。在经济复苏时期，企业的产品销售开始增加，企业应该增加厂房设备，增加存货，引入新产品，增加劳动力；在经济繁荣时期，企业的产品销售大量增加，企业应该扩充厂房设备，继续增加存货和劳动力，并要提高产品价格，开展营销规划；在经济衰退时期，企业的产品销售开始减少，企业应该停止扩张，并出售多余设备，削减存货，停止增加劳动力，甚至停产部分产品；在经济萧条时期，企业的产品销售困难，企业应该缩小生产经营规模，缩减管理费用，甚至裁减雇员，但应该尽量保持市场份额。在通货膨胀高涨时期，由于物价上涨和利率上升，企业应该重视赚“物”而不是赚“钱”，以避免利润虚增；相反，物价下跌时，企业应该重视赚“钱”而不是赚“物”，以避免企业资产减值。

宏观经济政策包括国家的财政政策和货币政策等。财政政策是指一定时期有关政府收支方面的政策。扩张性的财政政策会刺激经济增长，企业的投资机会随之增多，筹资需求增加，理财活动趋于活跃；反之，紧缩性的财政政策会使过热的经济受到控制，企业的投资活动和筹资活动会减少。货币政策是指中央银行所制定的关于货币供应和货币流通组织方面的有关政策。一般情况下，较紧的货币政策会通过减少货币供应量等措施来减少社会总需求，从而使企业的筹资变得困难，筹资成本增加；较松的货币政策会通过增加货币供应量等措施来增加社会总需求，从而使企业的筹资变得容易，筹资成本相应下降。

（四）金融环境

金融环境是指影响企业进行财务活动的金融因素，其内容包括金融市场、金融机构、金融工具和利率等。金融环境是影响财务管理的诸多因素中最为直接和最为特殊的一个方面。

金融市场的基本构成要素有交易对象、交易主体、交易工具和交易价格。金融市场的交易对象是货币资金，它的交易在大多数情况下只发生货币使用权的转移。金融市场的交易主体一般有资金需求者、资金供给者和金融机构。资金需求者（包括金融机构）提供金融工具，资金供给者（包括金融机构）提供资金，金融机构提供服务，在交易场所进行资金交易。这种交易大大减少了金融工具持有者的风险。金融市场的一般划分如图 1-1 所示：

- 金融市场
  - 外汇市场
  - 资金市场
    - 货币市场
      - 短期证券市场
      - 短期信贷市场
    - 资本市场
      - 长期证券市场
        - 一级市场
        - 二级市场
      - 长期信贷市场
  - 黄金市场

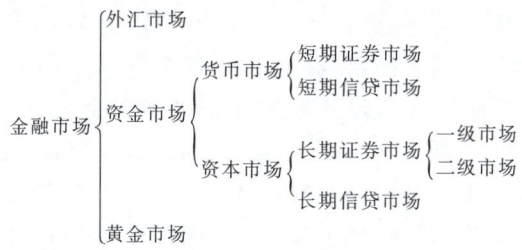

图 1-1

金融机构在金融市场上既能创造金融工具，又能推进资金的流转。资金供给者和资金需求者之间进行直接交易（直接融资）时，金融机构只起中介作用，不承担交易风险；但在间接融资时，金融机构不但要提供服务，而且要承担交易风险。金融机构主要由银行类金融机构和非银行类金融机构组成（也有综合类金融机构）。银行类金融机构包括中央银行、政策性银行和商业银行等；非银行类金融机构包括保险公司、证券公司、信托公司、财务公司和租赁公司等。在我国，中央银行是中国人民银行，它是金融管理体系的核心。政策性银行包括国家开发银行、中国农业发展银行和中国进出口银行，是以贯彻国家产业政策为目的，办理政策性贷款的金融机构。商业银行按产权关系和组织形式分为国有商业银行、股份制商业银行和合作制商业银行。国有商业银行有中国工商银行、中国农业银行、中国建设银行和中国银行；股份制商业银行有中信银行、华夏银行、中国光大银行、招商银行、中国民生银行、深圳发展银行、兴业银行、上海浦东发展银行等；合作制商业银行有城市合作银行、农村信用社等。商业银行以盈利为目的，经营存贷款业务和办理结算业务，是我国金融机构中的主体。非银行类金融机构在从事其主要业务的同时，也可以通过多种不同形式为企业的筹资和投资等财务活动提供必要的服务。

金融工具是证明债权关系或所有者关系的合法凭证，主要包括商业汇票、商业本票、银行汇票、银行本票、银行支票、信用证、债券、股票等。股票是金融工具中的所有权凭证，股票投资者拥有被投资公司的所有权，享有股东的权利和义务。其他金融工具是债权凭证，也称为信用工具，表明的是债权人的权利和债务人的义务。金融工具的基本特征有：期限性、流动性、风险性和收益性等。

利率亦称为利息率，是资金价格的一般表现形态。资金作为一种特殊的商品，其融通实质上是资源通过利率这个价格标准实行配置，因此，利率在资源配置及企业财务决策中起着重要作用。一般而言，资金的利率由纯利率、通货膨胀补偿率和风险报酬率构成，其中风险报酬率又包含违约风险报酬率、期限风险报酬率和流动性风险报酬率。纯利率是指没有风险和通货膨胀情况下的社会平均利率，由资金的供求关系决定。通货膨胀补偿率是指由于通货膨胀会使货币的实际购买力受损，资金供给者为补偿损失而要求提高的利率。违约风险报酬率是指为了弥补因债务人无法按时还本付息而带来的风险，由债权人要求提高的利率。期限性风险报酬率是指为了弥补与更长期限相应的更多的不确定性而导致的风险，由资金供给者要求提高的利率。流动性风险报酬率是指为了弥补金融工具变现能力的不确定性而导致的风险，由资金供给者要求提高的利率。

（五）企业组织及内部环境

企业组织及内部环境是指企业财务管理工作本身所处的企业内部运行环境，是由企业的组织形式、治理结构、企业实力、生产技术条件等引发而产生的环境。

从历史发展的横断面来看，任何国家的企业并非完全一致地采取同样的组织形式和管理体制。目前，我国企业的组织形式主要包括国有企业、集体企业、私营企业、外资企业和股份制企业等。它们按投资主体可分为三种：独资企业、合伙企业与公司制企业。独资企业由一个自然人投资，并由投资者个人所有，个人经营和控制，投资者对企业的债务承担无限责任。合伙企业由两个或两个以上的人共同出资、共同经营、共同拥有和控制，各出资人对企业的债务承担无限连带责任。公司制企业由两个以上的人出资，依据法定的条件和程序设立，具有独立法人资格。公司制企业又分为有限责任公司和股份有限公司。具有不同组织形式的企业面临不同的法律环境和政策环境，在资金来源渠道、税收、投资、利润分配等方面享受着不完全相同的待遇，这都是财务管理过程中必须认真考虑的因素。

企业的治理结构，即针对企业控制权和剩余索取权分配的一整套法律、文化和制度安排，决定着企业的目标，能够解决谁在什么状态下实施控制，如何控制，风险和收益如何在不同的企业利益相关者之间分配等一系列问题。例如，在公司制企业内，由股东大会、董事会、监事会和高层管理人员组成了公司治理结构的执行机构，它们分别拥有哪些权利，决定了股东及股东大会与董事会之间、董事会与高层管理人员之间以及与监事会之间存在的委托代理关系，并形成一个委托代理链条。这些委托代理关系处理的好坏，公司治理机制的规范与否，对公司财务管理的影响非常重大。

企业实力体现在企业占有的经济资源和企业的核心竞争力上，而经济资源又可分为人力资源和非人力资源。企业的人力资源状况，决定了企业财务管理人员及其他相关人员的实际工作能力。企业的非人力资源，如厂房、设备、材料等在一定程度上反映了企业的规模、生产经营的复杂程度以及财务管理的难易程度。企业的核心竞争力，即企业组织独特的累积性知识，特别是关于如何协调不同生产技能和各种技术手段的知识，是企业的智力、技术、产品、管理、文化的综合优势在市场上的反映，决定了企业财务管理所能达到的水平和结果。

企业的生产技术条件表现在企业的生产特征和生产技术水平，它们的改善需要得到财务支持，反过来也制约着企业财务管理。生产的劳动密集型、技术密集型或资本密集型，很大程度上决定了企业所需投入资本的数量以及企业的财务绩效特征。生产技术水平则会影响企业新产品的开发、产品质量及产品成本，进而对财务绩效产生重要影响。

二、财务管理机构的设置

财务管理机构是指在企业中组织、领导、管理和控制财务活动的机构，是财务管理的主体。

目前，较小的企业往往不单独设置财务管理机构，但在一些大型企业中，财务管理非常重要，独立的财务管理机构能够帮助企业完成资金筹集、投资决策、利润分配等方面的工作。

1.不独立的财务管理机构

不独立的财务管理机构是指企业设有一个财务与会计机构，这个机构集财务管理职能和会计职能于一身，但往往以会计职能为主，财务管理职能为辅。这种形式的机构如图 1-2 所示。

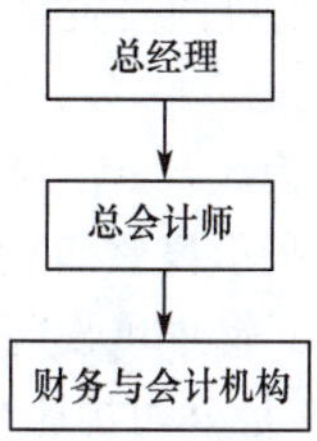

图 1-2

在这种组织形式下，企业一般在总经理的领导下，由总会计师或财务副总经理分管财务与会计机构。会计核算人员直接负担财务管理工作，财务管理的过程直接融入会计核算过程，这样企业就能够掌握和控制企业的财务活动。这种设置的优点是能够充分利用会计信息，及时根据会计信息实施可行的财务管理措施，减少财务人员与会计人员之间的摩擦，提高管理效率。缺点是企业容易忽视财务管理工作，将财务管理简化为费用开支标准的管理。

2.半独立的财务管理机构

半独立的财务管理机构是指企业将财务管理部门从单一的财务与会计机构中分离出来，财务管理工作不再由会计机构负责，而是独立出一个专业的部门并由其负责。企业的财务部门与会计部门同等重要，均由首席财务官（简称CFO）或总会计师、财务副总经理、财务总监分管。财务管理机构由财务经理或财务长、财务主管领导，会计机构由会计经理或会计长、会计主管领导。这种形式的机构如图 1-3 所示。

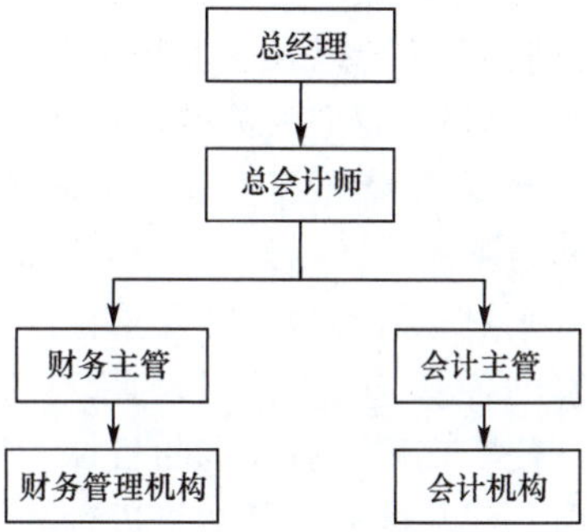

图 1-3

由于企业所处的行业特点以及企业本身对财务管理的需求各不相同，所以企业在决定财务管理机构的工作职能和人员的设置时也会有所不同，但总体来说，一般企业财务管理部门的职能不外乎财务活动的四个方面，即筹资活动、投资活动、资金营运活动和资金分配活动。

应该指出，企业在设置财务管理机构和决定财务管理机构的职能、人员设置时，由于涉及企业的财权安排和财务治理结构，所以，其必须服从企业治理结构的要求，并由组织体制决定。

三、财务人员的职责

企业财务管理人员的财务责任和财务权利的分配，一般由企业的财务管理体制决定，不同层次的财务人员的职责也有所不同。

《总会计师条例》对总会计师的职责进行了界定，规定总会计师应当负责本单位的财务管理和经济核算，参与单位的重大经济活动。总会计师的主要职责有：组织编制和执行各种预算和计划，建立经济核算制度，强化成本管理，负责人员配备和考核。总会计师协助参与的工作包括：协助业务部门做出决策，参与新产品开发、技术改造、项目研究、薪酬方案的制订等。

CFO，直译过来是首席财务官的意思，在我国更多地将其称为财务总监。CFO 在西方被认为是企业内仅次于董事长和首席执行官（CEO）的第三号人物，可以说企业财务的一切行为和关系都由 CFO 来负责。CFO 和 CEO 作为公司的最高领导层，需要做出战略决策。这些决策主要包括以下三个方面：

1.制定战略，创造价值。CFO被要求通过财务手段进行战略层面的操作，使企业转变为一个优秀的价值管理公司。CFO将企业战略与财务职责联系在一起，全过程参与企业价值创造战略的制定，并与CEO一起，全方位培养企业的价值创造能力。

2.协调投资者关系。CFO应当像做产品销售一样把公司推销给投资者，把公司的业绩展现给投资者，以使得投资者对公司产生兴趣进而投入资本，这将使公司股价上涨，公司价值增加。为此，CFO应当通过优化资本结构，做出正确投资决策，控制财务风险，提高投资报酬率，设计吸引投资者的股利分配政策等，提升公司业绩。

3.兼并和收购。兼并和收购能够使公司以较低的风险和较少的代价控制一家较好的企业，满足公司扩张的需求，CFO的职责是通过兼并和收购或其他方式将公司的战略以最低的成本实施完成。CFO要完成这些职责，应具有高度的战略眼光，善于利用国内外市场，对市场即将发生的变化能够准确地预测，并善于捕捉商机；他们应具有超前意识，把握科技进步的趋势，并对先进企业的经营管理动态保持高度的敏感和关注；他们应具有卓越的领导才能，善于发挥群体力量；他们应具有坚韧的精神，面对困难，一往无前。同时，他们还应该具备良好的职业道德、超强的专业能力、杰出的战略领导能力以及卓越的协调能力，协调股东、政府、债权人、供应商、客户以及企业职工等利益相关者之间的利益关系，兼顾各方利益。

另外，财务人员的职责还包括财务预测、财务预算、财务控制和财务分析等工作。所谓财务预测，是指根据企业财务活动的历史资料，考虑现实的要求和条件，对企业未来的财务活动和财务成果做出科学的预计和测算。所谓财务预算，是指运用科学的技术手段和数量方法，对未来财务活动的内容及指标所进行的具体规划。所谓财务控制，是指在企业财务管理中，以预算的各项定额为依据，利用有关信息和特定手段，对企业财务活动所施加的影响进行的调节，以便实现预算所规定的目标。所谓财务分析，是指根据有关信息资料，运用特定方法，对企业财务活动过程及其结果进行分析和评价的工作。

职业能力操作1-2

将班级学生分成若干个小组，不同小组选择某一特定企业展开社会实践与调研，分析该企业面临的理财环境，并形成书面调研报告。活动结束后，由每个小组推荐一名代表汇报本组调研情况与结果，并请全班同学对其进行评价。

职业能力训练

一、单项选择题

1.财务的本质是(　　)。

A.企业经济活动的成本即利润方面　　B.企业经济活动的价值即资金方面

C.企业经济活动的目标即财富方面　　D.企业经济活动的内容即实物方面

2.现代财务管理的最优目标是(　　)。

A.产值最大化　　B.利润最大化

C.每股盈余最大化　　D.企业价值最大化

3.以下几类影响财务管理的因素中，(　　)起决定性作用。

A.政治和法律环境　　B.经济环境

C.金融环境　　D.企业组织和内部环境

4.财务管理所指的投资通常是指( )。

A.长期投资 B.短期投资

C.实物投资 D.无形资产投资

5.作为财务目标,每股盈余最大化较之利润最大化的优点在于( )。

A.考虑了资金时间价值因素 B.反映了形成利润与投入资本的关系

C.考虑了风险因素 D.能够避免企业的短期行为

二、多项选择题

1.决定企业财务管理目标的两个最基本因素是( )。

A.政府 B.资本提供者(企业所有者)

C.劳动力提供者(企业职工) D.社会公众

2.“利润最大化”目标的缺陷在于( )。

A.没有考虑资金时间价值 B.没有考虑风险因素

C.只考虑近期收益而没有考虑远期收益 D.没有考虑投入资本和获利之间的关系

3.财务管理的内容包括( )。

A.筹资管理 B.投资管理

C.利润分配管理 D.营运资金管理

4.金融市场的基本构成要素有( )。

A.交易对象 B.交易主体

C.交易工具 D.交易价格

5.一般而言,资金的利率的构成部分有( )。

A.纯利率 B.通货膨胀补偿率

C.风险报酬率 D.名义利率

6.下列财务关系中,属于债权债务关系的是( )。

A.企业与国家之间的财务关系 B.企业与债权人之间的财务关系

C.企业与受资者之间的财务关系 D.企业与债务人之间的财务关系

7.将企业价值最大化作为最优目标的优点表现在( )。

A.考虑了资金时间价值和风险价值 B.反映了对企业资产保值增值的要求

C.有利于克服企业的短期行为 D.有利于社会资源的合理配置

三、简答题:

1.什么是财务管理?财务管理的内容包括哪些?

2.什么是企业价值?企业价值最大化的优点有哪些?

3.企业财务管理的环境有哪些?

4.财务管理机构应如何设置?

项目二

财务管理价值观念

职业能力目标

◎ 理解资金时间价值的含义；
◎ 掌握资金时间价值的相关计算；
◎ 理解风险与收益的关系；
◎ 掌握风险的衡量方法和风险收益率的计算方法；
◎ 能运用资金时间价值的方法解决具体的财务问题；
◎ 能进行简单的投资风险分析。

素质培养目标

◎ 掌握资金时间价值和风险价值理论的重大意义，深刻认识它们是客观存在的；
◎ 引导学生理解资金时间价值对于不断满足人们日益增长的物质文化需要的重要意义；
◎ 增强学生运用资金时间价值理论指导实践的能力，增强理财意识；
◎ 培养学生具备理性的消费观；
◎ 增强学生金融素养和信用意识，增加掌控风险的能力；

工作任务列表

项目二 财务管理价值观念
- 工作任务1　资金时间价值观念
- 工作任务2　风险价值观念

项目引言

在财务管理认知基础上，学生应进一步学习财务管理两大基本价值观念，即资金时间价值和风险价值，这也是财务管理筹资和投资的决策基础。通过本项目的学习，学生掌握两个价值观念的含义和相关计算、衡量方法，并能分析和解决具体的财务问题。

工作任务1　资金时间价值观念

任务引例　**资金时间价值实质的再认识**

对资金时间价值许多著名的学者都进行了理论总结，其中最有影响力的是马克思的经济理论和西方经济学理论。

资金时间价值是劳动创造的价值。富兰克林说：钱生钱，并且所生之钱会生出更多的钱。这就是货币时间价值的本质。资金运动的全过程可以用一个数学式来表示：$G-W\cdots P\cdots W'-G'G'=G+\Delta G$。由此可见，资金随着时间产生了 ΔG 的增值。但这个 ΔG 并不是资金本身的自我繁殖。资金如何实现增值呢？全部价值 $G+\Delta G$ 是形成于生产过程的，其中增值部分 ΔG 是工人劳动创造的剩余价值。资金时间价值产生的过程是资金经历了投资转化为资本，周转使用而产生了增值额。在这一周转使用的过程中劳动在发生作用。如果资金周转的过程中，没有劳动，就没有物质和价值的创造。因此不是简单的理解“钱生钱”，而应该是“劳动让钱变成更多的钱”。归根到底，资金时间价值是在生产经营过程中产生的，来源于劳动者在生产过程中创造的新价值。

资金时间价值是资金供给者应该分到的剩余价值，资金在供给者手中不参与流通是不会自我升值的。一旦资金持有者放开手中的资金，把资金投入到生产领域，实际上是把资金让渡给了生产者。无论资金持有者是投入银行，还是进行别的投资，最终这个资金都会到生产者手中。生产者用这个资金进行生产，创造价值。资金经过“资金持有者——信贷——生产者——生产过程——产品价值转换——价值增值”过程流动，最终产生增值。资金参与社会再生产所产生的剩余价值，理应在资金提供者和生产经营者之间进行合理分配，利息支付就是这种剩余价值瓜分的具体形式。

货币时间价值是资源稀缺性的体现，社会资源具有稀缺性的特征。对于经济个体来说货币本身也是稀缺的。具体到一个企业来说，表现在资金短缺的现象，这就需要到社会借贷资本。根据对资金这种资源的稀缺程度不同，相同的资金量其市场利息和市场利率也不同，资金时间价值也会有所不同。市场利息率是对平均经济增长和社会资源稀缺性的反映，也是衡量货币时间价值的标准。利率是由市场上资金供求状况所决定。资金需求紧张，供给小于需求，利率上升；资金供给宽松，供给大于需求，利率下降。总之，资金时间价值是客观存在的经济范畴，任何企业的经济活动都是在一定的时空中进行的，都离不开时间价值因素。只有清晰理解资金时间价值的实质，才能更好地为现代企业财务决策提供依据。

一、资金时间价值的概念

资金时间价值是指一定量的资金经过一段时间的投资和再投资所增加的价值。如将100元存入银行，假设银行年利率是5%，1年以后将得到本息105元。100元经过1年时间的投资增加了5元，这就是资金时间价值。

资金时间价值可从以下五个方面进行理解：

1.资金时间价值的表现形式。时间价值的表现形式有两种，一种是绝对数形式，即利息、盈利或收益；另一种是相对数形式，即利率、盈利率或收益率等。在实际工作中，为便于理解、比较和计算，简化其数量描述，时间价值一般是用相对数表示的。

2.资金时间价值一般表现为社会平均资金利润率。由于竞争的存在，各部门的资金利润率将趋于平均化，保证企业的投资项目至少要取得社会平均资金利润率，否则就会投资其他项目和其他行业。因此，资金时间价值通常表示为没有风险和通货膨胀条件下的社会平均资金利润率。

3.资金时间价值不等同于投资收益率。银行存款利率、贷款利率、各种债券利率、股票的股利率都可以看成投资收益率，但实际上它们与资金时间价值都是有区别的，以上利率除了包括资金时间价值以外，还包括风险价值和通货膨胀因素。因此，只有在没有风险和通货膨胀条件下，资金时间价值才与上述各收益率相等。

4.资金本身不会自行增值。马克思认为，资金只有当作资本投入生产和流通后才能增值。因此，并不是所有的资金都有时间价值，只有把资金作为资本投入生产经营活动才能产生价值。

5.从实质上看，资金时间价值是劳动者创造的剩余价值的一部分。在商品经济发达的条件下，商品流通的运动形式是 G—W—G′，最后从流通中取出的资金，多于起初投入的资金。可见，原预付价值不仅在流通中保存下来，而且在流通中发生了增值，增值部分是工人劳动创造的剩余价值。

资金时间价值作为一个客观存在的经济范畴，是财务管理中必须考虑的重要因素。在实务中，它可以作为企业资金利润率的最低界限，也可以作为评价经济效益的考核指标，揭示不同时点资金量的换算关系，还可以作为筹资、投资决策的基础。

为了便于分层次、由简到难地研究问题，本章在讲述资金时间价值的计算时，均假设没有风险和通货膨胀，以利率代表资金时间价值。

二、终值和现值的含义

1.终值也称为本利和（记为 F），是指现在一定量的资金在未来某一时点上的价值。如图 2-1 所示，F 为第 n 期期末的价值。

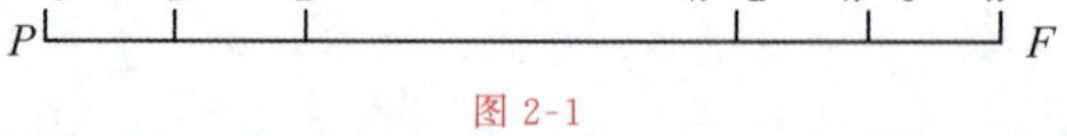

图 2-1

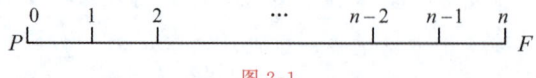

2.现值也称为本金（记为 P），是指未来某一时点上的一定量的资金相当于现在时点的价值。如图 2-1 所示，P 为第一期期初的价值。

3.资金时间价值计算常用符号：

P——现值（本金）；

F——终值（本利和）；

i——利率；

I——利息；

n——计息期数。

微课 3

一次性收付款项的终值与现值计算

三、单利终值和现值的计算

单利是计算利息的一种方法，在计算每期的利息时，只对本金计算利息，所生利息不再计息。

（一）单利终值的计算（已知现值计算终值）

单利终值是指一定量的资金在若干期后按单利计算的本利和。以本金 100 元为例，年利率为 10%，从第 1 年到第 3 年，各年的单利终值如下：

100 元 1 年后的终值 $=100\times(1+10\%\times1)=110$（元）

100 元 2 年后的终值 $=100\times(1+10\%\times2)=120$（元）

100 元 3 年后的终值 $=100\times(1+10\%\times3)=130$（元）

由此可以得出单利终值的计算公式为

$$F=P+I=P\times(1+i\times n)$$

在计算本利和 F 时，要注意公式中的 i 和 n 反映的时期要一致。

（二）单利现值的计算（已知终值计算现值）

单利现值是指在单利计息条件下未来某一时点上的资金相当于现在的价值。显然，单利现值是单利终值的逆运算。以终值 100 元为例，年利率为 10%，从第 1 年到第 3 年，由各年年末终值推算现值计算如下：

第 1 年年末的 100 元的现值 $=100\div(1+10\%\times1)=90.91$（元）

第 2 年年末的 100 元的现值 $=100\div(1+10\%\times2)=83.33$（元）

第 3 年年末的 100 元的现值 $=100\div(1+10\%\times3)=76.92$（元）

可见，相同金额的终值，贴现时间越长，其现值越小。由此可以得出单利现值的计算公式为

$$P=F-I=\frac{F}{(1+i\times n)}$$

职业能力操作 2-1

金利公司存入银行 10 000 元，假设年利率为 6%，单利计息，则 5 年后的终值为多少？

【操作指导】

$F=10\ 000\times(1+6\%\times5)=13\ 000$（元）

即 5 年后的终值为 13 000 元。

职业能力操作 2-2

李明计划在 3 年后得到 1 000 元，银行年利率为 5%，单利计息，则李明现在应存入银行的资金为多少？

【操作指导】

$$P=\frac{1\ 000}{(1+3\times5\%)}=869.57\text{（元）}$$

即李明现在应存入银行的资金为 869.57 元。

四、复利终值和现值的计算

复利是计算利息的另一种方法，按照这种方法，不仅本金要计算利息，利息也要计算利息，俗称“利滚利”，即每期产生的利息并入本金一起参与计算下一期利息的计息方式。在以后的有关内容中，如果未特殊说明，均假设用复利计息。

（一）复利终值的计算（已知现值计算复利终值）

复利终值是指一定量的资金在若干期之后按复利计算的本利和。例如，某公司现将一笔资金 P 存入银行，年利率为 i，如果每年计息一次，则 n 年后的本利和 F_n 就是复利终值。计算过程如下：

$F_1=P\times(1+i)$

$F_2=F_1\times(1+i)=P\times(1+i)^2$

$F_3=F_2\times(1+i)=P\times(1+i)^3$

……

$F_n=F_{n-1}\times(1+i)=P\times(1+i)^n$

由此可以得到 n 年后的复利终值的计算公式为

$$F=P\times(1+i)^n=P\times(F/P,i,n)$$

式中：$(1+i)^n$ 为复利终值系数或 1 元的复利终值，通常记为 $(F/P,i,n)$，可通过本书所附“复利终值系数表”查找相应值。该表的第一行是利率 i，第一列是计息期数 n，行列交叉处即是相应的复利终值系数。

职业能力操作 2-3

金利公司现在存入银行 100 万元，存期为 3 年，年利率为 8%，每年计息一次，则到期可以取出的现金为多少？

【操作指导】

查“复利终值系数表”可知，当 $i=8\%$，$n=3$ 时，复利终值系数 $(F/P,8\%,3)$ 为 1.260，则

$$F=P\times(1+i)^n=P\times(F/P,i,n)$$
$$=100\times(F/P,8\%,3)=100\times1.260=126\text{（万元）}$$

即金利公司到期可以取出的现金为 126 万元。

（二）复利现值的计算（已知终值计算复利现值）

复利现值是复利终值的对称概念。指在复利计息条件下，将来某一特定时点的款项相当于现在的价值。复利现值是复利终值的逆运算。其计算公式为

$$P=F\times(1+i)^{-n}=F\times(P/F,i,n)$$

式中：$(1+i)^{-n}$ 为复利现值系数或 1 元的复利现值，通常记为 $(P/F,i,n)$，可通过本书所附“复利现值系数表”查找相应值。

]

职业能力操作 2-4

李明想给自己做一个理财计划，如果银行年利率为 10%，为在 5 年后获得 60 000 元，则李明现在应存入银行的资金为多少？

【操作指导】

查"复利现值系数表"可知，年利率为 10%、期数为 5 的复利现值系数是0.621，则

$P=F\times(1+i)^{-n}=F\times(P/F,i,n)$

$=60\ 000\times(P/F,10\%,5)=60\ 000\times0.621=37\ 260$（元）

即李明现在应存入银行的资金为 37 260 元。

（三）名义利率与实际利率

上面讨论的有关计算均假定利率为年利率，每年复利一次。但实际上，复利的计息期间不一定是一年。有可能是季度、月份或日。比如某些债券半年计息一次；有的抵押贷款每月计息一次；股利有时每季度支付一次；银行之间拆借资金均每日计息一次。当每年复利次数不是一次时，给出的年利率就是名义利率。因此，名义利率是指当利息在一年内要复利几次时给出的年利率，而将相当于一年复利一次的利率叫作实际利率，即投资者实际获得的报酬率。

当利率在一年内复利多次时，每年计息多次的终值会大于每年计息一次的终值，实际利率一定会大于名义利率。

对于一年内多次复利的情况，可采用两种方法计算资金时间价值。

1.计算实际利率法

这种方法是先将名义利率换算成实际利率，然后再按实际利率计算资金时间价值。其换算公式如下：

$$i=\left(1+\frac{r}{m}\right)^{m}-1$$

式中：i 为实际利率，r 为名义利率，m 为每年复利的次数。

职业能力操作 2-5

金利公司取得银行贷款 10 000 元，年利率为 6%，若半年计息一次，则三年后应归还的本利和为多少？

【操作指导】

$i=\left(1+\frac{r}{m}\right)^{m}-1=\left(1+\frac{6\%}{2}\right)^{2}-1=6.09\%$

$F=10\ 000\times(1+6.09\%)^{3}=11\ 940.52$（元）

即三年后应归还的本利和为 11 940.52 元。

2.计算每期利率法

这种方法不计算实际利率，而是调整相关指标，先计算每期利率（即 r/m），再按每期利率

和复利总期数（期数相应变为 $m\times n$）直接计算出时间价值。即

$$F=P\times\left(1+\frac{r}{m}\right)^{mn}$$

【操作指导】

带入数据得 $F=10\ 000\times\left(1+\frac{6\%}{2}\right)^{2\times 3}$

查“复利终值系数表”可知，利率为 3%，期数为 6 的复利终值系数为 1.194，则

$$F=10\ 000\times 1.194=11\ 940\text{（元）}$$

五、年金终值和现值的计算

以上介绍的均是一次性收付款项，除此之外，在现实生活中，还有一定时期内发生多次收付款项的，即系列收付款项。年金就是系列收付款项的特殊形式，它是指某一特定时期内，每间隔相等的时间收付相等金额的系列款项，如租金、优先股股利、直线法计提的折旧、保险费、零存整取、整存零取、等额分期收（付）款等。年金按其每次收付发生的时间不同，可以分为普通年金、即付年金、递延年金和永续年金。

（一）普通年金

微课 4

普通年金的计算

普通年金又称为后付年金，是指从第一期起一定时期内每期期末收付的年金。

1.普通年金终值的计算（已知年金 A，求年金终值 F）

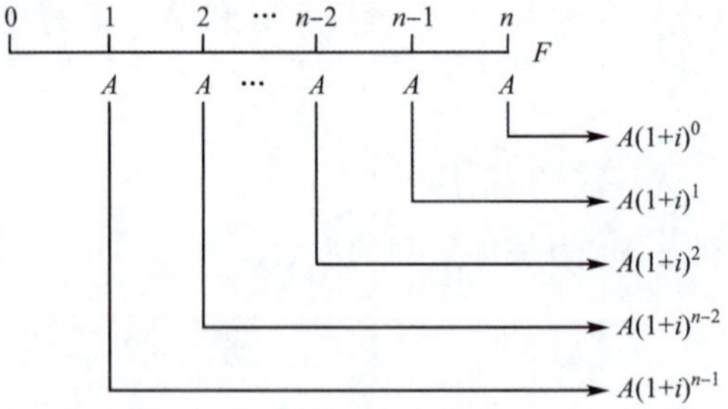

图 2-2

由图 2-2 可以看出：

$$F=A(1+i)^0+A(1+i)^1+\cdots+A(1+i)^{n-2}+A(1+i)^{n-1}=A\times\frac{(1+i)^n-1}{i}$$

式中：$\frac{(1+i)^n-1}{i}$ 称为普通年金终值系数，通常表示为 $(F/A,i,n)$，可通过直接查找“年金终值系数表”求得有关数据。上式也可表示为 $F=A\times(F/A,i,n)$。

职业能力操作 2-6

王青定期在每年年末存入银行 2 000 元，年利率为 6%，10 年后王青可以一次性从银行取出多少款项？

【操作指导】

$F=A\times(F/A,6\%,10)=2\ 000\times13.18=26\ 360$（元）

即 10 年后王青能一次性从银行取出 26 360 元。

2.偿债基金的计算（已知年金终值 F，求年金 A）

偿债基金是指为了偿付未来某一时点的一定金额的债务或积聚一定数额的资金而分次等额形成的存款准备金。由于每年存入等额款项属于年金形式，将来某一时点需要偿还的债务也就是普通年金终值，所以偿债基金的计算实际上是普通年金终值的逆运算。其计算公式为

$$A=F\times\frac{i}{(1+i)^n-1}=F\times(A/F,i,n)$$

式中：$\frac{i}{(1+i)^n-1}$称为偿债基金系数，通常表示为$(A/F,i,n)$，它是年金终值系数的倒数。

职业能力操作 2-7

金利公司在 10 年后需偿还 1 000 万元的抵押贷款，按照债务合同，该公司每年年末需从税后利润中提取固定数额存入一家投资公司作为偿债基金，假设该投资公司保证这笔偿债基金每年获得 8% 的收益，则该公司每年年末应提取多少资金？

【操作指导】

$$A=1\ 000\times\frac{1}{(F/A,8\%,10)}=1\ 000\times\frac{1}{14.49}=69.01（万元）$$

即该公司每年年末应提取 69.01 万元。

3.普通年金现值的计算（已知年金 A，求年金现值 P）

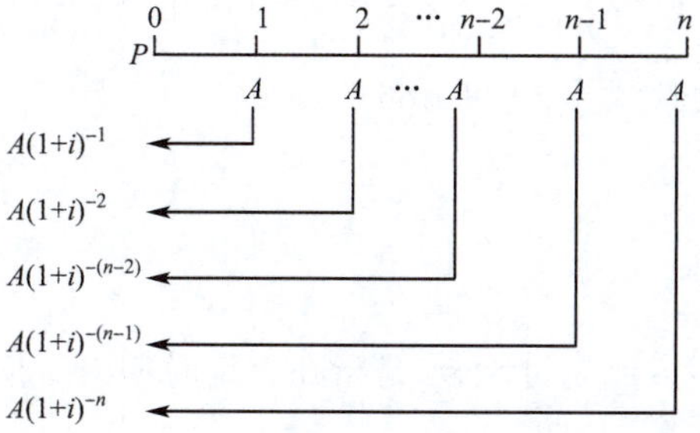

图 2-3

由图 2-3 可以看出：

$$P=A(1+i)^{-1}+A(1+i)^{-2}+\cdots+A(1+i)^{-(n-2)}+A(1+i)^{-(n-1)}+A(1+i)^{-n}$$

$$=A\times\sum_{i=1}^{n}(1+i)^{-n}=A\times\frac{1-(1+i)^{-n}}{i}$$

式中：$\frac{1-(1+i)^{-n}}{i}$称为普通年金现值系数，通常表示为$(P/A,i,n)$。可通过直接查找“普通年金现值系数表”求得有关数据。上式也可表示为$P=A\times(P/A,i,n)$。

职业能力操作 2-8

假设张强在今后的 10 年内，每年年末需要支付保险费 660 元，银行年利率为 10%，则他现在应一次性存入银行的现金为多少？

【操作指导】

$$P=A\times(P/A,i,n)=660\times(P/A,10\%,10)$$

$$=660\times6.145=4\ 055.7(\text{元})$$

即张强现在应一次性存入银行的现金为 4 055.7 元。

4.投资回收额的计算(已知年金现值 P，求年金 A)

投资回收额是指在未来一定时期内等额回收初始投入的资本。这里的等额回收是年金形式，初始投入的资本是普通年金现值。显然，投资回收额的计算是普通年金现值计算的逆运算。其计算公式为

$$A=P\times\frac{i}{1-(1+i)^{-n}}=P\times\frac{1}{(P/A,i,n)}$$

式中：$\frac{i}{1-(1+i)^{-n}}$称为资本回收系数，通常表示为$(A/P,i,n)$。显然，资本回收系数与普通年金现值系数互为倒数。上式也可表示为$A=P\times(A/P,i,n)$。

职业能力操作 2-9

假设王明计划购买一辆价格为 100 000 元的新车，首次支付 30 000 元，余下的在今后 5 年内每年年末等额支付，年利率为 9%，王明每年应支付的款项为多少？

【操作指导】

$$A=P\times\frac{1}{(P/A,i,n)}$$

$$=(100\ 000-30\ 000)\times\frac{1}{(P/A,9\%,5)}=70\ 000\times\frac{1}{3.890}=17\ 994.86(\text{元})$$

即王明每年应支付的款项为 17 994.86 元。

(二)即付年金

微课 5

即付年金的计算

即付年金也称为预付年金或先付年金，是指在一定时期内每期期初等额收付的年金。

1.即付年金终值的计算(已知即付年金 A,求年金终值 F)

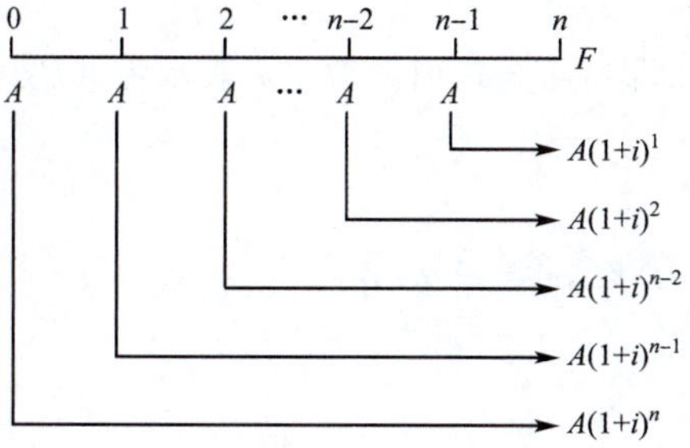

图 2-4

由图 2-4 可以看出：

$$F=A(1+i)^1+A(1+i)^2+\cdots+A(1+i)^{n-2}+A(1+i)^{n-1}+A(1+i)^n$$

$$=A\times\frac{(1+i)^n-1}{i}\times(1+i)=A\times\left[\frac{(1+i)^{n+1}-1}{i}-1\right]$$

式中：$\left[\frac{(1+i)^{n+1}-1}{i}-1\right]$称为即付年金终值系数。它是在普通年金终值系数的基础上，期数加 1、系数减 1 所得的结果。因此，即付年金终值系数也可表示为$[(F/A,i,n+1)-1]$。

职业能力操作 2-10

李明制订了一份理财计划，从现在起每年年初存入银行 20 000 元，年利率为 8%，则第 10 年年末李明得到的终值为多少？

【操作指导】

$F=20\ 000\times[(F/A,8\%,10+1)-1]$

$=20\ 000\times(16.65-1)$

$=313\ 000$(元)

即第 10 年年末李明得到的终值为 313 000 元。

2.即付年金现值的计算(已知即付年金 A,求年金现值 P)

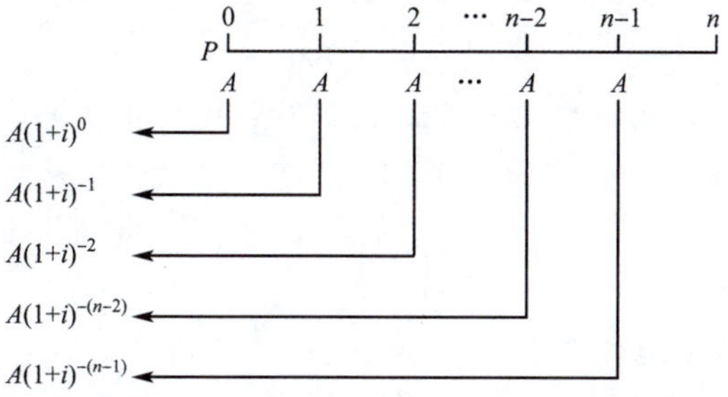

图 2-5

由图 2-5 可以看出：

$$P=A(1+i)^0+A(1+i)^{-1}+\cdots+A(1+i)^{-(n-2)}+A(1+i)^{-(n-1)}$$

$$=A\times\frac{1-(1+i)^{-n}}{i}\times(1+i)$$

$$=A\times\left[\frac{1-(1+i)^{-(n-1)}}{i}+1\right]$$

式中：$\left[\frac{1-(1+i)^{-(n-1)}}{i}+1\right]$称为即付年金现值系数，它是在普通年金现值系数的基础上，期数减 1、系数加 1 所得的结果。因此，即付年金现值系数也可表示为$[(P/A,i,n-1)+1]$。

职业能力操作 2-11

刘英 10 年期分期付款购房，每年年初支付 20 000 元，设银行年利率为 10%，则该项分期付款相当于一次支付多少现金？

【操作指导】

$P=20\ 000\times[(P/A,10\%,10-1)+1]$

$=20\ 000\times(5.759+1)=135\ 180$（元）

即该项分期付款相当于一次支付 135 180 元。

（三）递延年金

微课 6

递延年金和永续年金的计算

递延年金是指第一次收付发生在若干期（假设为 s 期，$s\geqslant1$）以后，即从 $s+1$ 期期末开始每期期末收付的等额款项。它是普通年金的特殊形式，凡不是从第一期开始的普通年金都是递延年金。s 称为递延期，如图 2-6 所示。

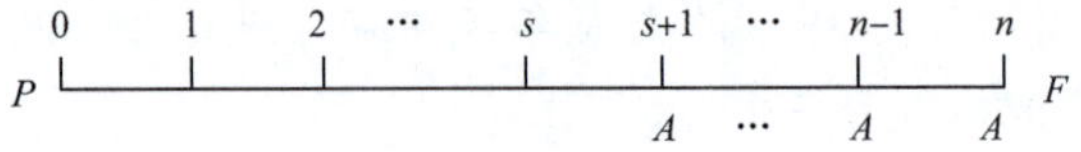

图 2-6

1.递延年金终值的计算

递延年金终值的计算与递延期 s 无关，其计算方法与普通年金终值相同，计算公式为

$$F=A\times(F/A,i,n-s)$$

职业能力操作 2-12

李晨从第三年年末开始每年年末存入银行 20 000 元，年利率为 6%，则 10 年后能一次性从银行取出的款项为多少？

【操作指导】

$F=20\ 000\times(F/A,6\%,8)=20\ 000\times9.897=197\ 940$（元）

即 10 年后能一次性从银行取出 197 940 元。

2.递延年金现值的计算

递延年金现值的计算有两种方法：

①先增后减法：假设递延期间每期期末也进行支付，先计算出 n 期的普通年金现值，然后减去前 s 期的普通年金现值，即递延年金现值。

$$P=A\times[(P/A,i,n)-(P/A,i,s)]$$

②分步计算法：先将递延年金视为$(n-s)$期普通年金，求出在第 s 期期末（即第 $s+1$ 期期初）的现值，然后再折算为第一期期初的现值。

$$P=A\times\frac{1-(1+i)^{-(n-s)}}{i}\times(1+i)^{-s}=A(P/A,i,n-s)\times(P/F,i,s)$$

职业能力操作 2-13

金利公司融资租赁一台设备，协议中约定从第 4 年年末开始，连续 6 年每年年末支付租金 5 600 元，若年利率为 10%，则相当于现在一次性支付的金额为多少？

【操作指导】

$P=A\times[(P/A,10\%,9)-(P/A,10\%,3)]$

$=5\ 600\times(5.759-2.487)=18\ 323.20$（元）

或　$P=5\ 600\times(P/A,10\%,9-3)\times(P/F,10\%,3)$

$=5\ 600\times4.355\times0.751=18\ 315.39$（元）

即相当于现在一次性支付 18 323.20(18 315.39)元。

（四）永续年金

永续年金是指无限期的等额定期收付的年金，也可视为普通年金的特殊形式，即期限趋于无穷大的普通年金。因此，永续年金没有终值，只有现值。

根据普通年金现值公式 $P=A\times\frac{1-(1+i)^{-n}}{i}$，当期限 $n\to\infty$ 时，求其极限得

$$P=A\times\frac{1}{i}$$

职业能力操作 2-14

钟丽欲购买某优先股股票，该股票每年每股分发股利 1.5 元，设市场利率为 6%，当前该股票市价为 20 元/股，问是否购买？

【操作指导】

根据计算公式，该股票的现值为

$$P=\frac{1.5}{6\%}=25(\text{元})$$

因为股票价值高于市价，所以可以购买。

六、利率与期间的推算

从上述的有关计算中可以看出，时间价值的计算受 F、P、i、n 四个因素影响，只要已知其中三个因素，即可推知第四个。关于 F 与 P 之间的计算已经介绍过，这里主要讲述期间 n 与利率 i 的有关推算。应用广泛的是插值法，也叫内插法。

1.利率的推算

(1)一次性收付款项利率的推算

对于一次性收付款项，可根据其复利终值（或现值）的计算公式推算利率，公式为

$$i=(F/P)^{\frac{1}{n}}-1$$

因此，若已知 F、P、n，不用查表便可直接计算出一次性收付款项的利率。

职业能力操作 2-15

张平存入银行 100 元，10 年后可获本利和为 250 元，银行存款的利率为多少？

【操作指导】

已知 $F=250$，$P=100$，$n=10$，求 i

则 $250=100\times(1+i)^{10}$

$i=(250/100)^{\frac{1}{10}}-1=9.60\%$

（2）永续年金折现率（利率）的推算

永续年金折现率（利率）的推算也很简单。若 P、A 已知，根据永续年金现值公式

$$P=A\times\frac{1}{i}$$

推知：

$$i=\frac{A}{P}$$

（3）普通年金折现率（利率）的推算

普通年金折现率（利率）的推算比较复杂，无法直接套用公式，而必须利用有关的系数表，有时还会涉及插值法的运用。

根据普通年金终值、普通年金现值的计算公式可分别推算出年金终值系数和年金现值系数，分别为

$$(F/A,i,n)=F/A$$
$$(P/A,i,n)=P/A$$

因此，根据已知的期限 n，年金终值或现值系数，通过查年金终值或现值系数表（设其为 α），沿着已知 n 所在的行横向查找，若恰好能找到某一系数值等于 α，则该系数值所在的列相对应的利率便为所求的 i。

若上述过程无法找到恰好等于 α 的系数值，就在表中 n 所在行上找到与 α 最接近的两个左右临界的系数值，设为 α_1、α_2（$\alpha_1>\alpha>\alpha_2$），读出所对应的临界利率，然后进一步运用插值法求出 i，如图 2-7 所示。

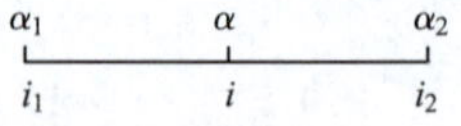

图 2-7

职业能力操作 2-16

李红现在向银行存入 5 000 元，在利率为多少时，才能保证在以后的 10 年中每年年末得到 750 元？

【操作指导】

根据题意得

$$(P/A,i,10)=5\,000/750=6.667$$

职业能力操作 2-16

查“年金现值系数表”可知，当利率为 8%时，系数为6.710；当利率为 9%时，系数为6.418。所以利率应介于 8%～9%之间。

$$\begin{array}{ll} \text{利率} & \text{年金现值系数} \\ \left.\left.\begin{array}{l} 8\% \\ i \end{array}\right\} \atop 9\% \right\} & \left.\left.\begin{array}{l} 6.710 \\ 6.667 \end{array}\right\} \atop 6.418 \right\} \end{array}$$

利用内插法计算如下：

$$\frac{i-8\%}{9\%-8\%}=\frac{6.710-6.667}{6.710-6.418}$$

$$i=8\%+\frac{6.710-6.667}{6.710-6.418}\times(9\%-8\%)=8.15\%$$

对于一次性收付款项利率的推算也可采用插值法来计算。

2.期间的推算

期间的推算，其原理和步骤同折现率（利率）的推算。现举例说明如下：

职业能力操作 2-17

金利公司有一个项目，这个项目建成投产后每年可为公司创造 30 万元的收益，该项目投资额为 100 万元，要求的最低收益率为 6%，则该项目的最短寿命期为多少？

【操作指导】

根据年金现值计算公式得

$100=30\times(P/A,6\%,n)$

查“年金现值系数表”可知，当 $i=6\%$ 时

$(P/A,6\%,n)=3.333$

当 $n=3$ 时，年金现值系数为 2.673；当 $n=4$ 时，年金现值系数为 3.465，所以

$$n=3+\frac{2.673-3.333}{2.673-3.465}\times(4-3)=3.83(\text{年})$$

职业能力训练

一、单项选择题

1.资金时间价值的实质是（　　）。

A.暂缓消费的补偿　　B.资金周转使用后的增值额

C.资金所有者与资金使用者分离的结果　　D.时间推移带来的差额价值

2.资金时间价值是在没有风险和通货膨胀条件下的(　　)。

A.利息率　B.资金利润率　C.资金利用率　D.投资收益率

3.某人将 1 000 元现金存入银行，银行的年利率为 10%，按单利计算，5 年后的本利和是(　　)元。

A.1 400　B.1 500　C.1 550　D.1 611

4.某人计划 5 年后得到现金 2 800 元，在银行存款年利率为 8%，按单利计算的情况下，现在应存入银行(　　)元。

A.1 906　B.2 000　C.1 900　D.2 100

5.某人存入银行 2 000 元，银行的年利率为 12%，按复利计算，5 年后的本利和是(　　)元。

A.3 200　B.3 440　C.3 524　D.3 550

6.某人准备在 5 年后购入一台电脑，价值为 10 000 元，在银行存款年利率为 10%，按复利计算的情况下，现在应存入银行(　　)元。

A.6 600　B.6 300　C.6 500　D.6 210

7.普通年金是指(　　)。

A.每期期末等额收款、付款的年金

B.每期期初等额收款、付款的年金

C.距今若干期以后发生的每期期末等额收款、付款的年金

D.无限期连续等额收款、付款的年金

8.为在第 5 年年末获得本利和 10 000 元，求每年年末应存款多少，应用(　　)。

A.年金现值系数　B.年金终值系数　C.复利现值系数　D.复利终值系数

9.下列选项中，无法计算出确切结果的是(　　)。

A.后付年金终值　B.即付年金终值　C.递延年金终值　D.永续年金终值

10.某企业向银行借款 100 万元，年利率为 10%，半年复利一次，则该项借款的实际利率是(　　)。

A.10%　B.5%　C.11%　D.10.25%

二、多项选择题

1.资金时间价值的大小，通常以(　　)表示。

A.利息率　B.利息额　C.资金利润率　D.资金利用率

E.投资收益率

2.采取年金形式的有(　　)。

A.折旧　B.租金　C.利息　D.养老金

E.保险金

3.资金时间价值的大小与下列因素成正比的有(　　)。

A.资金投入生产经营过程中的时间长短

B.资金投入生产经营过程中周转一次的时间长短

C.资金投入生产经营过程中周转次数的多少

D.通货膨胀的高低

E.社会平均资金利润率的高低

4.在复利计息方式下，影响普通年金终值大小的因素包括(　　)。

A.单利　B.期限　C.普通年金　D.利率

5.关于递延年金，下列说法中，正确的有（　　）。

A.递延年金是指隔若干期以后才开始发生的系列等额收付款项

B.递延年金终值的大小与递延期无关

C.递延年金现值的大小与递延期有关

D.递延期越长，递延年金的现值越大

6.普通年金终值系数表的用途有（　　）。

A.已知年金求终值　　B.已知终值求年金

C.已知现值求终值　　D.已知终值和年金求利率

7.下列说法中，正确的有（　　）。

A.普通年金终值系数和偿债基金系数互为倒数

B.普通年金终值系数和普通年金现值系数互为倒数

C.复利终值系数和复利现值系数互为倒数

D.普通年金现值系数和资本回收系数互为倒数

三、简答题

1.什么是资金时间价值？其实质是什么？

2.什么是年金？年金包括哪些种类？

四、计算题

1.蓝宏公司准备购买一台设备，设备价款为 120 000 元，使用期限 6 年，估计该设备每年可为公司带来 40 000 元的收益，假设利率为 15%。计算分析是否应该购买该设备。

2.张宇欲购买商品房，如果现在一次性支付现金，则需支付 50 万元；如果分期支付，年利率为 5%，每年年末支付 5 万元，连续支付 20 年。最好采取哪种方式？为什么？

3.黎明公司购买一台设备，前 5 年没有付款，后 8 年每年年末支付货款 200 万元，假设年利率为 10%，求购买设备支付货款的现值。

4.张伟在 2028 年 12 月 1 日有 45 000 元的债务需要归还，在年利率为 10%、一年复利一次的情况下，计算为归还债务，张伟应在 2022 年 12 月 1 日一次性存入银行多少钱？

5.利明公司准备购买一套设备，现有两个方案可供选择：方案一是购买甲公司产品，可分 5 年付款，每年年初支付 5 万元；方案二是购买乙公司产品，需一次付清购货款 23 万元。年利率为 8%，分析哪个方案较优。

工作任务 2　风险价值观念

任务引例　乐对风险价值

风险是当资产价值、股票价格和盈利情况出现非预期结果时的不确定性。生活中最重要的是管理风险，而不是根除风险，这句话是沃尔特·瑞斯顿说的，他是前任花旗银行董事。

风险的确切定义是什么？风险是当资产价值、股票价格和盈利情况出现非预期结果时的不确定性。从广义上可以分为商业风险和金融风险。其中商业风险是指公司为了使自身具有竞争优势并为股东带来价值而主动承担的风险。而对于其他风险，一般情况下归类于金融风险，指涉及金融市场交易而带来收益或者损失的不确定性，例如，利率的变动或者债务违约造成的损失。

风险来自何处呢？风险的来源渠道很多，有人为造成的，如经济周期，通货膨胀，政府政策变动以及战争。也有未能预见的自然现象，如天气和地震。技术的进步，这一促进经济长期发展的主要动力，也是风险，它会造成现有技术过时，被淘汰，导致就业方面新的不平衡。

金融工程被定义为“开发、创造金融技术的应用，解决金融问题，寻求金融发展新机遇。”

金融风险管理就是为了识别、衡量、管理金融风险而设计出管理和处理机制流程。假设你是从事风险管理的经理人，负责管理集团从事固定收益交易的业务团队，如何在允许业务人员根据自己对市场的判断从事交易的同时，控制好可能发生的损失？这就是风险管理者的工作。一种方法是设定止损上限。另一种是进行敏感分析(敏感分析现在逐渐被淡出舞台)。

一、风险的概念

风险一般是指某一行动的结果具有多样性。例如，初成公司准备投资 100 万元，有两种方案可供选择。方案一：购买 3 年期国库券单利计息，年利率为 5%，到期可取出 115 万元，这一投资基本没有风险(即只有一个结果)。方案二：开发一种新产品，如果销路好，可盈利 1 000 万元，出现的概率为 45%；如果销路不好，将亏损 20 万元，出现的概率为 55%。显然，这一投资的结果具有多种可能性，说明该项投资存在风险。

与风险相联系的另一概念是不确定性，不确定性是指事前不知道所有的结果，或知道可能的结果，但不知道它们出现的概率。显然，不确定性无法进行量化分析。而风险是指事前知道所有可能的结果，以及每种结果出现的概率，但不知道会出现哪种结果。在以后的讲述中，均以风险决策为例。

从财务管理角度分析，风险主要是指无法达到期望收益的可能性，或由于各种难以预料和无法控制的因素作用，使企业的实际收益与期望收益发生背离而蒙受经济损失的可能性。风险不仅能带来超出预期的损失，呈现其不利的一面，而且还可能带来超出预期的收益，呈现其有利的一面。

二、风险的分类

1.按风险能否分散分为不可分散风险和可分散风险

不可分散风险是指那些影响所有企业的风险，也称为市场风险或系统风险。如战争、自然灾害、通货膨胀、利率调整等。因为这些因素影响所有投资，所以不可能通过多元化投资分散风险。

可分散风险也称为公司特有风险或非系统风险，是指发生于个别公司的特有事件给公司造成的风险。如罢工、新产品开发失败等。这类事件是随机发生的，仅影响与之相关的公司，可以通过多元化投资分散风险。

2.按风险形成的原因分为经营风险与财务风险

经营风险是指企业因经营上的原因导致利润变动的不确定性。如原材料价格变动、市场销售因素、生产成本因素等变动，使得企业的收益变得不确定。经营风险是不可避免的。

财务风险也叫筹资风险，是指因借款而增加的风险，是筹资决策带来的风险。因为借款的利息固定，当企业经营状况不佳时，将导致企业所有者收益下降甚至无法按期支付利息，影响偿债能力。财务风险是可避免的，如果企业不举债，则企业就没有财务风险。

微课 7

企业风险衡量指标

三、风险的衡量方法

风险是客观存在的，广泛影响着企业的财务和经营活动，因此，正视风险并将风险程度予以量化，是企业财务管理中的一项重要工作。衡量风险大小需要使用概率和统计方法，下面分别进行介绍。

（一）概率

概率是用百分数或小数来表示随机事件发生可能性的大小，或出现某种结果可能性大小的数值。一般用 P_i 表示，它是介于 0～1 的一个数，所有结果的概率之和应等于 1，即

$$\sum_{i=1}^{n} P_i = 1$$

职业能力操作 2-18

万利公司拟对外投资，现有 A 公司和 B 公司有关股票收益的资料见表 2-1，试分析其风险的大小。

表 2-1　　A、B 公司股票收益概率分布表

经济情况	事件发生的概率 P_i	A 公司收益额 X_i（万元）	B 公司收益额 Y_i（万元）
繁荣	0.2	40	70
一般	0.6	20	20
衰退	0.2	0	30
合计	1.0	—	—

在表中，概率表示每种结果出现的可能性，即经济情况会出现三种结果，其概率分别为：0.2、0.6、0.2。

（二）期望值

期望值是一个概率分布中的所有可能结果以其概率为权数进行加权平均的加权平均数，反映事件的集中趋势。它不是人们通常所说的“希望得到的收益”，也不是实际上最有希望或最有可能获得的收益率，它代表这一随机事件最合理的（平均）期望结果。其计算公式为

$$\overline{E} = \sum_{i=1}^{n} P_i X_i$$

式中：X_i——第 i 种结果出现的期望收益（或期望收益率）；

P_i——第 i 种结果出现的概率；

n——所有可能结果的数目。

【操作指导】

根据表 2-1 中的资料，计算 A、B 公司的期望值如下：

A 公司期望值 $\overline{E}=40\times0.2+20\times0.6+0\times0.2=20$（万元）

B 公司期望值 $\overline{E}=70\times0.2+20\times0.6+(-30)\times0.2=20$（万元）

（三）标准离差

标准离差是各种可能的收益（或收益率）偏离期望收益（或期望收益率）的综合差异，是反映离散程度的一种量度。计算公式为

$$\text{标准离差}\ \sigma=\sqrt{\sum_{i=1}^{n}(X_i-\overline{E})^2P_i}$$

在期望值相等的情况下，标准离差越大，意味着风险越大。

【操作指导】

A 公司股票的标准离差

$$\sigma=\sqrt{(40-20)^2\times0.2+(20-20)^2\times0.6+(0-20)^2\times0.2}=12.65\text{（万元）}$$

同理可以计算 B 公司股票的标准离差 $\sigma=31.62$（万元）

因为 A 公司股票的标准离差小于 B 公司股票的标准离差，所以在期望值均为 20 万元的条件下，A 公司股票的风险程度小于 B 公司股票的风险程度，应选择投资 A 公司股票。

（四）标准离差率

标准离差率是标准离差同期望值的比值。其计算公式为

$$V=\frac{\sigma}{\overline{E}}$$

标准离差率越大，风险程度就越大。在期望值不相等的情况下，应用标准离差率比较风险大小。

【操作指导】

A 公司股票的标准离差率 $V=12.65/20=0.632\ 5$

B 公司股票的标准离差率 $V=31.62/20=1.581$

可见，A 公司股票的标准离差率小于 B 公司股票的标准离差率，即 A 公司股票的风险程度小于 B 公司股票的风险程度。

四、风险收益的衡量方法

（一）风险收益的概念

风险收益是指投资者冒着风险进行投资而获得的超过资金时间价值的额外收益，又称为投资风险收益或投资风险价值，可以用风险收益额或风险收益率来反映。风险收益额与投资额的比率即风险收益率。

（二）风险收益的计算

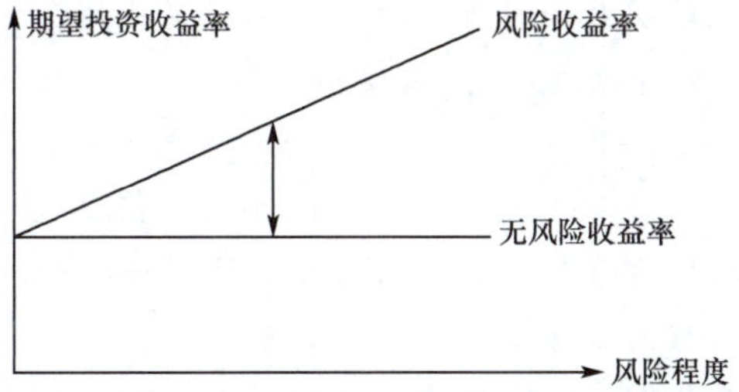

图 2-8

风险与收益的关系是风险越大，要求的收益率越高，如图 2-8 所示。

$$K = R_F + bv = \text{无风险收益率} + \text{风险收益系数} \times \text{标准离差率}$$
$$= \text{无风险收益率} + \text{风险收益率}$$

式中：K——期望投资收益率；

R_F——无风险收益率；

b——风险收益系数；

v——标准离差率。

计算风险收益的关键是风险收益系数的确定。风险收益系数是个经验数据，它可以根据对历史资料的分析、统计回归、专家评议获得，或者由政府等专门机构公布。

职业能力操作 2-19

承前例，假设无风险收益率为 5%，股票投资的风险收益系数为 0.2，则投资 A、B 公司股票的风险收益率和期望投资收益率分别为多少？

【操作指导】

A 公司股票的风险收益率＝0.2×0.632 5×100%＝12.65%

A 公司股票的期望投资收益率＝5%＋12.65%＝17.65%

B 公司股票的风险收益率＝0.2×1.581×100%＝31.62%

B 公司股票的期望投资收益率＝5%＋31.62%＝36.62%

由此可见，由于 B 公司股票的风险程度大于 A 公司股票的风险程度，按照风险收益对等原理，投资 B 公司股票所要求的风险收益率和期望投资收益率均高于 A 公司，这是投资者风险投资所应得到的收益，如果 B 公司给予投资者的回报率低于 36.62%，则对投资者而言，该项投资是不可行的。

职业能力训练

一、单项选择题

1.投资者冒着风险进行投资,是因为(　　)。

A.进行风险投资可使企业获得收益

B.进行风险投资可使企业获得等同于时间价值的收益

C.进行风险投资可使企业获得超过时间价值以上的收益

D.进行风险投资可使企业获得小于时间价值的收益

2.下列投资中,风险最大的是(　　)。

A.储蓄存款　B.购买政府债券　C.购买企业债券　D.购买股票

3.将标准离差率转换为投资收益率时,需要借助(　　)。

A.R 系数　B.风险价值系数

C.复利现值系数　D.年金终值系数

4.为比较期望收益率不同的两个或两个以上方案的风险程度,应采用的标准是(　　)。

A.标准离差　B.标准离差率　C.概率　D.风险收益率

5.某种股票的标准离差率为0.4,风险收益系数为0.3,假设无风险收益率为8%,则该股票的期望投资收益率为(　　)。

A.40%　B.12%　C.20%　D.3%

二、多项选择题

1.关于风险收益,下列表述中正确的有(　　)。

A.风险收益有风险收益率和风险收益额两种表示方法

B.风险越大,获得的风险收益越高

C.风险收益额是指投资者冒着风险进行投资而获得的超过资金时间价值的额外收益

D.风险收益率是风险收益额与原投资额的比率

E.在实际工作中,通常以相对数即风险收益率进行计量

2.风险收益系数的确定方法有(　　)。

A.根据以往同类项目的有关数据确定　B.根据风险的大小确定

C.根据市场情况确定　D.由企业领导或有关专家确定

E.由国家有关部门组织专家确定

3.企业的财务风险是指(　　)。

A.因销售量变化带来的风险　B.因借款带来的风险

C.筹资决策带来的风险　D.外部环境带来的风险

4.关于投资者要求的期望投资收益率,下列说法中正确的有(　　)。

A.风险程度越高,要求的收益率就越低

B.风险程度越高,要求的收益率就越高

C.无风险收益率越高,要求的期望投资收益率就越高

D.它是一种机会成本

5.在不考虑通货膨胀的情况下,投资收益率包括(　　)。

A.通货膨胀补偿率　B.无风险收益率　C.资本成本率　D.风险收益率

三、简答题

1.什么是风险？风险有哪些分类？

2.风险是如何衡量的？

3.风险与收益的关系是什么？如何计算风险收益率和期望投资收益率？

四、计算题

1.利华企业为生产甲产品准备新上一条生产线，甲产品投产后预计收益情况和市场销售量有关，其收益和概率分布情况如表2-2所示。

表2-2 甲产品收益概率分布表

市场情况	事件发生的概率 P_i	年收益 X_i（万元）
销量很好	0.1	500
销量较好	0.2	400
销量一般	0.4	300
销量较差	0.2	200
销量很差	0.1	100

若市场无风险收益率为6%，风险收益系数为0.3，试计算甲产品的期望投资收益率。

2.表2-3是万利公司进行某项投资的投资利润率概率估计情况。

表2-3 某项投资的投资利润率概率估计情况

市场状况	概率	投资利润率
好	0.4	18%
一般	0.5	15%
差	0.1	−5%

要求：

(1)计算该公司投资利润率的期望值。

(2)计算该公司投资利润率的标准离差。

(3)计算该公司投资利润率的标准离差率。

项目三
筹资管理

职业能力目标

◎ 掌握企业筹资的基本方式；
◎ 熟悉资金需要量预测的基本方法；
◎ 理解资本成本、财务杠杆和资本结构的基本原理；
◎ 掌握资本成本、杠杆系数的计算方法；
◎ 学会运用所学知识合理进行资本决策。

素质培养目标

◎ 引导学生能运用现行公司法和证券法，解决企业筹资过程中的实际问题；
◎ 坚持对学生进行诚信教育，培养学生科学意识和创新精神；
◎ 培养学生成本节约、精打细算、风险管控的审慎态度和职业规范；
◎ 培养学生工匠精神、责任意识和职业素养。

工作任务列表

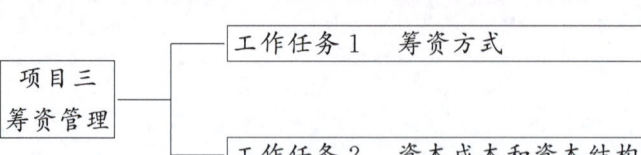

项目三 筹资管理
- 工作任务1　筹资方式
- 工作任务2　资本成本和资本结构

项目引言

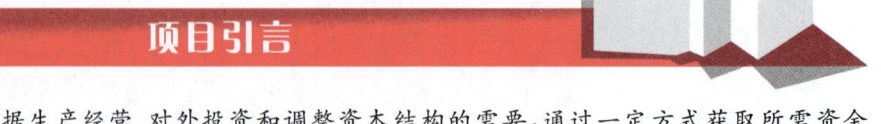

筹资是企业根据生产经营、对外投资和调整资本结构的需要，通过一定方式获取所需资金的行为。筹资的方式主要有权益资金和债务资金。筹资管理的目的是满足公司资金需求，降低资金成本，增加公司的利益，减少相关风险。筹资活动是企业资金运动的首要环节，也是企业财务管理的重要内容。

工作任务1　筹资方式

任务引例　新《证券法》正式实施 资本市场迎来重大变化

市场盼望已久的新《证券法》于2020年3月1日终于揭开面纱。业内人士称，此次新《证券法》落地实施将给资本市场带来全方位的变化。

新《证券法》实施后，长期看上市公司的发展将出现明显的分化，优质的受到投资者认可的公司发行上市将变得更加容易便捷，而质地相对较差、投资者不认可的公司未来发行上市的难度将进一步提升。

"对于企业来讲，这次证券法改革为企业上市融资增加了许多渠道，简化了流程。"英利能源科技集团总经理刘丁涛在接受记者采访时表示，英利能源科技集团旗下有两家新三板上市公司（易通科技和嘉盛光电），也将受益。其中，激励计划、员工持股这两项重大改革将更有利于企业进行员工内部融资。

新《证券法》最重点的就是全面的注册制改革，这个改革对于未来的企业，就是上市价值化、破发常态化以及退市严格化。

对于券商投行机构来讲，因为券商投行机构要求保荐的同时，也要求跟投。所以未来券商投行机构在遴选企业的时候，并不一定在IPO首发时把价格抬高，对于券商投行整体的收益就会很高，所以未来券商投行对于企业的定价能力的要求，包括对于企业定完价之后IPO首发的时候，股票的承销能力的要求会大幅提升，而过去的能力重点是在保荐。对于审计机构来讲，就是对于信息披露的真实性和合法性、合规性，对审计机构的要求会更高。

新《证券法》对于市场主体和市场中介都做出了行为规范。市场主体和市场中介的违规需要承担的法律责任的边界做了明确规定，所以从市场主体来看，无论是发行人，还是投资者，都需要守法。当然作为市场中介更要发挥资本市场"看门人"的作用。

同时，新《证券法》强调，市场主体和中介机构各司其职、各就各位，各自承担法律责任。最重要的是，新《证券法》加大了对违法违规犯罪行为的惩处力度，也就是所谓的违法犯罪成本极大地提升，它具有很好的威慑效果，进而能够约束违法违规行为的发生。尤其是加大对法人和自然人的惩处力度，从源头防止证券违法犯罪行为的发生。

子任务1　筹资方式的选择（一）

一、企业筹资的目的与要求

企业筹资是指企业作为筹资主体，根据其生产经营、对外投资和调整资本结构等需要，通过筹资渠道和金融市场，运用筹资方式，经济有效地筹措和集中资本的活动。企业筹资活动是企业的一项基本财务活动。企业筹资管理是企业财务管理的主要内容。

（一）企业筹资的目的

企业筹集一定数量的资金的主要目的有以下几个方面：

1.满足企业设立的需要。

2.满足生产经营的需要。

3.偿还债务的需要。

4.满足资本结构调整的需要。

（二）企业筹资的要求

企业在筹资的过程中，必须满足下列要求：

1.合理确定资金需要量，适时控制资金投放时间。

2.科学选择筹资方式，力求降低资本成本。

3.妥善安排资本结构，保证举债规模适度。

微课 8

筹资渠道和筹资方式

二、企业筹资的渠道与方式

（一）企业筹资的渠道

筹资渠道是指企业筹措资金的方向与通道，体现着资金的来源与流量。现阶段，我国企业筹集资金的渠道主要有：

1.国家财政资金。国家财政资金是指国家对企业的直接投资，是国有企业的主要资金筹措渠道。

2.银行信贷资金。银行对企业的各种贷款，目前是我国企业最主要的借入资金的筹措渠道。

3.非银行金融机构资金。非银行金融机构是指由各级政府及其他经济组织主办的，在经营范围上受到一定限制的金融企业。

4.其他法人资金。法人包括以盈利为目的的企业法人和社团法人，这些单位都会有一部分暂时闲置的资金，此处主要指企业法人资金。

5.民间资金。民间资金是企业职工和城乡居民手中暂时不用的资金。

6.企业自留资金。企业自留资金是指企业内部形成的资金，又称为内部资金，包括计提的固定资产折旧、提取的盈余公积与未分配利润等。

7.外商资金。外商资金既包括外资企业，又包括外国投资者及港、澳、台地区投资者的投资，我国部分企业还直接在境外发行股票或债券。

（二）企业筹资的方式

筹资方式是指企业筹集资金所采取的具体方法和形式，即如何取得资金。企业的筹资方式主要有以下几种：

1.吸收直接投资

吸收直接投资是指直接从投资者处取得货币资金或财产物资作为资本金，用于企业的生产经营活动。吸收直接投资不以股票为媒介，是非股份制企业筹集自有资金的基本方式。

2.发行股票

股票是股份有限公司为筹集自有资金而发行的一种有价证券，是持股人拥有公司股份的凭证,它代表了持股人对公司的所有权。公司通过发行股票筹资,是股份有限公司筹资的基本方式。

3.发行债券

债券是公司为了筹集负债资金而发行的一种有价证券,发行公司会承诺在一定期限内,向债券持有人还本付息。发行公司债券是公司筹措资金的一种重要方式。

4.银行借款

银行借款是指企业根据借款合同的规定,向银行以及非银行金融机构借入的按规定还本付息的款项,是企业筹措短期以及长期负债资金的主要方式。

5.商业信用

商业信用是指商品交易过程中由于延期付款或延期交货而形成的企业间的借贷关系,它表现为企业之间的直接信用关系,是一种自然筹资方式。目前,我国商业信用形式多样、使用广泛,比较常见的商业信用有应付账款、应付票据和预收账款等。

6.融资租赁

融资租赁又称财务租赁,是由租赁公司按照承租企业的要求融资购买设备,并在契约或合同规定的较长期限内提供给承租企业使用的信用性业务,它是现代租赁的主要类型之一。融资租赁集融资与融物于一身,具有借贷性质,是承租企业筹集长期负债资金的一种特殊方式。

7.留存收益

留存收益即企业自留资金,包括盈余公积和未分配利润。留存收益具有资本成本低、筹集方便等优点,但这种筹资方式受制于企业盈利情况和收益分配政策。

三、筹集资金的分类

企业从不同渠道,利用不同筹资方式筹集的资金,由于其来源、方式、期限、用途等有所不同,形成不同的筹资类别。

(一)自有资金和负债资金

按所筹集资金性质不同,资金可分为自有资金和负债资金。

1.自有资金

自有资金又称为主权资金或权益资金,是企业依法筹集并长期拥有、自主支配的资金。它的特点是:首先,自有资金的所有权归属所有者,所有者可以参与企业经营管理,取得收益并承担一定的责任;其次,企业在经营期间可以长期占用,所有者无权以任何形式抽回资本,企业也没有还本付息的压力;再次,自有资金主要通过国家财政资金、其他企业资金、居民个人资金、外商资金等渠道,采用吸收直接投资、发行股票、留存收益等方式筹集形成。

2.负债资金

负债资金又称为借入资金或债务资金,是企业依法筹集并依约使用、按期偿还的资金。它的特点是:首先,负债资金只能在约定的期限内享有使用权,并负有按期还本付息的责任,筹资风险较大;其次,债权人有权按期索取利息或要求到期还本,但无权参与企业经营,也不承担企业的经营风险;再次,负债资金主要通过银行信贷资金、非银行金融机构资金、居民个人资金等渠道，采用银行借款、发行债券、商业信用、融资租赁等方式筹措取得。

（二）长期资金和短期资金

企业所筹集的资金，按期限可分为长期资金和短期资金两类。

1.长期资金

长期资金是指占用期限在一年或一个营业周期以上的资金。长期资金占用期限长，对企业短期经营的影响较小，但成本相对较高，投资风险较大，主要包括自有资金和长期债务资金。

2.短期资金

短期资金是指占用期限在一年或一个营业周期内的资金。短期资金具有占用期限短、对短期经营影响大、资本成本相对低的特点，主要包括商业信用和银行短期借款。

四、资金需求量的预测方法——销售百分比法

微课 9

资金需要量预测-销售百分比法

（一）销售百分比法的含义

销售百分比法是指以未来销售额变动的百分比为主要依据，考虑随销售额变动的资产负债表项目及其他因素对资金需求的影响，从而预测未来需要追加的资金量的一种定量计算方法。

（二）销售百分比法的假设

1.资产负债表的各项目可以划分为敏感项目与非敏感项目。凡是随销售额变动而变动并呈现一定比例关系的项目，称为敏感项目，比如货币资金、应收账款、存货、应付账款、应付票据、预提费用等；凡不随销售额变动而变动的项目，称为非敏感项目，比如短期借款、长期借款、实收资本、留存收益等。固定资产则比较特殊，只有当固定资产利用率已经达到最优状态，产销量的增加将导致机器设备、厂房等固定资产的增加，此时固定资产净值才应被列为敏感项目；如果目前固定资产的利用率并不完全，则在一定范围内的产销量增加就不需要增加固定资产的投入，此时固定资产净值不应被列为敏感项目。

2.敏感项目与销售额之间成正比例关系。

3.基期与预测期的情况基本不变。这一假设包含三重含义：一是基期与预测期的敏感项目和非敏感项目的划分不变；二是敏感项目与销售额之间成固定比例，或称比例不变；三是销售结构和价格水平与基期相比基本不变。

4.销售的预测比较准确。销售预测是销售百分比法应用的重要前提之一，只有销售预测准确，才能比较准确地预测资金需要量。

职业能力操作 3-1

万达公司 2021 年 12 月 31 日的简要资产负债表见表 3-1。假定万达公司 2021 年销售额为 10 000 万元，销售净利率为 10%，利润留存率为 40%。2022 年销售额预计增长 20%，公司有足够的生产能力，无须追加固定资产投资。

表 3-1　　资产负债表(2021 年 12 月 31 日)　　单位:万元

资产	金额	负债与权益	金额
货币资金	500	短期借款	2 500
应收账款	1 500	应付账款	1 000
存　货	3 000	预提费用	500
固定资产	3 000	应付债券	1 000
		实收资本	2 000
		留存收益	1 000
合计	8 000	合计	8 000

要求:(1)确定企业需要增加的营运资金;

(2)确定企业外部融资需求量。

【操作指导】

步骤 1:确定资产负债表中的敏感项目和非敏感项目,见表 3-2,并测算敏感项目占销售额的比例。

表 3-2　　资产负债表(2021 年 12 月 31 日)　　单位:万元

资产	金额	与销售关系(%)	负债与权益	金额	与销售关系(%)
货币资金	500	5	短期借款	2 500	N
应收账款	1 500	15	应付账款	1 000	10
存　货	3 000	30	预提费用	500	5
固定资产	3 000	N	应付债券	1 000	N
			实收资本	2 000	N
			留存收益	1 000	N
合计	8 000	50	合计	8 000	15

流动资产占销售收入的百分比=5%+15%+30%=50%

流动负债占销售收入的百分比=10%+5%=15%

步骤 2:计算 2022 年需增加的营运资金。

增加的销售收入=10 000×20%=2 000(万元)

增加的营运资金=2 000×(50%-15%)=700(万元)

步骤 3:预测 2022 年需要对外筹集的资金量。

增加的留存收益=10 000×(1+20%)×10%×40%=480(万元)

需要对外筹集的资金量=700-480=220(万元)

子任务2 筹资方式的选择（二）

一、权益资金筹资方式

（一）吸收直接投资

吸收直接投资是指企业以协议等形式吸收国家、法人、个人和外商等的直接投入资金，形成企业资本金的一种筹资方式。吸收直接投资不以股票为媒介，它是非股份制企业筹措权益资金的一种基本方式。

1.吸收直接投资的种类

(1)吸收国家的直接投资，形成国家资本。

(2)吸收企业、事业单位等法人的直接投资，形成法人资本。

(3)吸收企业内部职工和城乡居民的直接投资，形成个人资本。

(4)吸收外国投资者和我国港、澳、台地区投资者的直接投资，形成外商资本。

2.吸收直接投资的出资方式

(1)现金投资。现金投资是企业吸收直接投资最乐于采用的方式。企业有了现金，可用于购置资产、支付费用，使用方式灵活方便。因此，企业一般都希望投资者以现金方式出资。

(2)实物投资。实物投资是指投资者以房屋、建筑物、设备等固定资产和材料、燃料、产品等流动资产作价投资。企业吸收的实物投资一般应符合以下条件：确为企业科研、生产、经营所需；技术性能比较好；作价公平合理。

(3)无形资产投资。无形资产投资是指投资者以专利权、商标权、非专利技术、土地使用权等无形资产作价投资。企业吸收的工业产权、非专利技术作价出资的金额不得超过公司注册资本的百分之七十。

3.吸收直接投资的程序

(1)确定吸收直接投资的资金数量。

企业为新建或扩大规模而吸收直接投资时，应当合理确定所需吸收直接投资的数量，以利于正确筹集所需资金。国有企业的增资，须由国家授权投资的机构或国家授权的部门决定。合资或合营企业的增资须由出资各方协商决定。

(2)选择吸收直接投资的具体方式。

企业从哪些方面、以何种形式吸收直接投资，需要由企业和投资者双向选择，协商确定。企业应根据其生产经营等活动的需要以及协议等规定，选择吸收投资的方向和具体形式。

(3)签署合同或协议等文件。

企业吸收直接投资，不论是为了新建还是为了增资，都应当由有关方面签署合同或协议等书面文件。对于国有企业，应由国家授权投资的机构等签署创建或增资合同；对于合资企业，应由合资各方共同签订合资或增资协议。

(4)取得资金来源。

签署文件后，企业应按文件规定取得资金来源。吸收现金投资的，企业应按文件约定的划款期限、每期数额及划款方式，足额取得现金。吸收出资各方以实物资产或无形资产投资的，应结合具体情况，采用适当方法，进行合理估价，然后办理产权转移手续，取得资产。

4.吸收直接投资的优缺点

(1)吸收直接投资的优点

吸收直接投资所筹集的资金属于企业的权益资金，与负债资本相比，它能提高企业的资信和借款能力；吸收直接投资不仅可以筹取现金，而且能够直接获得所需的先进设备和技术，与仅筹取现金的筹资方式相比，它能更快地形成生产经营能力；吸收直接投资可以降低财务风险，可以按照企业的经营状况支付报酬，经营状况好就多支付，经营状况不好就少支付或不支付，其支付方式比较灵活。

(2)吸收直接投资的缺点

吸收直接投资的资本成本通常较高；吸收直接投资由于没有证券作为媒介，不便于产权的交易。

(二)普通股股票筹资

股票是股份有限公司为筹集权益资金而发行的有价证券，是持股人拥有公司股份的凭证。其中普通股是股份公司发行的无特别权利的股份，也是最基本、最标准的股份。通常情况下，股份有限公司只发行普通股。

1.普通股的种类

(1)按股票有无记名分为记名股票和不记名股票

记名股票是指在股票票面上记载股东姓名或名称的股票。对于记名股票而言，股东的姓名或名称要记入公司的股东名册，而且一律用股东本名。记名股票的转让、继承除需交付股票外，还需按照法律规定办理严格的过户手续才算有效。《公司法》规定，公司向发起人、国家授权投资的机构、法人发行的股票，应为记名股票。

不记名股票是指在股票票面上不记载股东姓名或名称的股票。对于不记名股票而言，股东的姓名或名称也不记入公司的股东名册，公司只记载股票数量、编号和发行日期。不记名股票的转让、继承比较自由，无须按照法律规定办理过户手续，只需直接交付股票就可实现股权的转移。按照《公司法》的规定，社会公众股可作为不记名股票。

(2)按股票是否标明面值分为有面值股票和无面值股票

有面值股票是指在发行的普通股票面上，标明一定金额的股票。持有面值股票的股东，按照所持有的股票票面总额占公司发行在外的全部股票的面值总额的比例，确定在公司享有的权利和承担义务的大小。《公司法》规定，股票应当标明面值，即票面金额。

无面值股票是指在发行的普通股票面上，不标明票面金额，只在股票上记载所占公司股本总额的比例或股份数的股票。持有无面值股票的股东，按照持有的股票票面所标明的比例，来确定在公司享有的权利和承担义务的大小。股东所持有的无面值股票的价值随公司财产的增减变动而按持有比例相应变动。

(3)按投资主体不同分为国家股、法人股、外资股和个人股

国家股是指有权代表国家投资的部门或机构以国有资产向公司投入而形成的股份。国家股由国务院授权的部门或机构持有，并向公司委派股权代表。

法人股是指企业依法以其可支配的财产向公司投资而形成的股份，或者具有法人资格的

事业单位和社会团体以国家允许用于经营的资产向公司投入而形成的股份。

外资股是指外国和我国港、澳、台地区的投资者，以外币购买的我国上市公司的境内上市外资股和境外上市外资股。

个人股是指社会个人或本公司职工以个人合法财产投入公司而形成的股份。其中社会个人持有的股票称为社会公众股，内部职工持有的股票称为内部职工股。

(4)按发行对象和上市地区的不同分成A股、B股、H股和N股

A股是以人民币标明票面金额，并以人民币认购和交易的股票。B股是以人民币标明票面金额，以外币认购和交易的股票。H股是在香港上市的股票。N股是在纽约上市的股票。

2.股票的发行

股份有限公司发行股票，应明确发行类型，确认发行条件，选择发行方式，履行发行程序，降低发行成本。

(1)股票发行的类型

股票发行一般分为设立发行和增发新股。

设立发行又称为公司股票的初次发行，是指股份有限公司在成立过程中为筹集资本所进行的股票发行。设立发行的目的一般是筹集资本和组建股份有限公司，发行方式有发起设立和募集设立两种。发起设立是指由发起人认购公司应发行的全部股份而设立公司；募集设立是指由发起人认购公司应发行股份的一部分，其余股份向社会公开募集或者向特定对象募集而设立公司。

增发新股是指已设立的股份有限公司为增加股本而发行新股票。增发新股可分为有偿增资发行和无偿增资发行。

有偿增资发行可分为股东配股、第三者配股和公开招股三种。股东配股的股票发行是按股东持股的一定比例赋予股东以新股认购权利，股东可以行使该权利购买公司股票，也可以放弃该权利不购买公司股票。第三者配股的股票发行是指公司给予与公司有特殊关系的第三者以新股认购权利，如公司配股承销商可以购买公司股东放弃的配股。公开招股的股票发行是指公司公募发行新股票，其以不特定的投资者为发行对象。

无偿增资发行可分为股票分红、转增股本和股票分割三种。股票分红是指公司以股票形式向股东分配股利，股东可按所持股份的一定比例无偿获得股票。转增股本是指公司将公积金转入股本，股东可无偿获得股票。股票分割是指将大额股票细分化，使之成为小额股票，股东所持股票按分割的比例增大。

(2)股票发行的条件

股份有限公司在设立时要发行股票。此外，公司设立之后，为了扩大经营、改善资本结构，还会发行新股。股票的发行，实行公开、公平、公正的原则，必须同股同权、同股同利。同次发行的股票，每股的发行条件和价格应当相同。单位或个人认购的股份，每股应支付相同的价款。根据《公司法》和《证券法》的规定，不同的发行类型，其发行条件也不相同。

设立股份有限公司公开发行股票，是指《公司法》规定的募集设立公司的方式，即由发起人认购公司应发行股份的一部分，其余部分向社会公开募集而设立公司。由于公开发行股票涉及公众投资者的利益，为此，设立股份有限公司公开发行股票应当具备的条件是：

第一，符合《公司法》规定的条件。主要包括以下几条：

①发起人应当在 2 人以上 200 人以下，其中须有半数以上的发起人在中国境内有住所。

②有符合法定要求的公司章程。

③除法律、行政法规另有规定外，发起人认购的股份数不得少于公司股份总数的 35%。

④应当由依法设立的证券公司承销证券，签订承销协议。

⑤应当与银行签订代收股款协议等。

第二，符合经国务院批准的国务院证券监督管理机构规定的其他条件。

(3)增发新股的条件

股份有限公司成立以后，由于各种原因可能要发行新股，公司增发新股必须具备的条件有：

①前一次发行的股份数量已募足，并间隔一年以上。

②公司在最近三年内连续盈利，并可向股东支付股利，但以当年利润分派新股不受此限。

③公司在最近三年内财务会计文件无虚假记载。

④公司预期利润率可达同期银行存款利率。

(4)股票发行的程序

设立股份有限公司时发行股票与增资扩股发行新股的程序并不相同，下面分别介绍两者的程序。

设立股份有限公司时发行股票的程序：

①提出募集股份申请。股份有限公司的设立，必须经国务院授权的部门或者省级人民政府批准。股份有限公司采取募集设立方式的，发起人向社会公开募集股份时，必须向国务院证券管理部门递交募股申请，并报送一系列规定的文件。未经国务院证券管理部门批准，发起人不得向社会公开募集股份。

②发起人公告招股说明书，并制作认股书。认股书应当载明发起人认购的股份数；每股的票面金额和发行价格；无记名股票的发行总数；认股人的权利、义务等。认股人照章填写认股书后，按照所认股数缴纳股款。

③发起人与依法设立的证券经营机构签订承销协议，与银行签订代收股款协议。也就是说，在向社会公开募集股份时，公司不能直接收取股款，必须由依法设立的证券经营机构承销，由代收股款的银行按照协议代收和保存股款。

④缴足股款后，由法定的验资机构验资并出具证明，发起人在 30 日内主持召开公司创立大会。创立大会由认股人组成，选举出董事会成员和监事会成员。

⑤创立大会结束后 30 日内，董事会向公司登记机关报送有关文件，申请设立登记。公司登记机关批准予以登记的，发给公司营业执照。公司营业执照签发日期，为公司成立日期。

⑥股份有限公司经登记成立后，将募集股份情况报国务院证券管理部门备案。

增资发行新股的程序：

①股东大会做出发行新股的决议。

②董事会向国务院授权的部门或者省级人民政府申请批准。属于向社会公开募集的，须经国务院证券管理部门批准。

③公告新股招股说明书和财务会计报表及附属明细表，与证券经营机构签订承销合同，定向募集时向新股认购人发出认购公告或通知。

④招认股份，缴纳股款。

⑤改组董事会、监事会，办理变更登记并向社会公告。

(5)股票的发行方式与销售方式

股票的发行方式，是指公司通过何种途径发行股票。一般可以分为两类：

①公开间接发行：指通过中介机构，公开向社会公众发行股票。我国股份有限公司采用募集设立方式向社会公开发行新股时，须由证券经营机构承销的做法，就属于股票的公开间接发行。这种发行方式的好处是，发行范围广、发行对象多，易于足额募集资本；股票的变现性强，流通性好；有助于提高发行公司的知名度和扩大其影响力。这种发行方式的不足之处主要是手续繁杂，发行成本高。

②不公开直接发行：指不公开对外发行股票，只向少数特定的对象直接发行，因而不需要中介机构承销。我国股份有限公司采用发起设立方式和以不向社会公开募集的方式发行新股的做法，就属于股票的不公开直接发行。这种发行方式弹性较大，发行成本低；但发行范围小，股票变现性差。

股票的销售方式，是指股份有限公司向社会公开发行股票时所采取的股票销售方法。一般可以分为两类：

①自销方式：指发行公司自己直接将股票销售给认购者。这种销售方式可由发行公司直接控制发行过程，实现发行意图，并可以节省发行费用；但往往筹资时间长，发行公司要承担全部发行风险，并需要发行公司有较高的知名度、信誉和实力。

②委托承销方式：指发行公司将股票销售业务委托给证券经营机构代理。这种销售方式是发行股票所普遍采用的。《公司法》规定股份有限公司向社会公开发行股票，必须与依法设立的证券经营机构签订承销协议，由证券经营机构承销。股票承销又分为包销和代销两种具体的办法。包销是指证券公司将发行人的股票按照协议全部购入或者在承销期结束时将售后剩余股票全部自行购入的承销方式。对发行公司来说，包销的方法可以及时筹足资本，免于承担发行风险(股款未募足的风险由承销商承担)；但股票以较低的价格售给承销商会损失部分溢价。代销是指证券公司代发行人发售股票，在承销期结束时，将未售出的股票全部退还给发行人的承销方式，证券公司由此会获得一定的佣金。在代销方式下，发行公司可以获得溢价好处，但同时也要承担发行风险。

(6)股票发行价格

股票发行价格是股票发行时所使用的价格，也就是投资者认购股票时所支付的价格。股票发行价格通常由发行公司根据股票面额、股市行情和其他有关因素决定。股票的发行价格可以和股票的面额一致，但多数情况下不一致。股票的发行价格一般有以下三种：

等价发行，是以股票的票面金额为发行价格，也称为平价发行。等价发行股票容易推销，但是不能获得股票的溢价收入。

市价发行，也称时价发行，即以股票市场上原股票现行市价为基准来确定股票发行价格。选用市价发行股票，考虑了股票的现行市场价值，对投资者有较大的吸引力。

中间价发行，是取股票市场价格与面值的中间值作为股票的发行价格。

按市价或中间价发行股票，股票发行价格会高于或低于其票面金额。前者称溢价发行，后者称折价发行。如属溢价发行，发行公司所获溢价收入列入资本公积。

《公司法》规定，股票发行价格可以等于票面金额(等价)，也可以超过票面金额(溢价)，但不得低于票面金额(折价)。

3.股票上市

股票上市是指股份有限公司公开发行的股票经批准在证券交易所进行挂牌交易。经批准在交易所上市交易的股票则称为上市股票。

股份有限公司申请股票上市，一般有以下目的：资本大众化，分散风险；提高股票的变现力；便于筹措资金；提高公司知名度，吸引更多顾客；便于确定公司价值等。但股票上市也有对公司不利的一面，主要有：公司将负担较高的信息披露成本；可能会暴露公司商业秘密；可能会分散公司控制权等。

(1)股票上市的条件

《证券法》规定，股份有限公司申请其股票上市，应当符合下列条件：

①股票经国务院证券管理机构核准已公开发行。

②公司股本总额不少于人民币 3 000 万元。

③向社会公开发行的股份达到公司股份总数的 25%以上；公司股本总额超过人民币 4 亿元的，其向社会公开发行股份的比例为 10%以上。

④公司在最近三年内无重大违法行为，财务会计报告无虚假记载。

证券交易所可以规定高于前款规定的上市条件，并报国务院证券监督管理机构批准。

股票上市交易申请被批准后，上市公司必须公告其股票上市报告，并将其申请文件存放在指定的地点供公众查阅。经批准上市的公司的股票，依照有关法律、行政法规上市交易。

上市公司必须按照法律、行政法规的规定，定期公开其财务状况和经营情况，在会计年度内每半年公布一次财务会计报告。

(2)股票暂停上市的原因

上市公司有下列情形之一的，由证券交易所决定暂停其股票上市交易：

①公司股本总额、股权分布等发生变化不再具备上市条件。

②公司不按规定公开其财务状况，或者对财务会计报告做虚假记载，可能误导投资者。

③公司有重大违法行为。

④公司最近三年连续亏损。

⑤证券交易所上市规则规定的其他情形。

(3)股票终止上市的原因

上市公司有下列情形之一的，由证券交易所决定终止其股票上市交易：

①公司股本总额、股权分布等发生变化不再具备上市条件，在证券交易所规定的期限内仍不能达到上市条件。

②公司不按照规定公开其财务状况，或者对财务会计报告做虚假记载，且拒绝纠正。

③公司最近三年连续亏损，在其后一个年度内未能恢复盈利。

④公司解散或者被宣告破产。

⑤证券交易所上市规则规定的其他情形。

4.普通股筹资的优缺点

(1)普通股筹资的优点

①无固定股利负担。普通股股利并不构成公司固定的股利负担，是否发放股利、什么时候

发放股利以及发放多少股利，主要取决于公司的获利能力和股利政策。

②无固定到期日，无须还本。通过发行普通股来进行筹资，公司筹集的资金是永久性资金，也叫权益资本或自有资金，公司无须向投资者归还投资。这对于保证公司对资本的最低需要、维持公司长期稳定发展具有重要意义。

③普通股筹资的风险小。由于普通股筹资没有固定的股利负担，没有固定的到期日，无须还本，筹集的资金是永久性资金，投资者无权要求公司破产。

④能增强公司的偿债能力和举债能力。发行普通股筹集的资金是公司的权益资本或自有资金，而权益资本或自有资金是公司偿债的真正保障，是公司以其他方式筹资的基础，它反映了公司的实力。所以利用普通股筹资可以提高公司的偿债能力，增强公司的信誉，进而提高公司的举债能力。

(2)普通股筹资的缺点

①普通股的资本成本较高。从投资者的角度来看，投资普通股的风险较高，相应地，要求有较高的投资报酬率。对于筹资公司来说，普通股股利从税后利润中支付，不像债券利息那样作为费用从税前支付，因而不具有抵税作用。另外，普通股的发行费用一般也高于其他证券。

②普通股的追加发行，会分散公司的控制权。当公司增资发行普通股时，新股东会相应加入，新股东的加入会稀释原有股东的参与权和控制权。

③普通股的追加发行，有可能引发股价下跌。由于普通股具有同股、同权、同利的特点，所以新加入的股东会分享公司未发行新股前积累的盈余，这样公司的每股收益就会下降，从而导致普通股市价的下跌。

（三）优先股股票筹资

优先股是相对普通股而言的，较普通股具有某些优先权利，同时也受到一定限制的股票。优先股的含义主要体现在“优先权利”上，包括优先分配股利和优先分配公司剩余财产权利。具体的优先条件须由公司章程予以明确规定。

1.优先股的特征

(1)优先分配固定的股利。优先股股东通常优先于普通股股东分配股利，且其股利一般是固定的，受公司经营状况和盈利水平的影响较小。所以，优先股类似固定利息的债券。

(2)优先分配公司的剩余财产。当公司因解散、破产等进行清算时，优先股股东优先于普通股股东分配公司的剩余财产。

(3)优先股股东一般无表决权。在公司股东大会上，优先股股东一般没有表决权，通常也无权过问公司的经营管理，仅在涉及优先股股东权益问题时享有表决权。因此，优先股股东不可能控制整个公司。

(4)优先股可由公司赎回。发行优先股的公司，按照公司章程的有关规定，根据公司的需要，可以以一定的方式将所发行的优先股收回，以调整公司的资本结构。

2.优先股的种类

优先股按其具体的权利不同可以分为以下几种。

(1)累积优先股和非累积优先股。累积优先股是指公司以前年度未支付股利，可以累积计算由以后年度的利润补足付清。非累积优先股则没有这种补付的权利。累积优先股比非累积优先股具有更大的吸引力，其发行也较为广泛。

(2)参与优先股和非参与优先股。当公司盈余在按规定分配给优先股股东和普通股股东后仍有盈余可供分配股利时，能够与普通股一同参与分配额外股利的优先股，即参与优先股；否则为非参与优先股。

(3)可转换优先股和不可转换优先股。可转换优先股是指其持有人可按规定的条件和比例将其转换为公司的普通股或公司债券，这种优先股能增加筹资和投资双方的灵活性；不具有这种转换权利的优先股，则属于不可转换优先股。

(4)可赎回优先股和不可赎回优先股。可赎回优先股是指股份有限公司出于减轻股利负担的目的，可按规定以一定价格购回的优先股；而公司不能购回的优先股，则属于不可赎回优先股。

3.发行优先股的动机

股份有限公司发行优先股，筹集自有资金只是其目的之一。由于优先股的特性，公司发行优先股往往还有其他的动机。

(1)防止公司股权分散化。优先股股东一般没有表决权，发行优先股可以避免公司股权分散，保障公司的原有控制权。

(2)调整现金余缺。公司在需要现金资本时发行优先股，在现金充足时将可赎回的优先股收回，从而调整现金余缺。

(3)改善公司资本结构。公司在安排借入资金与自有资金的比例关系时，可较为便利地利用优先股的发行与转换来进行调整。

(4)维持举债能力。公司发行优先股，有利于巩固自有资金的基础，维持乃至增强公司的借款举债能力。

4.优先股筹资的优缺点

(1)优先股筹资的优点

①优先股一般没有固定的到期日，不用偿付本金。发行优先股筹集资金，实际上近乎得到一笔无限期的长期贷款，公司不承担还本义务，也无须再做筹资计划。对可赎回的优先股，公司可以在需要时按一定价格收回，这就使得这部分资金被利用得更有弹性。当财务状况较弱时发行优先股，而当财务状况转强时收回，这有利于结合资金需求加以调剂，同时也便于掌握公司的资本结构。

②股利的支付既固定又有一定的灵活性。一般而言，优先股都采用固定股利，但对固定股利的支付并不构成公司的法定义务。如果公司财务状况不佳，可以暂时不支付优先股股利，即使如此，优先股股东也不能像公司债权人那样迫使公司破产。

③保持普通股股东对公司的控制权。当公司既想向外界筹措自有资金，又想保持原有股东的控制权时，利用优先股筹资尤为恰当。

④从法律上讲，优先股股本属于自有资金，发行优先股能加强公司的自有资本基础，可适当增强公司的信誉，提高公司的借款举债能力。

(2)优先股筹资的缺点

①优先股的成本虽低于普通股，但一般高于债券。

②对优先股筹资的制约因素较多。例如，为了保证优先股的固定股利，当企业盈利不多

时，普通股股东就可能分不到股利。

③可能形成较重的财务负担。优先股要求支付固定股利，但又不能在税前扣除，当盈利减少时，优先股的股利可能会成为一项较重的财务负担，有时不得不延期支付，影响公司的形象。

（四）可转换债券筹资

1.可转换债券的概念

可转换债券是可转换公司债券的简称，是指可以按发行时所附条件进行转换的一种债券，它规定债券持有者可以在将来某一时期，按特定价格及有关条件把债券转换为公司的普通股股票。债券如附有可转换性，就可增强其自身的市场性，企业可以利用这一特征发行低利率的债券。

可转换债券可视为普通公司债券和期权的组合体，其期权属性赋予债券持有者下述权利：在发售后的一段时间内，可根据自己的意愿，选择是否按约定的条件将持有的债券转换成股票。

例如，万达公司在2021年1月发行可转换债券，债券的有效期为5年，面值为1 000元，单利计算的年利率为3%，到期一次还本付息。该债券可转换股票100股，即持有者可以在5年内的任何时候，以每股10元的价格将债券转换为股票，也可以在第5年年末收回1 150元的本息。

2.可转换债券的特征

(1)固定或逐步提高转换价格

可转换债券发行时，对转换价格有明确的规定，通常规定债券持有者在行使转换权的有效期内，有权按一固定转换价格将可转换债券转换为普通股。如前例中，可转换债券持有者可在5年内以每股10元的固定价格将面值1 000元的债券转换为100股该公司的普通股。

转换价格也可以是变动的，通常可在证券有效转换期内逐步提高。如某公司发行可转换债券时规定，每股转换价格每年提高1元，直至债券到期日，即第一年的转换价格为10元，第二年为11元。逐步提高转换价格可以鼓励债券持有者在价格提高前转换。

(2)固定或逐步降低转换比率

转换比率是指可转换债券换取的普通股股数，它等于债券面值除以转换价格，即

转换比率＝债券面值/转换价格

由于转换价格既有固定的，也有逐步提高的，因此，转换比率也有固定的和逐步降低之分。

职业能力操作3-2

A公司债券面值为1 000元，固定转换价格为10元，则转换比率为100(1 000/10)股。

【操作指导】

A公司债券面值为1 000元，第一年转换价格为10元，以后每年提高1元，那么第一年的转换比率为100(1 000/10)股，第二年的转换比率为90.9(1 000/11)股，第三年的转换比率为83.3(1 000/12)股等。

(3)转换期

转换期是指可转换债券持有者行使转换权的有效期限。可转换债券的转换期一般等于债券期限,但也有特殊规定,如递延转换期和有限转换期。递延转换期是规定推迟到一定年限以后才能进行转换,如某公司 2010 年 1 月发行可转换债券,规定从 2018 年 1 月起,债券持有者才能以每股 20 元的价格将债券转换为普通股。有限转换期是规定只能在一定年限内进行转换,有限转换期一般比债券期限短,一旦超过有限转换期,可转换债券就自动成为非转换(或普通)债券。

(4)可赎回

债券可在契约中规定发行企业可以在到期日前按约定价格提前赎回的条款。提前赎回的债券,其赎回价格一般高于面值,赎回价格与面值之间的差额称为赎回溢价。赎回溢价的多少,通常取决于发行者和投资者对未来市场利率的估计,如果预计未来市场利率较低,赎回溢价必须较高。在到期日前赎回可转换债券,既可以增加公司融资的灵活性,又可以起到强迫债券持有者进行转换的作用。

职业能力操作 3-3

A 公司的可转换债券在发行时规定,公司可在发行后的第三年年末以 1 100 元的价格赎回。当债券市场价格为 1 300 元,转换价值为 1 250 元时,如果公司行使赎回权力,那么债券持有者应该尽快将其所持债券转换为公司的股票,以免遭受不必要的投资损失。

(5)回售条款

回售条款规定,发行公司的股票价格在一定时期连续低于转换价格并达到一定幅度时,债券持有者可根据规定将债券出售给发行公司。回售条款具体包括回售时间、回售价格等内容。

3.可转换债券的价值

可转换债券的特征,决定了可转换债券存在三种不同的价值,即转换价值、非转换价值和市场价值。

(1)转换价值

转换价值是指可转换债券转换成普通股后的价值。可转换债券通常转换成普通股,其转换价值等于转换比率与普通股市场价格之积,即

$$转换价值=转换比率\times 普通股市场价格$$

职业能力操作 3-4

A 公司发行了面值为 1 000 元、可转换为 100 股普通股的可转换债券,当万达公司普通股价格为 8 元时,该债券的转换价值为 800(100×8)元。

(2)非转换价值

可转换债券在持有者不行使转换权时,它同时具有债券原有本身价值,称为可转换债券的非转换价值。

可转换债券的原有价值是债券本金和利息的现值，即债券本金和利息按投资者所要求的收益率折成的现值，可按下列公式计算：

$$P=\sum_{t=1}^{n}\frac{I_t}{(1+i)^t}+\frac{P_n}{(1+i)^n}$$

式中：P——债券非转换价值；

P_n——债券到期日本金；

I_t——第 t 年的利息额；

n——可转换债券尚余的年限；

i——投资者所要求的报酬率。

职业能力操作 3-5

A 公司发行 5 年期、面值为 1 000 元、年利率为 3%、每年年末付息的可转换债券，假设投资者要求的报酬率为 5%，计算其非转换价值。

【操作指导】

$$P=\sum_{t=1}^{5}\frac{1\ 000\times 3\%}{(1+5\%)^t}+\frac{1\ 000}{(1+5\%)^5}=30\times 4.329+1\ 000\times 0.784=913.87(\text{元})$$

(3)市场价值

市场价值又称为市场价格，是指可转换债券在证券市场上交易的价格。按照一般规律，可转换债券的市场价值不会低于其转换价值和非转换价值中的较高者。即当转换价值低于非转换价值时，市场价值将不低于非转换价值；当转换价值高于非转换价值时，市场价值将不低于转换价值。

如果可转换债券的市场价值低于非转换价值，那么投资者就会买进可转换债券，不行使转换权，以便获取利息收入。如万达公司普通股的市场价值为 8 元/股，可转换债券转换价值为 800(8×100)元，投资者要求的报酬率为 5%，该转换债券的非转换价值是 913.87 元，这时转换价值低于非转换价值。但债券的市场价值不会降至 913.87 元以下，否则，债务需求的增加会导致市场价格回升到 913.87 元。因此，非转换价值是可转换债券的最低价。

如果可转换债券的市场价值低于转换价值，那么投资者就会通过套购活动(即购进可转换债券并立刻转换成普通股后抛售)获取套购利润。如万达公司的普通股价格是 12 元/股，转换比率为 100 股，则转换价值为 1 200 元。假设该公司可转换债券市场价值是每张 1 100 元，那么套购者以每张 1 100 元的价格买进债券，转换成 100 股普通股，再以每股 12 元的价格卖出股票，就可以获取套购利润 100 元。只要有套购利润，这一过程就将继续。因此，市场价值不会低于转换管理。

从以上分析可知，可转换债券的市场价值一般会高于其转换价值或非转换价值，因此把转换价值或非转换价值称为可转换债券市场价值的底价，现行市场价值与底价之差称为转换溢价。

4.发行可转换债券的优缺点

(1)发行可转换债券的优点

①资本成本较低。发行可转换债券可以使公司在债券转换之前以比较低的成本筹集额外

的资金。可转换债券和普通债券相比，利率较低并且限制条款不是很苛刻。

②公司可以获得股票溢价利益。可转换债券所设定的每股普通股的转换价格通常高于每股普通股当期价格，因此若债券转换为普通股，公司便以高于当期价格的溢价发行股票。

(2)发行可转换债券的缺点

①业绩不佳时债券难以转换。可转换债券不能被强迫转换称为“悬挂”。如果普通股价格过低，债券持有者不会行使转换权利，这对企业是非常有害的。首先，它可能会影响企业追加债务，因为可转换债券的悬挂使权益资本不能扩大，债务不能减少。其次，如果企业不得不收回可转换债券，那么企业将面临较重的财务负担。最后，如果企业以发行普通股筹集资金收回可转换债券，最初应该发行普通股。

②债券低利率的期限不长。可转换债券拥有的低票面利率，会随着债券转换而消失。

③会追加费用。企业发行可转换债券而不发行普通股，需要支付利息费用。在可转换债券进行转换时，企业还得追加一些手续费。

（五）认股权证筹资

认股权证是一种权利证书，表示持有该权利证书的投资者可在一定期限内以特定的认购价格购买规定数量的普通股。它规定一个可以购买普通股的认购价格以及每一份认股权证可以购买普通股股份的数额。认股权证类似于购买选择权，是一种有价证券，其持有人可以行使认股权，也可以不行使认股权，还可以将认股权证转让出去。认股权证与它所伴随的证券(例如债券)，既可以分开，也可以不分开，这样便于它们分别交易。认股权证在行使选择权之前，并不拥有普通股股东的权利。

1.认股权证的基本要素

(1)认购价格

认购价格是指认股权证持有者购买普通股的价格。认购价格通常在认股权证期限内保持不变，如果企业决定改变认购价格，要在发行时规定改变办法。

(2)认股数量

认股数量是指每一份认股权证可以认购股票的份数。

(3)认购期限

认购期限是指认股权证持有者行使权利的有效期。在该日期后，认股权证自动丧失一切权利。

(4)赎回条款

赎回条款是指发行认股权证的企业是否有权在规定的有效期限内赎回其发行在外的认股权证。

2.认股权证的价值

认股权证的价值有理论价值和市场价格，一般市场价格高于理论价值。

(1)理论价值

认股权证的理论价值可以用下面的公式计算：

理论价值＝(普通股市场价格－认购价格)×认购数量

根据上述公式，当普通股市场价格高于认购价格时，认股权证的理论价值为正值；当普通股市场价格等于认购价格时，认股权证的理论价值为0；而当普通股市场价格低于认购价格时，认股权证的理论价值为负值，此价值毫无意义。因此，可以定义此时的认股权证理论价值为0，也就是说，认股权证的最低理论价值为0。

职业能力操作 3-6

A 公司发行附有认股权证的债券，每 1 000 元债券附有一张认股权证，每张认股权证提供在 2021 年 5 月 18 日之前以每股 10 元的价格购买 4 股该公司普通股的权利。假设该公司普通股市场价格为每股 12 元，计算认股权证的理论价值。

【操作指导】

理论价值＝(12－10)×4＝8(元)

(2)市场价格

认股权证的市场价格是由市场上的供求关系决定的。一般来说，认股权证的市场价格会高于理论价值，或者说认股权证存在溢价。这是由于套购活动和杠杆效应使认股权证的投机性增大。

如果认股权证的市场价格低于理论价值，套购者就会在市场上买入认股权证，行使购买股票的权利，然后再卖出所买到的股票，获取套购利润。这种套购活动使市场价格不会低于其理论价值。

认股权证还能为投资者提供杠杆效应。如果投资者对股票的后市走势判断正确，则认股权证的投资报酬率往往会远高于股票的投资报酬率。这是因为购买认股权证时，只需要缴付较低的权利金，就可以控制比该权利金高出数倍的股票认购权。

3.发行认股权证的优缺点

(1)发行认股权证的优点

①吸引投资者，降低筹资成本。认股权证和公司债券一起发行时，会吸引原不打算购买公司债券的人来购买，从而为公司发行低利率债券提供了条件，同时降低了筹资成本。

②追加资金来源。认股权被行使后，公司发行在外的股票数量会增加，公司的权益资金也会增加，有利于公司筹集更多的资金。

(2)发行认股权证的缺点

①稀释每股收益，分散股东的控制权。认股权行使后，公司的股票数量会增加，会稀释公司的每股收益。同时，由于股东数增加，会分散原有股东对公司的控制权。

②可能给公司带来损失。在认股权被行使时，若普通股股价高于认股权证约定价格较多，则公司筹资成本较高，会带来实际的筹资损失。

③保留债务。与可转换债券不同，认股权证的认股权行使后，原附有认股权证的债务仍作为负债保留在账上，依旧是企业的负债。

二、负债资金筹资方式

(一)债券筹资

债券是社会各类经济主体为筹集负债资金而向投资者出具的，承诺按一定利率定期支付利息，到期偿还本金的债权债务凭证。发行公司债券是公司筹集负债资金的重要方式之一。

1.债券的基本要素

(1)债券的面值

债券的面值包括两个基本内容：一是币种，二是票面金额。面值的币种可用本国货币，也可用外币，这取决于发行者的需要和债券的种类。债券的发行者可根据资金市场情况和自己的需要选择适合的币种。票面金额是债券到期时偿还债务的金额。不同债券的票面金额大小相差悬殊，但考虑到买卖和投资的方便，发行者多趋向于发行小面额债券。面额印在债券上，固定不变，到期必须足额偿还。

(2)债券的期限

债券有明确的到期日，债券发行日至到期日这段时间被称为债券的期限。如果把商业票据也看成一种债券，那么债券期限从数天到几十年不等。但近些年来，由于利率和汇率波动剧烈，许多投资者都不愿意投资还本期限太长的债券，因而，债券的期限有日益缩短的趋势。在债券的期限内，公司必须定期支付利息，债券到期时，必须偿还本金，也可按规定分批偿还或提前一次偿还。

(3)债券的利率

债券上通常都载明利率，一般为固定利率，近些年也有浮动利率。债券上标注的利率一般是年利率，在不计复利的情况下，面值与利率相乘可得出年利息。

(4)债券的价格

从理论上讲，债券的面值就应该是它的价格，但事实并非如此。由于发行者的各种考虑或资金市场上供求关系、利息率的变化，债券的市场价格常常脱离它的面值，有时高于面值，有时低于面值，但其差额并不很大，不像普通股那样相差甚远。也就是说，债券的面值是固定的，它的价格却是经常变化的。发行者计息还本，是以债券的面值为依据，而不是以其价格为依据。

2.债券的种类

债券有国家债券、公司债券和金融债券三种，这里主要介绍公司债券。公司债券按不同标准，可以分为不同类型。

(1)按有无抵押担保，分为信用债券、抵押债券和担保债券

信用债券是无抵押品担保、全凭公司良好的信誉而发行的债券。这种债券无担保品，因此，公司一旦破产清算，债券持有人只能将其作为一般债权来分享财产。抵押债券是以企业的不动产来抵押而发行的债券，如果公司不能按期还本付息或破产清算，那么可以将抵押品拍卖作为补偿。担保债券是指由保证人担保而发行的债券，当公司没有足够的资金偿还债券时，债权人可要求保证人偿还。

(2)按发行方式分为记名债券和不记名债券

记名债券是在债券名册上登有债券持有人姓名或名称，凭名册上的姓名偿还本金或支付利息，债券转让时要办理过户手续。不记名债券是在债券上没有姓名或名称，凭券还本付息，流通方便，转让无须过户。

(3)按偿还方式分为到期一次债券和分期债券

到期一次债券是发行公司在债券到期日一次集中清偿本金。分期债券是一次发行而分期分批偿还本金的债券。分期债券的偿还在具体操作上又有不同的办法。

(4)按有无利息分为有息债券和无息债券

有息债券是除本金外再按面值的一定比率加计利息。无息债券不计利息，按面值折价出售，到期按面值归还本金。债券的面值与买价的差额就是持券人的收益。一般情况下，我国企业债券都是有息债券，只有国外有很少的无息债券。

(5)按计息标准分为固定利率债券和浮动利率债券

固定利率债券是债券的利息率在债券的期限内保持固定。浮动利率债券则是利息率随基

本利率变动而变动(如保值贴补率)的债券。

(6)按可否转换分为可转换债券和不可转换债券

可转换债券是可以转换成普通股的债券。不可转换债券是不可以转换为普通股的债券。可转换债券在规定时期内(一般为债券期限)转换时,应按规定的价格或一定的比率转换为普通股。

(7)按能否上市分为上市债券和非上市债券

可以在证券交易所挂牌交易的债券为上市债券;反之为非上市债券。上市债券信用度高,价格高,且变现速度快,因此比较吸引投资者。但上市条件严格,并要承担上市费用。

(8)按其他特征可分为收益公司债券、附认股权债券、附属信用债券等

收益公司债券是只有当公司获得盈利时才向持券人支付利息的债券,这种债券不会给发行公司带来固定的利息费用,对投资者而言,收益较高,风险也较大。附认股权债券是附带允许债券持有人按特定价格认购公司股票权利的债券,这种认购股权通常随债券发放,具有与可转换公司债券类似的属性。附认股权债券与可转换公司债券一样,票面利率通常低于一般公司债券。附属信用债券是当公司清偿时,受偿权排列顺序低于其他债券的债券。为了补偿其较低受偿权顺序可能带来的损失,这种债券的利率高于一般债券。

3.债券的发行

(1)发行债券的资格与条件

公司发行债券,必须具备《公司法》和《证券法》规定的资格与条件。

《公司法》规定,股份有限公司、国有独资公司和两个以上的国有企业或者其他两个以上的国有投资主体投资设立的有限责任公司,有资格发行公司债券。

《证券法》第十六条第一款规定,公开发行公司债券,应当符合下列条件:

①股份有限公司的净资产不低于人民币3 000万元,有限责任公司的净资产不低于人民币6 000万元;

②累计债券余额不超过公司净资产的40%;

③最近三年平均可分配利润足以支付公司债券一年的利息;

④筹集的资金投向符合国家产业政策;

⑤债券的利率不超过国务院限定的利率水平;

⑥国务院规定的其他条件。

公开发行公司债券筹集的资金,必须用于核准的用途,不得用于弥补亏损和非生产性支出。

上市公司发行可转换为股票的公司债券,除应当符合第一款规定的条件外,还应当符合本法关于公开发行股票的条件,并报国务院证券监督管理机构核准。

(2)发行债券的程序

①做出发行债券的决议

发行公司债券的决议是由公司最高机构做出的。股份有限公司和国有有限责任公司发行公司债券,由董事会制订方案,股东大会做出决议。国有独资公司发行公司债券,由国家授权投资的机构或者国家授权的机构做出决定。

②提出发行债券的申请

公司向社会公众发行债券募集资金,数额大且债权人多,所牵涉的利益范围大,所以必须对公司债券的发行进行审批。

欲发行债券的公司，要先向国务院证券管理部门提出申请并提交公司登记证明、公司章程、公司债券募集办法、资产评估报告和验资报告等文件。国务院证券管理部门根据有关规定，对公司的申请予以批准。

③公告债券募集办法

发行公司债券的申请被批准后，应由发行公司制定公司债券募集办法。办法中应载明的主要事项有：公司名称，债券总额和票面金额，债券利率，还本付息的期限与方式，债券发行的起止日期，公司净资产额，已发行的尚未到期的债券总额，公司债券的承销机构。

④委托证券机构发售

一般情况下，公司债券的发行方式有公司直接向社会发行（私募发行）和由证券经营机构承销发行（公募发行）两种。但在我国，根据《证券法》的有关规定，公司发行债券必须与证券经营机构签订承销合同，由其承销。

⑤交付债券，收缴债券款，登记债券存根簿

由证券机构发售债券时，投资者直接向其付款购买，证券机构代理收取债券款、交付债券。然后，证券机构向发行公司办理债券款的结算。

公司对发行的债券还应置备公司债券存根簿予以登记。置备债券存根簿一方面能够起公示作用，使股东、债权人查阅了解，以便于有关机关监督；另一方面便于公司随时掌握债券的发行情况。公司发行记名债券的，应在公司债券存根簿上记明债券持有人的姓名及住所，债券持有人取得债券的日期及债券编号，债券的总额、票面金额、利率、还本付息的期限和方式，债券的发行日期；公司发行无记名债券的，应在公司债券存根簿上记明债券的总额、利率、偿还期限和方式、发行日期和债券编号。

4.债券的发行价格

债券的发行价格是债券发行时使用的价格，即投资者购买债券时所使用的价格。债券的发行价格通常有三种：一是等价；二是折价；三是溢价。

等价是指以债券的票面金额为发行价格；折价是指以低于债券的票面金额为发行价格；溢价是指以高于债券的票面金额为发行价格。债券的发行价格的形成受诸多因素的影响，其中主要是票面利率与市场利率的一致程度。债券的票面金额、票面利率在债券发行前已参照市场利率和发行公司的具体情况确定下来，并载明于债券之上。但在发行债券时已确定的票面利率不一定与当时的市场利率一致。为了协调债券购销双方在债券利息上的利益，就要调整发行价格，即当票面利率高于市场利率时，溢价发行债券；当票面利率低于市场利率时，折价发行债券；当票面利率与市场利率一致时，则等价发行债券。

5.债券的还本付息

（1）债券的偿还

债券的偿还时间按其实际发生与规定的到期日之间的关系，分为到期偿还、提前偿还和滞后偿还三种。

①到期偿还。到期偿还是指当债券到期时还清债券所载明的义务，包括分批偿还和一次偿还。

②提前偿还。提前偿还又称为提前赎回或收回，是指在债券尚未到期之前就予以偿还。只有在企业发行债券的契约中明确规定了有关允许提前偿还的条款，企业才可以进行此项操作。具有提前偿还条款的债券可使企业融资有较大的弹性。当企业资金有结余时，可提前赎回债券；当预测利率下降时，也可提前赎回债券，然后再以较低的利率来发行新债券。

赎回有三种形式:强制性赎回、选择性赎回和通知性赎回。

强制性赎回,是指要保证公司拥有一定的现款来减少其固定负债,从而减少利息支付,能够提前还债。

选择性赎回,是指举债公司有选择债券到期前赎回全部或部分债券的权利。选择性赎回的利息率略高于其他同类债券。

通知性赎回,是指举债公司在到期日前准备赎回债券时,要提前一段时间向债券持有人发出赎债通知,告知赎回债券的日期和条件。债券持有人有权将债券在通知赎回日期之前售回举债公司,债券持有人的这种权利称为提前售回优先权。

通知性赎回中,债券持有人还有一种提前售回选择权,指债券持有人有权选择在债券到期前某一个或某几个指定日期,按指定价格把债券售回举债公司,这和选择性赎回的选择主体正好相反。

③滞后偿还。债券在到期日之后偿还称为滞后偿还。这种偿还条款一般在发行时便订立,主要是给持有人延长持有债券的选择权。滞后偿还有转期和转换两种形式。

转期,是指将较早到期的债券换成较晚到期的债券,实际上是将债务的期限延长。常用的方法有两种:一是直接以新债券兑换旧债券;二是用发行新债券得到的资金来赎回旧债券。

转换,是指股份有限公司发行的债券可以按一定的条件转换成本公司的股票。

(2)债券的付息

债券的付息主要表现在利率的确定、付息频率和付息方式三个方面。利率的确定有固定利率和浮动利率两种形式。付息频率主要有按年付息、按半年付息、按季付息、按月付息和一次付息(利随本清、贴现发行)五种。付息方式有采取现金、支票或汇款的方式和息票债券两种方式。

6.债券的信用等级

公司公开发行债券通常需要由债券评级机构评定信用等级。债券的信用等级对发行公司和购买人都有重要影响。

国际上流行的债券等级是3等9级。AAA级为最高级,AA级为高级,A级为上中级;BBB级为中级,BB级为中下级,B级为投机级;CCC级为完全投机级,CC级为最大投机级,C级为最低级。

我国的债券评级工作正在开展,但尚无统一的债券等级标准和系统评级制度。根据中国人民银行的有关规定,凡是向社会公开发行的企业债券,需要由经中国人民银行认可的资信评级机构进行评信。这些机构对发行债券企业的企业素质、财务质量、项目状况、项目前景和偿债能力进行评分,以此评定信用级别。

7.债券筹资的优缺点

(1)债券筹资的优点

①资本成本较低。与股票相比,债券的发行费用较低,债券的利息允许在所得税前支付,发行公司可享受税收利益,因此公司实际负担的债券成本一般低于股票成本。

②可利用财务杠杆效应。无论发行公司的盈利多少,债券持有人一般只收取固定的利息,而更多的收益可分配给股东或留用公司经营,从而增加股东和公司的财富。

③保障股东控制权。债券持有人无权参与发行公司的管理决策,因此,公司发行债券不会像增发新股票那样可能会分散股东对公司的控制权。

(2)债券筹资的缺点

①财务风险较高。债券有固定的到期日,并需定期支付利息,发行公司必须承担按期还本

付息的义务。在公司经营不景气时，需要向债券持有人还本付息，这会给公司带来更大的财务困难，有时甚至导致破产。

②限制条件多。发行债券的限制条件一般要比长期借款、租赁筹资的限制条件多且严格，从而限制了公司债券筹资方式的使用，甚至影响公司以后的筹资能力。

③筹资数额有限。公司利用债券筹资一般受一定额度的限制。当公司的负债比率超过一定程度后，债券的成本会迅速上升，有时甚至会发行不出去。另外，《证券法》规定，发行公司流通在外的债券累计总额不得超过公司净资产的40%。

（二）银行借款

银行借款是企业向银行和其他非银行金融机构借入的款项。

1.银行借款的种类

(1)按有无担保分为信用借款(无担保借款)和抵押借款(担保借款)

信用借款是指以借款人的信誉为依据而借入的款项，无须以某种财产作为抵押，也称为无担保借款。抵押借款是指以一定的财产或一定的保证人作为担保而借入的款项，也称为担保借款。

(2)按偿还方式分为一次偿还借款和分期偿还借款

(3)按借款的用途分为基本建设借款、专项借款和流动资金借款

基本建设借款是指列入计划以扩大生产能力为主要目的的新建、扩建工程及其有关工程，因自筹资金不足，需要向银行申请的借款。专项借款是指企业因为专门用途而向银行申请借入的款项，主要用于更新改造设备、大修理、科研开发、小型技术措施以及技术转让费周转金等的借款。流动资金借款是指企业为满足流动资金的需要而向银行借入的款项，包括生产周转借款、临时借款、结算借款和卖方借款。

(4)按提供贷款的机构分为政策性银行贷款和商业银行贷款

政策性银行贷款是指执行国家政策性贷款业务的银行向企业发放的贷款，如国家开发银行为企业承建国家重点建设项目所需资金而提供的款项。商业银行贷款是指商业银行向企业提供的贷款，主要满足企业生产经营的资金需要。

2.银行借款筹资的程序

(1)企业提出借款申请

企业要向银行借款，首先应提出申请，填写包括借款金额、借款用途、偿还能力、偿还方式等内容的《借款申请书》，并提供借款人的基本情况、上年度的财务报告等相关资料。

(2)金融机构进行审批

银行接到借款申请后，要对企业的申请进行审查，以决定是否对企业提供贷款。审查的内容包括以下几个方面：

①对借款人的信誉等级进行评估。评估可由银行独立进行，内部掌握，也可委托独立的信誉评定机构进行评估。

②对贷款人进行调查。银行应对贷款人的信用、借款的合法性、安全性及盈利性进行调查，还要核实抵押物、保证人情况，测定贷款风险。

③贷款审批。银行一般都建立了审贷分离、分级审批的贷款管理制度。审查人员应对调查人员提供的资料认真进行审查，决定是否提供贷款。

(3)签订借款合同

为了维护借贷双方的合法权益，企业与金融机构应签订借款合同，其内容分为基本条款和

限制条款。基本条款是借款合同必须具备的条款;限制条款是为了降低贷款机构的贷款风险而对借款企业提出的限制条件,它不是借款合同的必备条款。限制条款又有一般性限制条款、例行性限制条款和特殊性限制条款之分。其中,一般性限制条款最为常见,例行性限制条款次之,特殊性限制条款比较少见。

借款合同的基本条款包括:借款种类、借款用途、借款金额、借款利率、借款期限、还款资金来源及还款方式、保证条款、违约责任等。

借款合同的一般性限制条款通常包括:对企业流动资金持有量的规定、对企业支付现金股利的限制、对企业资本性支出规模的限制、对企业借入其他长期债务的限制等。

借款合同的例行性限制条款一般包括:企业定期向贷款机构报送财务报表、企业不准在正常情况下出售大量资产、企业要及时偿付到期债务、禁止企业贴现应收票据或转让应收账款、禁止以资产作为其他承诺的担保或抵押等。

借款合同的特殊性限制条款一般包括:贷款专款专用、要求企业主要领导购买人身保险、要求企业主要领导在合同有效期内担任领导职务等。

(4)企业取得借款

双方签订合同后,贷款银行应按合同规定的日期向企业发放贷款,企业便可以取得相应的资金。贷款人不按合同约定按期发放贷款的,应偿付违约金。借款人不按合同约定用款的,也应偿付违约金。

(5)借款的归还

企业取得借款后,应按借款合同的规定按时足额归还借款本息。如果企业不能按期归还借款,应在借款到期之前,向银行申请贷款展期,但是否展期,由贷款银行根据具体情况决定。

3.银行借款的信用条件

(1)信贷额度

信贷额度即贷款限额,是借贷双方在协议中规定的允许借款人借款的最高限额。

(2)周转信贷协定

周转信贷协定是指银行具有法律义务,承诺提供不超过某一最高限额的贷款协定。在协定的有效期内,只要企业借款总额未超过最高限额,银行必须满足企业任何时候提出的借款要求。企业享有周转信贷协定,通常要对贷款限额的未使用部分付给银行一笔承诺费。

职业能力操作 3-7

海利公司与银行商定的周转信贷额为 4 000 万元,承诺费率为 0.5%,若借款公司年度内使用了 3 000 万元,余额为 1 000 万元。计算海利公司应向银行支付的承诺费。

【操作指导】

承诺费=1 000×0.5%=5(万元)

(3)补偿性余额

补偿性余额是指银行要求借款人在银行中保持按贷款限额或名义借款额的一定百分比(通常为 10%~20%)计算的最低存款余额。补偿性余额有助于银行降低贷款风险,补偿其可能遭受的损失。但对于企业来说,补偿性余额则提高了借款的实际利率,加重了企业的利息负担。补偿性余额条件下的实际利率计算公式为

$$实际利率=\frac{名义借款金额\times名义利率}{名义借款金额\times(1-补偿性余额比例)}\times100\%$$
$$=\frac{名义利率}{1-补偿性余额比例}\times100\%$$

职业能力操作 3-8

海利公司按年利率10%向银行借入资金200万元,银行要求公司保留20%的补偿性余额,计算该笔借款的实际利率。

【操作指导】

$$补偿性余额贷款的实际利率=\frac{10\%}{1-20\%}\times100\%=12.5\%$$

4.短期借款利息的支付方式

(1)利随本清法

利随本清法又称为收款法,是指在借款到期时向银行支付利息的方法。采用这种方法,借款的名义利率等于其实际利率。

(2)贴现法

贴现法是指银行向企业发放贷款时,先从本金中扣除利息部分,在贷款到期时贷款企业再偿还全部本金的一种计息方法。采用这种方法,企业可利用的贷款额只有本金扣除利息后的差额部分,因此,其实际利率高于名义利率。贴现法下贷款的实际利率公式为

$$贷款的实际利率=\frac{利息}{贷款金额-利息}\times100\%=\frac{名义利率}{1-名义利率}\times100\%$$

职业能力操作 3-9

海利公司从银行取得贷款500万元,期限为1年,名义利率为12%,利息为60万元。按照贴现法付息,公司实际可动用的贷款为440万元,计算该项贷款的实际利率。

【操作指导】

$$贷款的实际利率=\frac{60}{500-60}\times100\%=13.64\%$$

或
$$=\frac{12\%}{1-12\%}\times100\%=13.64\%$$

5.长期借款的偿还方式

长期借款是指企业向银行和其他非银行金融机构借入的期限在一年以上的借款。主要用于购建固定资产和满足长期流动资金占用的需要。

长期借款的到期期限和偿还特点因金融机构的不同而异,通常金融机构要求企业按每季度或每半年分期偿还本息,即定期等额偿还借款本息。若不考虑其他限制性条款,可将借款金额视为年金现值,而每期定额偿还的本息视为年金。

职业能力操作 3-10

海利公司 2022 年 1 月 1 日向银行借款 200 万元，借款期限为 6 年，借款利率为 12%，借款合同要求公司每年年末等额支付借款本息，计算该借款的每年年末还本付息额。

【操作指导】

$$每年年末还本付息额=\frac{200}{(P/A,12\%,6)}=\frac{200}{4.1114}=48.65(万元)$$

这种定期等额偿还方式，由于借款的本金会随着贷款的偿还逐渐减少，所以会提高企业借款的实际利率，从而也会加大长期借款的筹资成本。

6.长期借款筹资的优缺点

(1)长期借款筹资的优点

①借款筹资速度快。发行各种债券筹集长期资金所需时间一般较长，而向银行借款所需时间较短，可以迅速地获取资金。

②借款成本较低。利用银行借款筹资，其利息可在所得税前列支，故可减少企业实际负担的成本，因此比股票筹资的成本要低得多；与债券相比，就我国目前情况来看，利用银行借款所支付的利息比发行债券所支付的利息低。另外，也无须支付大量的发行费用。

③借款弹性较大。在借款时，企业与银行直接商定贷款的时间、数额和利率；在用款期间，企业如因财务状况发生某些变化，亦可与银行再行协商，变更借款数量及还款期限等。因此，长期借款筹集资金对企业具有较大的灵活性。

④企业利用借款筹资，与发行债券一样可以发挥财务杠杆的作用。

(2)长期借款筹资的缺点

①筹资风险较高。借款通常有固定的利息负担和固定的偿付期限，故借款企业的筹资风险较高。

②限制条件较多。这可能会影响企业以后的筹资和投资活动，如要求担保等。

③筹资数量有限。采用长期借款筹资不像发行股票和债券可以一次筹集到大量资金。

7.短期借款筹资的优缺点

(1)短期借款筹资的优点

①筹资速度快。企业获得短期借款所需时间要比长期借款短得多，因为银行发放长期贷款前，通常要对企业进行比较全面的调查分析，花费时间较长。

②筹资弹性大。短期借款数额及借款时间弹性较大，企业可在需要资金时借入，在资金充裕时还款，便于企业灵活安排。

(2)短期借款筹资的缺点

①筹资风险高。短期资金的偿还期短，在筹资数额较大的情况下，若企业资金周转不好，就有可能出现无力按期偿付本金和利息的情况，甚至被迫破产。

②与其他短期筹资方式相比，资本成本较高，尤其是在补偿性余额和附加利率的情况下，实际利率通常高于名义利率。

（三）融资租赁

租赁是指出租人在承租人给予一定报酬的条件下，在契约合同规定的期限内，授予承租人占有和使用财产权利的一种经济行为。

1.融资租赁的含义

融资租赁又称为财务租赁，是区别于经营租赁的一种长期租赁形式，是指由租赁公司按照承租企业的要求融资购买设备，并在契约或合同规定的较长期限内提供给承租企业使用的信用性业务，它是现代租赁的主要类型。承租企业采用融资租赁的主要目的是融通资金。一般融资的对象是资金，而融资租赁集融资与融物于一身，具有借贷性质，是承租企业筹集长期负债资金的一种特殊方式。

2.融资租赁的程序

(1)选择租赁公司

企业决定采用租赁方式取得某项设备时，首先需要了解各个租赁公司的经营范围、业务能力以及与其他金融机构的关系和资信情况，取得租赁公司的融资条件和租赁费率等资料，并加以比较，从而择优选定。

(2)办理租赁委托

企业选定租赁公司后，便可向其提出申请，办理委托。这时，筹资企业需填写“租赁申请书”，说明所需设备的具体要求，同时还要提供企业的财务状况文件，包括资产负债表、利润表和现金流量表等。

(3)签订购货协议

由承租企业与租赁公司的一方或双方合作组织选定设备制造厂商，并与其进行技术与商务谈判，签署购货协议。

(4)签订租赁合同

租赁合同是由承租企业与租赁公司签订的，它是租赁业务的重要法律文件。融资租赁合同的内容可分为一般条款和特殊条款两部分。

一般条款主要包括：

①合同说明：主要明确合同的性质、当事人身份、合同签订的日期等。

②名词解释：释义合同中重要名词以避免歧义。

③租赁设备条款：详细列明租赁设备的名称、规格型号、数量、技术性能、交货地点及使用地等。

④租赁设备交货、验收和税款、费用条款。

⑤租期和起租日期等条款。

⑥租金支付条款：规定租金的构成、支付方式和货币名称。这些内容通常以附表形式列作合同附件。

特殊条款主要规定：

①购货合同与租赁合同的关系。

②租赁设备的所有权。

③租期中不得退租。

④对出租人免责和对承租人保障。

⑤对出租人补救和对承租人违约。

⑥设备的使用和保管、维修和保养。

⑦保险条款。

⑧租赁保证金和担保条款。

⑨租赁期满对设备的处理条款等。

(5)办理验货与投保

承租企业收到租赁设备,要进行验收。验收合格签发交货及验收证书并提交给租赁公司,租赁公司据以向厂商支付设备价款。同时,承租企业向保险公司办理投保事宜。

(6)支付租金

承租企业按合同规定的租金数额、支付方式等,向租赁公司支付租金。

(7)处理租赁期满的设备

融资租赁合同期满时,承租企业应按租赁合同的规定,实行退租、续租或留购。租赁期满的设备通常都以低价卖给承租企业或无偿赠送给承租企业。

3.融资租赁的具体形式

(1)直接租赁

直接租赁是融资租赁的典型形式,通常所说的融资租赁就是指直接租赁形式。

(2)售后租回

在这种形式下,制造企业按照协议先将其资产卖给租赁公司,再作为承租企业将所售资产租回使用,并按期向租赁公司支付租金。采用这种融资形式,承租企业因出售资产获得了一笔资金,同时因将其租回而保留了资产的使用权,这与抵押贷款有些相似。

(3)杠杆租赁

杠杆租赁是由资金出借人为出租人提供部分购买资产的资金,再由出租人将资产租给承租人的方式。因此,杠杆租赁只涉及出租人、承租人和资金出借人三方。这种方式和其他租赁方式一样对承租人没有影响,但对出租人来说,它只支付购买资产的部分资金,另一部分是向资金出借人借来的,因此,它既是出租人,又是借资人,同时又拥有资产所有权。如果不能按期偿还借款,则资产所有权要归资金出借人所有。

(4)转租赁

这种租赁形式的特点是,承租人所租设备是租赁公司从国内外的其他租赁公司或设备制造厂商租来的。

4.融资租赁与经营租赁的区别

(1)租赁程序

融资租赁是由承租人向出租人提出正式申请,由出租人融通资金引进承租人所需设备,然后再租给承租人使用。而经营租赁是承租人可随时向出租人提出租赁资产的要求。

(2)租赁期限

融资租赁租期限一般为租赁资产寿命的一半以上。而经营租赁租期短,不涉及长期而固定的义务。

(3)合同约束

融资租赁合同稳定,在租赁期内,承租人必须连续支付租金,非经双方同意,中途不得退租。而经营租赁合同灵活,在合理限制条件范围内,可以随时解除租赁合约。

(4)租赁期满资产的处置

融资租赁租赁期满后,租赁资产的处置有三种方法可供选择:一是将设备作价转让给承租人；二是由出租人收回；三是延长租期续租。而经营租赁租赁期满后，租赁资产一般要归还给出租人。

(5)租赁资产的维修与保养

融资租赁在租赁期内，出租人一般不提供维修和保养设备方面的服务。而经营租赁在租赁期内，由出租人提供设备保养、维修、保险等服务。

5.融资租赁租金的计算

在租赁筹资方式下，承租企业要按合同规定向租赁公司支付租金。租金的数额和支付方式对承租企业的未来财务状况有直接的影响，也是租赁筹资决策的重要依据。

(1)融资租赁租金的构成

融资租赁租金包括设备价款和租息两个部分，其中，租息又可分为租赁公司的融资成本、租赁手续费等。

①设备价款是租金的主要内容，它由设备的买价、运杂费和途中保险费等构成。

②融资成本是指租赁公司为购买租赁设备所筹资金的成本，即设备租赁期间的利息。

③租赁手续费包括租赁公司承办租赁设备的营业费用和一定的盈利。租赁手续费的高低一般无固定标准，可由承租企业与租赁公司协商确定。

(2)租金的支付方式

租金的支付方式会影响租金的计算。租金通常采用分次支付的方式，具体又分为以下几种类型：

①按支付时期的长短，可以分为年付、半年付、季付和月付等方式。

②按支付时期的先后，可以分为先付租金和后付租金两种方式。先付租金是指在期初支付的租金；后付租金是指在期末支付的租金。

③按每期支付的金额，可以分为等额支付和不等额支付两种方式。

(3)租金的计算方法

在我国融资租赁业务中，计算租金的方法一般采用等额年金法。

等额年金法是指利用年金现值的计算公式经变换后计算每期支付租金的方法。租金有后付租金和先付租金两种支付方式，下面将介绍这两种支付方式的计算。

①后付租金的计算

承租企业与租赁公司商定的租金支付方式，大多为后付等额租金，即普通年金。根据年资本回收额的计算公式，可确定出后付租金支付方式下每年年末支付等额租金的计算公式为

$$\text{年租金}(A)=\frac{P}{(P/A,i,n)}$$

职业能力操作 3-11

海利公司采用融资租赁方式于 2022 年 1 月 1 日从一家租赁公司租入一台设备，设备价款为 40 000 元，租期为 8 年，到期后设备归海利公司所有，为了保证租赁公司完全弥补融资成本、相关的手续费并有一定盈利，双方商定采用 18% 的折现率，试计算海利公司每年年末应支付的等额租金。

【操作指导】 $A=\frac{40\ 000}{(P/A,18\%,8)}=\frac{40\ 000}{4.077\ 6}=9\ 809.69(\text{元})$

②先付租金的计算

承租企业有时可能会与租赁公司商定，采取先付等额租金的方式支付租金。根据即付年金的现值公式，可得出先付等额租金的计算公式为

$$年租金(A)=\frac{P}{(P/A,i,n-1)+1}$$

职业能力操作 3-12

假如上例采用先付等额租金方式，试计算每年年初应支付的等额租金。

【操作指导】 $A=\frac{40\ 000}{(P/A,18\%,7)+1}=\frac{40\ 000}{3.811\ 5+1}=8\ 313.42$(元)

6.融资租赁的优缺点

(1)融资租赁的优点

①迅速获得所需资产。融资租赁集“融资”与“融物”于一身，一般要比先筹措现金再购置设备来得更快，可使企业尽快形成生产经营能力。

②租赁筹资限制较少。企业运用股票、债券、长期借款等筹资方式，都受到相当多的资格条件的限制，相比之下，租赁筹资的限制条件较少。

③免遭设备陈旧过时的风险。随着科学技术的不断进步，设备陈旧过时的风险很高，而多数融资租赁协议规定由出租人承担，承租企业可免遭这种风险。

④全部租金通常在整个租期内分期支付，可适当降低不能偿付的风险。

⑤租金费用可在所得税前扣除，承租企业能享受税收利益。

(2)融资租赁的缺点

①成本较高，租金总额通常要高于设备价值的30%。

②承租企业在财务困难时期，支付固定的租金也将构成一项沉重的负担。

③不利于改进资产。在租赁期内，未经出租人同意，承租人一般不得随意改进所租入的资产。

(四)商业信用

1.商业信用的形式

(1)赊购商品

赊购商品是一种最典型的、最常见的商业信用形式。在此种形式下，买卖双方发生商品交易，买方收到商品后不立即支付现金，可延期到一定时间以后付款。

(2)预收货款

在这种形式下，卖方要先向买方收取货款，但要延期到一定时期以后交货，这等于卖方向买方先借入一笔资金，是一种典型的商业信用形式。通常情况下，买方对于紧俏商品乐于采用这种形式，以便顺利获得所需商品。另外，生产周期长、售价高的商品，如轮船、飞机等，生产企业也经常向订货者分次预收货款，以缓解资金占用过多的压力。

(3)商业汇票

商业汇票是指单位之间根据购销合同在进行延期付款的商品交易时，开出的反映债权债务关系的票据。根据承兑人的不同，商业汇票可以分为商业承兑汇票和银行承兑汇票。商业承兑汇票是指由收款人开出，经付款人承兑，或由付款人开出并承兑的汇票。银行承兑汇票是指由收款人或承兑申请人开出，经银行审查同意承兑的汇票。商业汇票是一种期票，是反映应

付账款和应收账款的书面证明。对于买方来说，它也是一种短期融资方式。

2.商业信用的条件

商业信用的条件，是指销货人对付款时间和现金折扣所做的具体规定，主要有以下几种形式：预收货款；延期付款，但不涉及现金折扣；延期付款，但提前付款可享受现金折扣。

(1)预收货款

预收货款是指企业在销售商品时，要求买方在卖方发出货物之前支付货款的形式。一般用于以下两种情况：①企业已知买方的信用欠佳；②销售生产周期长、售价高的产品。在这种信用条件下，销货单位可以得到暂时的资金来源，购货单位则要预先垫支一笔资金。

(2)延期付款，不涉及现金折扣

延期付款，但不涉及现金折扣是指企业在购买商品时，卖方允许企业在交易发生后一定时期内按发票金额支付货款的形式，如"net45"，是指在45天内按发票金额付款。这种信用条件下的信用期间一般为30～60天，但有些季节性的生产企业可能为其顾客提供更长的信用期间。在这种信用条件下，买卖双方存在商业信用，买方可因延期付款而取得资金来源。

(3)延期付款，提前付款可享受现金折扣

在这种信用条件下，买方若提前付款，卖方可给予一定的现金折扣，若买方不享受现金折扣，则必须在一定时期内付清账款。如"2/10，n/30"便属于此种信用条件。西方企业在各种信用交易活动中广泛地应用现金折扣，这主要是为了加速账款的收现。现金折扣一般为发票金额的1%～5%。

在这种信用条件下，双方存在信用交易。买方若在折扣期内付款，则可获得短期的资金来源，并能得到现金折扣；若放弃现金折扣，则可在稍长时间内占用卖方的资金。

3.放弃现金折扣的机会成本

在采用商业信用形式销售商品时，为鼓励购买单位尽早付款，销货单位往往规定了一些信用条件，主要包括现金折扣和付款期间两部分内容。

如果销货单位提供现金折扣，则购买单位应争取获得此项折扣，因为放弃现金折扣的机会成本很高，但其可获得在信用期内资金的使用权。

放弃现金折扣的机会成本可按下面公式计算：

$$\text{放弃现金折扣的机会成本}=\frac{\text{现金折扣率}}{1-\text{现金折扣率}}\times\frac{360}{\text{信用期限}-\text{折扣期限}}\times 100\%$$

职业能力操作3-13

海利公司拟以"2/10，n/30"的信用条件购进一批原材料。这一信用条件意味着公司如果在10天内付款，可享受2%的现金折扣；若不享受现金折扣，货款应在30天内付清。试计算放弃现金折扣的机会成本。

【操作指导】 放弃现金折扣的机会成本 $=\frac{2\%}{1-2\%}\times\frac{360}{30-10}\times 100\%=36.73\%$

3.商业信用筹资的优缺点

(1)商业信用筹资的优点

①筹资方便。商业信用随商品交易自然产生，属于自然性筹资，不必事先进行规划，方便灵活。

②限制条件少。商业信用相对银行借款一类的筹资方式，没有复杂的手续和各种附加条

件,也不需抵押担保。

③筹资成本低,甚至不发生筹资成本。若没有现金折扣,或者公司不放弃现金折扣,则利用商业信用筹资就不会发生筹资成本。

(2)商业信用筹资的缺点

①商业信用的时间一般较短,尤其是应付账款,时间则更短。

②有一定的风险。付款方到期如果不支付货款,长时间拖欠货款,势必影响公司的信誉;收款方如果长时间内不能收回货款,必然影响公司的资金周转,给公司生产经营带来困难。

案例分析

天利公司短期资金筹资案

长期以来,天利公司与海成公司一直保持着业务关系,天利公司向海成公司购买原材料,海成公司开出的付款条件为"4/10,n/30"。一天,天利公司的财务经理刘星翻阅公司账目,发现会计人员对购买原材料交易的处理方式是,总在收到货物后的第 15 天支付款项。当刘星问会计人员为何不取得现金折扣时,该会计人员说:这个交易的成本只有4%,而银行贷款成本却为 12%,因此没有接受现金折扣。

分析:

(1)该会计人员的理由正确吗?

(2)如果放弃现金折扣,公司实际的短期融资成本是多少?

(3)如果公司无法获得银行存款,不得不使用商业信用资金,为降低年利息总成本,公司应注意哪些事项?

要求:采用学生分组、课堂讨论方式分析上述案例。

职业能力训练

一、单项选择题

1.某企业每年向供应商购入 100 万元的商品,该供应商提供的信用条件为"2/10,n/40",若该企业放弃现金折扣,则其放弃现金折扣的资本成本为(　　)。

A.25%　　B.20%　　C.30%　　D.40%

2.下列选项中,(　　)可以为企业筹集短期资金。

A.融资租赁　　B.商业信用

C.留存收益　　D.发行股票

3.当债券的票面利率小于市场利率时,债券应(　　)。

A.按面值发行　　B.溢价发行　　C.折价发行　　D.向外部发行

4.某公司 2021 年的销售收入为 600 000 元,销售净利率为 10%,留存收益比率为 20%,对销售敏感的资产项目占销售额的 24%,对销售敏感的负债项目占销售额的 8%。预测 2022 年的销售收入为 800 000 元,则需要追加的外部筹资额为(　　)元。

A.14 000　　B.15 000　　C.16 000　　D.17 000

5.下列选项中,(　　)不属于吸收直接投资的优点。

A.有利于增强企业信誉　　B.有利于更快地形成生产经营能力

C.资本成本低　　　　　　　　　　D.有利于降低财务风险

二、多项选择题

1.在销售百分比法中,预测对外筹资的需要量受到(　　)因素的影响。

A.销售增长率　　B.资产利用率　　C.股利支付率　　D.销售净利率

2.负债资金的筹集方式有(　　)。

A.银行借款　　B.发行股票　　C.发行债券　　D.融资租赁

3.在下列选项中,属于企业筹资动机的有(　　)。

A.设立企业　　B.企业扩张　　C.企业收缩　　D.偿还债务

4.企业自有资金的筹集方式有(　　)。

A.发行债券　　B.吸收直接投资　　C.发行股票　　D.利用留存收益

5.企业发行优先股的动机包括(　　)。

A.防止股权分散化　　　　　　　　B.调整现金余缺

C.减轻所得税负担　　　　　　　　D.改善资本结构

三、简答题

1.利用普通股筹资的优缺点有哪些?

2.企业发行可转换债券的优缺点有哪些?

3.简述债券筹资的优缺点。

四、计算题

1.天成公司2021年的销售收入为20 000万元,销售净利率为12%,净利润的60%分配给投资者。2021年12月31日的资产负债表(简表)如下:

资产负债表(简表)

2021年12月31日　　　　　　　　单位:万元

资产	期末余额	负债及所有者权益	期末余额
货币资金	1 000	应付账款	1 000
应收账款净额	3 000	应付票据	2 000
存货	6 000	长期借款	9 000
固定资产净值	7 000	实收资本	4 000
无形资产	1 000	留存收益	2 000
资产总计	18 000	负债与所有者权益总计	18 000

该公司2022年计划销售收入比上年增长30%,为实现这一目标,公司需新增设备一台,价值148万元。据历年财务数据分析,公司流动资产与流动负债随销售额同比例增减。假定该公司2022年的销售净利率和利润分配政策与上年保持一致。

要求:(1)计算2022年天成公司需增加的营运资金。

(2)预测2022年天成公司需要对外筹集的资金量。

2.蓝天企业从银行借入10个月期、年利率为8%的短期借款200万元。

要求:按收款法、贴现法分别计算该借款的实际利率。

3.海利公司向租赁公司租入一套价值为1 300 000元的设备,租赁合同规定:租期为5年,租金每年年末支付一次,利率为6%,租赁期满设备归该公司所有。

要求:(1)计算每期应支付的租金额。

(2)若合同规定租金每年年初支付一次,其他约定不变,则每期应付租金为多少?

工作任务 2 资本成本和资本结构

任务引例 **中国经济的去杠杆和稳杠杆**

2015 年，中国开始给经济去杠杆，到 2018 年变成以稳杠杆为主。什么是去杠杆？为什么要去杠杆？到底要去到什么程度才合适？杠杆与杠杆率本来是用在企业的两个概念，后来扩大到国家与家庭。杠杆率就是总资产与权益资本之间的比例。

一个企业的总资产等于总负债，而总负债包括债务与权益资本两部分，债务是从别人那借来的资本，权益资本就是股东自己投入的资本。杠杆率越高，总资本中借来的部分所占的比例越大。假如一个公司的总资产是 1 000 亿元，其中 400 亿元是股东自己投入的股东权益，其余的 600 亿元是从别人那借来的债务，那么这个公司的杠杆率就是 1 000 亿元的总资产除以 400 亿元的权益资本，等于 250%，或者说是 2.5 倍的杠杆。

杠杆就是负债，杠杆率就是负债率。加杠杆就是提高负债率，去杠杆就是降低负债率。高杠杆之所以容易导致金融危机，是因为高杠杆会导致资产泡沫，而资产泡沫一旦破裂，就会引发金融危机。如果只是少数企业、少数家庭、少数地方负债率高，不会有大问题；如果很多企业、很多家庭、很多地方过度负债，就很容易导致资产泡沫。

例如，如果大家都向银行贷款买房，而且首付比例只有 20%，就很容易形成房地产泡沫，因为买房的人多，房价自然就会上涨。一旦泡沫破裂，就很可能发生危机。2008 年美国金融危机爆发前，就出现过房地产泡沫，而之所以出现房地产泡沫，一个很重要的原因是银行大量发放住房抵押贷款，甚至给不符合条件的人发放贷款。

其次，高杠杆会导致高风险，让个人、家庭、企业与国家变得极其脆弱。假如某人以 1 000 万元买了一套住房，首付 20%，其余的 800 万元为银行的住房抵押贷款，这就是 5 倍的杠杆。假如贷款利率为 5%，贷款期限为 20 年，月供就是大约 5.3 万元。在财务上，这个人就会非常脆弱。一旦因为经济不景气而失业，他就可能断供。如果很多人断供，银行的“呆账”就会变多，银行也会倒闭，从而引发银行危机。

高杠杆容易导致金融危机，那么是不是就要将杠杆率降到零呢？无论是企业、个人与家庭，还是国家，完全没有负债，把杠杆率降到零，既不可能，也没有必要。

子任务 1 资本成本的确定

微课 10

资本成本的确定

资本是债权人和所有者提供的，用以进行长期资产投资的长期资金来源，包括利用股票、债券、长期借款、留存收益等方式所筹集的资金。由于企业资金中长期资金所占的比重较大，成本较高，因此，研究资本成本主要是研究长期资金的成本问题。

一、资本成本的概念

资本成本是指资本的价格。从资本供应者的角度看，它是投资者提供资本时要求得到的资本报酬率；从资本需求者的角度看，它是企业为获取资本所必须支付的代价。资本成本具体包括用资费用和筹资费用两部分。

（一）用资费用

用资费用是指企业在投资、生产经营过程中因使用资金而支付的费用。如向股东支付的股息、向债权人支付的利息等，一般每年都要支付，这是资本成本的主要内容。

（二）筹资费用

筹资费用是指企业在筹集资金的过程中，为取得资金而支付的费用。如发行股票或债券的发行费、向银行支付的借款手续费等。筹资费用是在筹资时一次发生的，而在用资过程中不再发生的费用。

资本成本在财务管理中一般用相对数表示，即表示为年用资费用与实际筹得资金（筹资总额减去筹资费用）的比率。其计算公式为

$$\text{资本成本}=\frac{\text{年用资费用}}{\text{筹资总额}-\text{筹资费用}}\times 100\%=\frac{\text{年用资费用}}{\text{筹资总额}\times(1-\text{筹资费用率})}\times 100\%$$

二、个别资本成本的计算

个别资本成本是指使用各种长期资金的成本，主要包括长期借款资本成本、债券资本成本、优先股资本成本、普通股资本成本和留存收益资本成本。其中，前两者统称为负债资本成本，后三者统称为权益资本成本。

（一）长期借款资本成本

按照国际惯例，债务的利息一般在企业所得税前支付。这样，长期借款就具有了减税作用，减税额为“利息额×所得税税率”，所以长期借款实际负担的利息额小于实际支付的利息额，实际负担的利息额为“利息额×（1－所得税税率）”。

不存在筹资费用时，长期借款资本成本的计算公式为

$$K_l=\frac{I\times(1-t)}{L}\times 100\%=\frac{L\times i\times(1-t)}{L}\times 100\%=i\times(1-t)\times 100\%$$

式中：K_l——长期借款资本成本；

L——长期借款筹资总额；

i——长期借款利息率；

t——所得税税率。

存在筹资费用、并且借款时间比较长时，长期借款资本成本的计算公式为

$$K_l=\frac{i\times(1-t)}{1-f}\times 100\%$$

式中：f——长期借款筹资费用率。

职业能力操作 3-14

万达公司取得10年期借款800万元，年利率为8%，每年付息一次，到期一次还本。已知企业所得税税率为25%，筹资费用率为0.5%，计算该项长期借款的资本成本。

【操作指导】 $K_l=\frac{8\%\times(1-25\%)}{1-0.5\%}\times100\%=6.03\%$

（二）债券资本成本

债券资本成本主要是指债券利息和筹资费用。由于债券利息在税前支付，具有减税作用，其债券利息的处理与长期借款相同。债券的筹资费用一般较高，主要包括申请发行债券的手续费、债券注册费、印刷费等，债券资本成本的计算公式为

$$K_d=\frac{I(1-t)}{P_0(1-f)}\times100\%=\frac{M\times r\times(1-t)}{P_0(1-f)}\times100\%$$

式中：K_d——债券资本成本；

M——债券面值；

r——债券票面利率；

P_0——债券发行总额，即债券的实际发行价格；

t——所得税税率；

f——债券筹资费用率。

职业能力操作 3-15

万达公司发行5年期的债券，票面面值为100万元，年利率为10%，每年付息一次，到期还本。发行价为120万元，筹资费用率为5%，所得税税率为25%，计算该笔债券的资本成本。

【操作指导】 $K_d=\frac{100\times10\%\times(1-25\%)}{120\times(1-5\%)}\times100\%=6.58\%$

（三）优先股资本成本

企业发行优先股，既要支付筹资费用，又要定期支付股利。它与债券不同的是股利在税后支付，并且没有固定的到期日。优先股资本成本的计算公式为

$$K_p=\frac{D}{P_0(1-f)}\times100\%$$

式中：K_p——优先股资本成本；

D——优先股每年的股利；

P_0——优先股发行总额；

f——优先股筹资费用率。

职业能力操作 3-16

万达公司按面值发行 5 000 万元的优先股股票，共支付筹资费用 50 万元，优先股年股利率为 10%，计算其资本成本。

【操作指导】 $K_p=\frac{5\ 000\times10\%}{5\ 000-50}\times100\%=10.1\%$

（四）普通股资本成本

发行普通股筹集的资金为企业的基本资金，其股利取决于企业的生产经营情况，不能事先确定，因此，普通股资本成本很难预先准确地加以计算。如果公司采用固定的股利增长率政策，假设固定股利增长率为已知数，普通股资本成本的计算公式为

$$K_s=\frac{D_1}{P_0(1-f)}+g$$

式中：K_s——普通股资本成本；

D_1——预计公司第一年的股利；

P_0——普通股发行总额；

f——普通股筹资费用率；

g——普通股股利增长率。

职业能力操作 3-17

万达公司准备按面值发行普通股，发行价格为 2 000 万元，预计第一年年末支付 10% 的股利，筹资费用率为 2%，预计未来股利年增长率为 3%，计算其资本成本。

【操作指导】 $K_s=\frac{2\ 000\times10\%}{2\ 000\times(1-2\%)}+3\%=13.2\%$

（五）留存收益资本成本

企业所获利润按规定可留存一定比例的资金，以满足自身资金需要。因留存收益归普通股股东所有，其成本应与普通股相同，只是没有筹资费用。留存收益资本成本的计算公式为

$$K_s=\frac{D_1}{P_0}+g$$

式中：K_s——留存收益资本成本；

D_1——预计公司第一年的股利；

P_0——普通股发行总额；

g——普通股股利增长率。

职业能力操作 3-18

依前例，万达公司的留存收益为 80 万元，普通股股利率为 10%。计算留存收益资本成本。

【操作指导】 $K_s=\frac{80\times10\%}{80}+3\%=13\%$

三、加权平均资本成本的计算

企业筹集资金的渠道不相同，其资本成本也不同。在资金运用决策时，如果只以某一种资本成本作为依据，往往会造成决策失误。计算加权平均资本成本主要是保证企业有一个合理的资金来源结构，使各种资金保持合理的比例，并尽可能使企业加权平均资本成本有所降低。加权平均资本成本是以各种资金所占的比重为权数，对各种资本成本进行加权平均计算出来的。加权平均资本成本的计算公式为

$$K_w=\sum_{j=1}^{n}W_jK_j$$

式中：K_w——综合资本成本，即加权平均资本成本；

K_j——第 j 种个别资本成本；

W_j——第 j 种个别资本占全部资本的比重。

职业能力操作 3-19

万达公司采用多种筹资方式，共筹资 8 000 万元，有关资料见表 3-3。计算其加权平均资本成本。

表 3-3　　加权平均资本成本资料表

筹资方式	筹资总额（万元）	所占比重（%）	资本成本（%）
银行借款	800	10.00	6.03
长期债券	120	1.50	6.58
优先股	5 000	62.50	10.10
普通股	2 000	25.00	13.20
留存收益	80	1.00	13.00
合计	8 000	100.00	—

【操作指导】

$$K_w=\sum_{j=1}^{n}W_jK_j$$

$$=10\%\times6.03\%+1.5\%\times6.58\%+62.5\%\times10.1\%+25\%\times13.2\%+1\%\times13\%$$

$$=10.44\%$$

子任务 2　杠杆原理的应用

自然界中的杠杆原理，是指人们通过利用杠杆，用较少的力量移动较重物体的现象。财务管理中也存在着类似的杠杆效应，表现为由于特定费用（如固定生产成本或固定的财务费用）的存在，而导致当某一财务变量以较小的幅度变动时，另一相关变量会以较大幅度变动。了解

这些杠杆的原理，计算有关杠杆系数，可以衡量风险的大小，有助于企业合理地规避风险，提高财务管理水平。财务管理中的杠杆系数主要有经营杠杆系数、财务杠杆系数和复合杠杆系数。

一、杠杆原理的相关概念

（一）成本习性

成本习性是指成本总额（y）与业务量（x）之间在数量上的依存关系。成本按习性分类，可分成固定成本、变动成本和混合成本。

1.固定成本

固定成本是指其总额在一定时期和一定业务量（销售量或产量）范围内不随业务量的变化而发生变动的那部分成本。如直线法计提的折旧费、保险费、管理人员工资、办公费、租金等。固定成本具有下列特点：一是总额不变；二是单位固定成本将随业务量的增加而逐渐减少。

2.变动成本

变动成本是指其总额在一定时期和一定业务量范围内随业务量变动成正比例变动的那部分成本。如直接材料、直接人工、计件工资、工作量法计提折旧费等。变动成本具有下列特点：一是总额随业务量成正比例变动；二是单位变动成本保持不变。

3.混合成本

有些成本虽然也随业务量的变动而变动，但不成正比例变动，不能简单地归入变动成本或固定成本，这类成本称为混合成本。例如，有的租约预先规定一个起点支付额（相当于固定成本），在此基础上每运转一小时支付一定数额（相当于变动成本）；再比如化验员、质量检查人员的工资和销售人员的佣金等成阶梯状变化，即当业务量增长到一定限度时，这种成本就跳跃到一个新水平。

（二）总成本习性模型

成本按习性分为固定成本、变动成本和混合成本三类，但混合成本又可以按照一定的数学方法分解成变动部分和固定部分。因此，建立总成本模型为

$$y=a+bx$$

式中：y 为总成本；a 为固定成本；b 为单位变动成本；x 为相关业务量。

显然，在相关范围内（即相关时期以及相关业务量），a 与 b 均为常数。因此，只要已知 a 与 b，即可进行成本预测。

（三）边际贡献及其计算

边际贡献是指销售收入减去变动成本后的余额。其计算公式为

$$M=px-bx=(p-b)x=mx$$

式中：M 为边际贡献总额；p 为单价；m 为单位边际贡献。

（四）息税前利润及其计算

息税前利润（简称 $EBIT$）是指支付利息和缴纳所得税前的利润。其计算公式为

$$EBIT=px-bx-a=(p-b)x-a=M-a$$

息税前利润也可以用利润总额加上利息费用求得。

二、经营杠杆与经营风险

（一）经营杠杆

经营杠杆是指固定经营成本对息税前利润的影响。相对于固定成本低且变动成本高的企业来说，固定成本高且变动成本低的企业，其息税前利润的变动幅度较大，即经营杠杆作用较大。这是因为固定成本不随业务量的增加而增加，在一定业务量范围内，随着业务量的增加，单位业务量所负担的固定成本会相应减少，从而给企业带来较大的利润。

经营杠杆的作用程度，通常用经营杠杆系数来表示，它是指息税前利润的变动率与产销量变动率的比率。用公式表示为

$$经营杠杆系数(DOL)=\frac{\Delta EBIT/EBIT}{\Delta S/S}=\frac{\Delta EBIT/EBIT}{\Delta Q/Q}$$

式中：$\Delta EBIT$——息税前利润的变动额；$EBIT$——基期息税前利润；

ΔS——销售收入的变动额；S——基期的销售收入；

ΔQ——产销量的变动数；Q——基期产销量。

在实际工作中，对上式加以简化得到的公式如下：

$$DOL=\frac{M}{EBIT}=\frac{M}{M-a}$$

职业能力操作 3-20

万达公司当前销售量为 10 000 件，单位售价为 30 元/件，单位变动成本为 18 元/件，固定成本为 100 000 元，$EBIT$ 为 20 000 元，预计下一年度的销售量为 12 000 件（即增长 20%），固定成本保持不变，具体分析数据见表 3-4。试计算经营杠杆系数（DOL）。

表 3-4　经营杠杆系数分析表　　单位：元

项目	基期（当前年度）	报告期（下一年度）
销售收入	300 000	360 000
减：变动成本	180 000	216 000
边际贡献（M）	120 000	144 000
减：固定成本	100 000	100 000
息税前利润（$EBIT$）	20 000	44 000

【操作指导】

方法一：根据定义公式可得

$$经营杠杆系数(DOL)=\frac{\Delta EBIT/EBIT}{\Delta S/S}=\frac{\Delta EBIT/EBIT}{\Delta Q/Q}$$

$$息税前利润变动率=\frac{44\ 000-20\ 000}{20\ 000}\times 100\%=120\%$$

$$销售收入（产销量）变动率=\frac{360\ 000-300\ 000}{300\ 000}\times 100\%=20\%$$

因此，经营杠杆系数（DOL）$=\frac{120\%}{20\%}=6$

方法二：根据简化公式可得

$$DOL=\frac{M}{M-a}=\frac{120\ 000}{120\ 000-100\ 000}=6$$

这表示万达公司的销售收入每增长1%，其息税前利润（EBIT）将增长1%×6＝6%。如果该公司下一年度的销售收入增长20%，则其息税前利润（EBIT）将增长20%×6=120%；反之，若销售收入下降1%，则其息税前利润（EBIT）将下降1%×6=6%。

（二）经营杠杆与经营风险的关系

引起企业经营风险的主要原因是市场需求和成本等因素的不确定性，经营杠杆本身并不是利润不稳定的根源。但是，经营杠杆扩大了市场和生产等不确定因素对利润变动的影响。经营杠杆系数越大，利润变动越激烈，企业的经营风险就越大。在其他条件相同的情况下，经营性固定成本占总成本的比例越大，经营杠杆系数越高，经营风险就越大。如果经营性固定成本为零，则经营杠杆系数为1，息税前利润变动率将恒等于产销量变动率。

三、财务杠杆与财务风险

（一）财务杠杆

财务杠杆也称为融资杠杆或资本杠杆，是指在资本结构中长期负债的运用对每股收益的影响。企业的融资来源有两种：债务资金和权益资金。不论企业营业利润为多少，债务的利息、融资租赁的租金和优先股的股息通常都是固定不变的。这种由于固定性财务费用的存在而导致普通股每股收益变动大于息税前利润变动的杠杆效应，称为财务杠杆效应。

财务杠杆效应的大小，通常用财务杠杆系数来表示，它是指普通股每股收益（EPS）的变动率与息税前利润（EBIT）变动率的比率。用公式表示为

$$财务杠杆系数（DFL）=\frac{\Delta EPS/EPS}{\Delta EBIT/EBIT}$$

式中：ΔEPS——普通股每股收益的变动额；

EPS——基期普通股每股收益。

上述公式是计算财务杠杆系数的理论公式，必须同时已知变动前后两期的资料才能计算，比较麻烦。在实际工作中，可以简化为

$$DFL=\frac{EBIT}{EBIT-I-\frac{d}{(1-t)}}$$

式中：I——债务利息；

d——优先股股息；

t——所得税税率。

如果企业没有发行优先股，其财务杠杆系数的计算公式可以进一步简化为

$$DFL=\frac{EBIT}{EBIT-I}$$

必须说明的是，上述公式中的 $EBIT$，I，d，t 均为基期值。

下面仍以万达公司为例说明财务杠杆系数的计算方法。

职业能力操作 3-21

依前例，万达公司计划年度预测需要资金 200 000 元。现有两种融资方案可供选择，方案 A：发行 20 000 股普通股，每股面值为 10 元；方案 B：25% 采用负债筹资，利率为 8%，75% 采用权益筹资，每股面值为 10 元。若当前年度 $EBIT$ 为 20 000 元，所得税税率为 25%，预计下一年度 $EBIT$ 也同比增长 20%，具体分析数据见表 3-5。试计算财务杠杆系数（DFL）。

表 3-5　　万达公司的融资方案与每股收益分析表　　单位：元

时间	项　　目	方案 A	方案 B
当前年度	发行普通股股数（股）	20 000	15 000
	普通股股本（每股面值 10 元）	200 000	150 000
	债务（利率 8%）	0	50 000
	资金总额	200 000	200 000
	息税前利润	20 000	20 000
	减：债务利息	0	4 000
	税前利润	20 000	16 000
	减：所得税	5 000	4 000
	税后净利	15 000	12 000
	每股收益（元/股）	0.75	0.8
下一年度	息税前利润增长率	20%	20%
	增长后的息税前利润	24 000	24 000
	减：债务利息	0	4 000
	税前利润	24 000	20 000
	减：所得税	6 000	5 000
	税后净利	18 000	15 000
	每股收益（元/股）	0.9	1
	每股收益增加额	0.15	0.2
	普通股每股收益增长率（%）	20%	25%

【操作指导】

方法一:根据定义公式可得

$$DFL=\frac{\Delta EPS/EPS}{\Delta EBIT/EBIT}$$

$$A\text{ 方案 }DFL=\frac{20\%}{20\%}=1$$

$$B\text{ 方案 }DFL=\frac{25\%}{20\%}=1.25$$

方法二:根据简化公式可得

$$DFL=\frac{EBIT}{EBIT-I}$$

$$A\text{ 方案 }DFL=\frac{20\ 000}{20\ 000-0}=1$$

$$B\text{ 方案 }DFL=\frac{20\ 000}{20\ 000-4\ 000}=1.25$$

表 3-5 显示了在每种筹资方式下的财务杠杆对每股收益的影响。本例中两种方案的资金总额均相同,*EBIT* 相等,*EBIT* 增长的幅度也相等,不同的仅仅是资本结构(各种来源的资金占资金总额的比重)。当 *EBIT* 增长 20%时,*A* 方案的 *EPS* 也增长 20%,这是因为该方案没有举债,其财务杠杆系数等于 1;*B* 方案 *EPS* 的增长幅度超过了 *EBIT* 增长的幅度,为 25%,这是因为它借入了资金。这就是财务杠杆效应。

(二)财务杠杆与财务风险的关系

从简化公式可以看出,若企业资金中没有负债,即 *I* 为 0,则财务杠杆系数将恒等于 1,*EPS* 的变动率将恒等于 *EBIT* 的变动率。企业也就得不到财务杠杆利益,当然也就没有财务风险。在资金总额、息税前利润相同的情况下,负债比率越高,财务杠杆系数越大,普通股每股收益波动幅度越大,财务风险就越大;反之,负债比率越低,财务杠杆系数越小,普通股每股收益波动幅度越小,财务风险就越小。

实务中,企业的财务决策者在确定企业的负债水平时,必须认识到负债可能带来的财务杠杆收益和相应的财务风险,从而在利益与风险之间做出合理的权衡。

四、复合杠杆与复合风险

(一)复合杠杆

复合杠杆又称为总杠杆,是由经营杠杆和财务杠杆共同作用形成的总杠杆。如前所述,由于存在固定性的经营成本,产生经营杠杆作用,使息税前利润的变动幅度大于产销业务量的变动幅度;同样,由于存在固定性的财务费用,产生财务杠杆作用,使企业每股收益的变动率大于息税前利润的变动率。如果两种杠杆共同起作用,那么产销业务量稍有变动,每股收益就会发生更大的变动。这种由于固定经营成本和固定财务费用的共同存在而导致的每股收益变动率大于产销业务量变动率的杠杆效应，称为复合杠杆效应。

复合杠杆效应的大小用复合杠杆系数（DCL）来衡量，它是经营杠杆与财务杠杆的乘积，是指每股收益变动率与产销业务量变动率的比率。其计算公式为

$$DCL=\frac{\Delta EPS/EPS}{\Delta S/S}=\frac{\Delta EPS/EPS}{\Delta Q/Q}$$

或

$$DCL=DOL\times DFL=\frac{M}{EBIT-I}$$

职业能力操作 3-22

依前例，假设其成本结构及成本水平不变，企业选择融资方案 B，即 25%采用债务融资。根据表 3-4 及表 3-5 所示资料，得出分析数据见表 3-6，试计算复合杠杆系数（DCL）。

表 3-6　　万达公司复合杠杆分析表　　单位：元

项　目	基期损益数据	预期损益数据	增减百分比(%)
销售收入	300 000	360 000	20
减：变动成本	180 000	216 000	
边际贡献	120 000	144 000	
减：固定成本	100 000	100 000	
息税前利润	20 000	44 000	120
减：利息费用	4 000	4 000	
税前利润	16 000	40 000	
减：所得税	4 000	10 000	
税后净利	12 000	30 000	150
普通股数量(股)	15 000	15 000	
每股收益(EPS)	0.8	2	150

【操作指导】

方法一：根据定义公式可得

$$DCL=\frac{150\%}{20\%}=7.5$$

方法二：根据简化公式可得

$$DCL=\frac{120\ 000}{20\ 000-4\ 000}=7.5$$

或

$$DCL=DOL\times DFL=6\times 1.25=7.5$$

复合杠杆系数为 7.5，表明当销售收入增长 1%时，每股收益(EPS)将增长 7.5%；反之，当销售收入下降 1%时，每股收益(EPS)将下降 7.5%。

（二）复合杠杆与复合风险的关系

由于复合杠杆效应使每股收益大幅度波动而造成的风险，称为复合风险。从以上分析可以看出，在复合杠杆效应下，当企业经济效益好时，每股收益会大幅度上升；当企业经济效益差

时，每股收益会大幅度下降。企业复合杠杆系数越大，每股收益的波动幅度越大。在其他因素不变的情况下，复合杠杆系数越大，复合风险越大；反之，复合杠杆系数越小，复合风险越小。

子任务3　资本结构的优化

资本结构理论是西方国家财务理论的重要组成部分之一。研究资本结构理论的意义在于它可以降低企业的综合资本成本，可以获得财务杠杆利益，可以增加企业的价值。进行资本结构的决策就是要确定企业的最佳资本结构。

一、资本结构理论

资本结构理论是指企业各种长期资金筹集来源的构成及其比例关系，它是企业筹资决策中的关键问题。20世纪50年代前的资本结构理论被美国财务学者归纳为“早期资本结构理论”，50年代后以MM理论为代表的资本结构理论被称为“现代资本结构理论”。

资本结构理论主要有以下几种：

（一）净利理论

净利理论的基本观点是企业价值不只取决于息税前利润，更取决于由资产盈利能力和资本结构共同决定的归于股东的净利润。

净利理论有两个假设：

1.假设企业能以固定利率筹措负债资金，即企业筹资中债务资本成本保持不变。

2.股票投资者要求的报酬率不变，即权益资本成本固定不变。

在财务理论分析中，一般债务资本成本小于权益资本成本。随着负债比例的上升，企业的加权平均资本成本将趋于下降，企业价值会因负债的增加而增加。因此，当负债率接近100%时，企业的加权平均资本成本最低，企业价值将最大。

（二）营业净利理论

营业净利理论的基本观点是企业价值仅仅取决于企业资产的获利能力，即息税前利润，而与资本结构无关。也就是说，决定企业价值的是营业净利，而不是净利润。

营业净利理论观点建立在以下假设条件下：

1.假设债务资本成本固定不变，企业能以固定的利率筹措负债资金。

2.权益资本成本随着企业负债率的提高而上升，即假设随着负债程度的增加，股东认为自身风险会增加，因此会要求更高的报酬率。

3.假设负债带来的收益正好被负债带来的成本（权益资本成本上升）所抵消。

在上述假设条件成立的情况下，不管企业的负债程度怎样，加权平均资本成本固定不变，企业价值也保持不变。换句话说，资本成本以及企业价值与资本结构无关。

（三）传统理论

根据净利理论，企业最佳资本结构应该是负债率接近100%。根据营业净利理论，企业不存在最佳资本结构。

在 20 世纪 50 年代，西方大多数财务学者和实际工作者都采用了一种折中理论，即介于净利理论和营业净利理论之间的理论，称为传统理论。该理论有两个假设：

1.债务资本成本和权益资本成本并非固定不变，因此，企业加权平均资本成本也是变化的；

2.在一定的负债率范围内，债务资本成本和权益资本成本的上升均不明显，但超过一定负债率范围后，债务资本成本和权益资本成本均不断加速上升。

根据上述假设，在一定负债率范围内，随着负债程度的增加，尽管权益资本成本也随着上升，但不会完全抵消利用较低的债务资本成本所获得的好处，因此，企业加权平均资本成本会下降，企业价值会上升。当负债率超过一定范围后，债务资本成本和权益资本成本均不断加速上升，因此企业加权平均资本成本会整体上升，企业价值下降。那么，加权平均资本成本由下降变为上升的转折点，就是加权平均资本成本的最低点，这时企业价值最大，对应资本结构就是企业最佳资本结构。

（四）权衡理论

权衡理论是在 MM 理论的基础上产生的，它是指同时考虑负债的减税利益和预期成本或损失，并将利益和成本或损失进行权衡来确定企业价值的理论。权衡理论考虑的因素更为现实，因此其研究结论更符合实际情况。

预期成本主要是指破产成本，也就是与破产有关的成本，税负利益—破产成本权衡理论可以用图 3-1 描述。

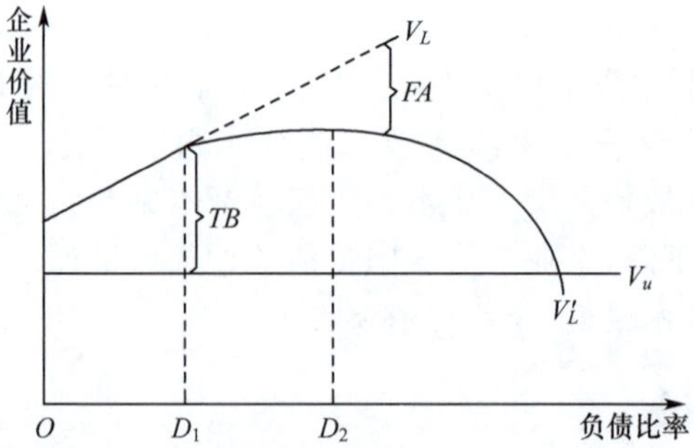

图 3-1

图中：V_L——只有负债税额庇护而没有破产成本的企业价值；

V_u——无负债时的企业价值；

V_L'——同时存在负债税额庇护和破产成本的企业价值；

TB——负债税额庇护利益的现值；

FA——破产成本；

D_1——破产成本变得重要时的负债水平；

D_2——最佳资本结构。

图 3-1 说明：

1.负债可以为企业带来税额庇护利益。

2.当负债比率未超过 D_1 点时，破产成本并不明显；当负债比率达到 D_1 点时，破产成本开始变得重要，负债税额庇护利益开始被破产成本所抵消；当负债比率达到 D_2 点时，边际负债税额庇护利益恰好与边际破产成本相等，企业价值最大，达到最佳资本结构；负债比率超过 D_2 点后，破产成本大于负债税额庇护利益，导致企业价值下降。

二、最佳资本结构的确定

微课 11

最佳资本结构的确定-每股收益分析法

企业的资本结构是由企业采用的各种筹资方式筹集资金而形成的，各种筹资方式的不同组合决定企业的资本结构及其变化。企业的筹资方式虽然有很多种，但主要分为债务资本和权益资本两大类。

资本结构的问题主要是指债务资本的比例问题。负债筹资具有两面性，既可以降低企业的资本成本，又会给企业带来财务风险。因此，在筹资决策时，企业必须权衡财务风险和资本成本的关系，确定最佳资本结构。所谓最佳资本结构就是使企业加权平均资本成本最低，企业价值最大的资本结构。

（一）息税前利润（*EBIT*）——每股收益（*EPS*）分析法

息税前利润（*EBIT*）——每股收益（*EPS*）分析法，是指利用每股收益无差别点来进行资本结构决策的方法。每股收益无差别点，是指两种筹资方式下普通股每股收益相等时的息税前利润点，也称为息税前利润平衡点或筹资无差别点，简称 *EBIT*——*EPS* 分析法。当预期息税前利润大于每股收益无差别点时，负债筹资会增加每股收益；当预期息税前利润小于每股收益无差别点时，负债筹资会减少每股收益。

职业能力操作 3-23

万达公司目前有资金 1 500 万元，因扩大生产规模需要准备再筹集资金 500 万元。这些资金可采用发行股票的方式筹集，也可采用发行债券的方式筹集。原资本结构和新资本结构情况见表 3-7 和表 3-8。预计息税前利润为 400 万元，所得税税率为 25%，要求根据资本结构变化情况运用 *EBIT*——*EPS* 分析法确定最佳资本结构。

表 3-7　　万达公司资本结构变化情况表　　单位：万元

筹资方式	原资本结构	增加筹资后资本结构	
		增发普通股(A)	增发企业债券(B)
企业债券(利率 8%)	200	200	700
普通股(面值 10 元/股)	400	600	400
资本公积	500	800	500
留存收益	400	400	400
资金总额	1 500	2 000	2 000
普通股股数(万股)	40	60	40

注：新股发行价为 25 元/股，每股溢价 15 元。

【操作指导】

表 3-8　　不同资本结构下每股收益　　单位:万元

项　目	增发普通股	增发企业债券
预计息税前利润	400	400
减:利息	16	56
税前利润	384	344
减:所得税(25%)	96	86
净利润	288	258
普通股股数(万股)	60	40
每股收益(元)	4.8	6.45

从表中可以看到,在息税前利润为400万元的情况下,利用增发企业债券的形式筹集资金能使每股收益上升较多,这可能更有利于股票价格上涨,更符合理财目标。

那么,息税前利润为多少时发行普通股有利,息税前利润为多少时发行公司债券有利呢?这就要测算每股收益无差别点处的息税前利润。

其计算公式为

$$\frac{(EBIT-I_1)(1-t)}{N_1}=\frac{(EBIT-I_2)(1-t)}{N_2}=EPS$$

式中:$EBIT$——每股收益无差别点处的息税前利润;

I_n——两种筹资方式下的年利息;

N_n——两种筹资方式下的流通在外的普通股股数;

t——所得税税率。

将公司的资料代入公式得

$$\frac{(EBIT-200\times8\%)(1-25\%)}{60}=\frac{(EBIT-200\times8\%-500\times8\%)(1-25\%)}{40}$$

求得 $EBIT=136$(万元),此时的 $EPS=1.5$(元)

上述每股收益无差别点分析的描绘如图3-2所示。

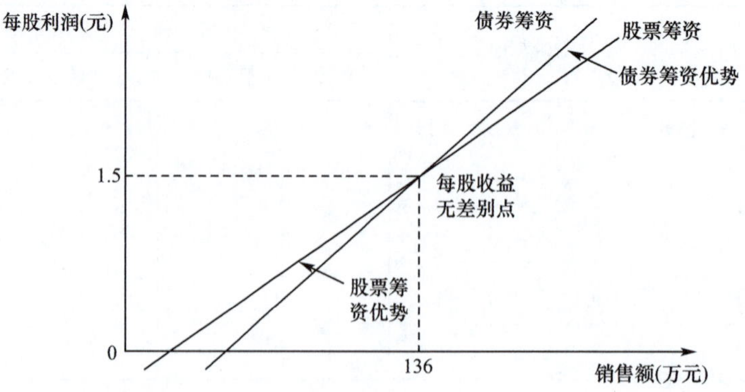

图 3-2

这就是说,当 $EBIT>136$ 万元时,利用债券筹资较为有利;当 $EBIT<136$ 万元时,发行普通股筹资较为有利。本公司预计息税前利润为400万元,故采用发行企业债券的方式较为有利。

（二）比较资本成本法

微课12

比较资本成本法的应用

比较资本成本法是计算不同资本结构（或筹资方案）的加权平均资本成本，并以此为标准相互比较进行资本结构决策。企业的资本结构决策，可分为初始筹资和追加筹资两种情况。前者可称为初始资本结构决策，后者可称为追加资本结构决策。

1.初始资本结构决策

企业对拟定的筹资总额，可以采用多种筹资方式来筹集，同时每种筹资方式的筹资数额也可以有不同安排，由此形成若干个可供选择的资本结构（或筹资方案）。企业可以通过计算比较不同方案的资本成本，对方案进行选择。

职业能力操作 3-24

万达公司初创时拟筹资 2 000 万元，有 A、B 两个筹资方案可供选择，有关资料见表 3-9。

表 3-9　万达公司筹资资料

资本来源	A 方案		B 方案	
	筹资额（万元）	资本成本（%）	筹资额（万元）	资本成本（%）
长期借款	600	6	800	7
长期债券	400	7	600	8
优先股	200	10	200	15
普通股	800	15	400	20
合计	2 000		2 000	

下面分别测算两个筹资方案的加权平均资本成本，并比较其高低，从而确定最佳筹资方案即最佳资本结构。

【操作指导】

A 方案：

$$6\%\times\frac{600}{2\ 000}+7\%\times\frac{400}{2\ 000}+10\%\times\frac{200}{2\ 000}+15\%\times\frac{800}{2\ 000}=10.2\%$$

B 方案：

$$7\%\times\frac{800}{2\ 000}+8\%\times\frac{600}{2\ 000}+15\%\times\frac{200}{2\ 000}+20\%\times\frac{400}{2\ 000}=10.7\%$$

以上两个筹资方案的加权平均资本成本相比较，A 方案较低。在其他有关因素大体相同的条件下，方案 A 是最佳筹资方案。

2.追加资本结构决策

企业在持续的生产经营过程中，由于扩大业务或对外投资的需要，有时会增加筹集资金，即追加筹资。因追加筹资以及筹资环境的变化，企业原有的资本结构就会发生变化，原定的最佳资本结构未必仍是最优的。因此，企业应在资本结构的不断变化中寻求最佳资本结构，以保持资本结构的最优化。

一般而言，按照最佳资本结构的要求，选择追加筹资方案有两种方法：一种方法是直接测算比较各备选追加筹资方案的边际资本成本，从中选择最优筹资方案；另一种方法是将备选追加筹资方案与原有最佳资本结构汇总，测算各追加筹资条件下汇总资本结构的加权平均资本成本，比较确定最优追加筹资方案。

职业能力操作 3-25

万达公司原有的资本结构见表 3-10。

表 3-10　万达公司资本结构

资本来源	资本额（万元）	资本成本（%）
长期借款	400	6
长期债券	400	8
优先股	200	10
普通股	600	14
合计	1 600	

该公司由于扩大经营规模拟增资 400 万元，有两种追加筹资方案可供选择。

A 方案：发行长期债券 100 万元，资本成本 8.5%；另发行普通股 300 万元，资本成本 16%。

B 方案：长期借款 300 万元，资本成本 7%；另发行普通股 100 万元，由于增加负债而增加了风险，普通股资本成本上升为 18%。

【操作指导】

追加筹资方案的加权平均资本成本也要按加权平均法计算，两个追加筹资方案的加权平均资本成本计算如下：

(1)A 方案

$$K_W=\frac{400}{2\ 000}\times 6\%+\frac{400+100}{2\ 000}\times\frac{400\times 8\%+100\times 8.5\%}{500}+\frac{200}{2\ 000}\times 10\%+$$

$$\frac{900}{2\ 000}\times\frac{600\times 14\%+300\times 16\%}{900}=10.825\%$$

(2)B 方案

$$K_W=\frac{400+300}{2\ 000}\times\frac{400\times 6\%+300\times 7\%}{700}+\frac{400}{2\ 000}\times 8\%+\frac{200}{2\ 000}\times 10\%+$$

$$\frac{600+100}{2\ 000}\times\frac{600\times 14\%+100\times 18\%}{700}=9.95\%$$

比较两个方案追加筹资后新的资本结构下的加权平均资本成本，结果是 B 方案的加权平均资本成本低于 A 方案的加权平均资本成本，因此，追加筹资 B 方案优于 A 方案。

由此可见，该公司追加筹资后，虽然改变了资本结构，但经过科学的测算，做出正确的筹资决策，公司仍可保持其资本结构的最优化。

职业能力训练

一、单项选择题

1.某企业2021年的销售额为1 000万元,变动成本为600万元,固定成本为200万元,预计2022年固定成本不变,则2022年的经营杠杆系数为(　　)。

A.2　　B.3　　C.4　　D.无法计算

2.企业向银行取得借款100万元,年利率为5%,期限为3年。每年付息一次,到期还本,所得税税率为25%,手续费忽略不计,则该项借款的资本成本为(　　)。

A.3.75%　　B.5%　　C.4.5%　　D.3%

3.某公司的财务杠杆系数为1.4,经营杠杆系数为1.5,则该公司销售额每增长1倍,就会造成每股收益增加(　　)倍。

A.1.9　　B.1.5　　C.2.1　　D.0.1

4.一般情况下,以下四种资本成本(　　)最低。

A.长期借款　　B.普通股　　C.优先股　　D.债券

5.当预计息税前利润大于每股收益无差别点时,(　　)方式更有利。

A.负债　　B.权益　　C.负债或权益　　D.无法确定

二、多项选择题

1.资本成本包括用资费用和筹资费用两部分,其中属于用资费用的有(　　)。

A.向股东支付的股利　　B.向债权人支付的利息

C.借款手续费　　D.债券发行费

2.最佳资本结构是指(　　)的资本结构。

A.企业价值最大　　B.加权平均资本成本最低

C.每股收益最大　　D.净资产值最大

3.在计算个别资本成本时,需要考虑所得税抵减作用的筹资方式有(　　)。

A.长期借款　　B.发行债券

C.发行优先股　　D.发行普通股

4.影响企业边际贡献大小的因素有(　　)。

A.固定成本　　B.销售单价　　C.单位变动成本　　D.产销量

5.当两个方案的筹资处于每股收益无差别点时,表明两个方案(　　)。

A.息税前利润相等　　B.税前利润相等

C.净利润相等　　D.每股净利润相等

三、简答题

1.什么是资本成本?如何计算资本成本?

2.如何计算经营杠杆系数、财务杠杆系数和复合杠杆系数?

3.什么是资本结构?如何确定最佳资本结构?

四、计算题

1.利达企业拟筹资5 200万元,其中债券面值为2 000万元,发行价格2 200万元,票面利率为10%,筹资费用率为2%;发行优先股1 000万元,股利率为12%,筹资费用率为3%;发行普通股2 000万元,筹资费率用为5%,预计第一年股利率为12%,以后每年按4%递增,所得税税率为25%。

要求：

(1)计算债券资本成本。

(2)计算优先股资本成本。

(3)计算普通股资本成本。

(4)计算加权平均资本成本。

2.2021年年初宏利公司的负债及所有者权益总额为8 000万元，其中，公司债券为1 000万元(按面值发行，票面利率为8%，每年年末付息，三年之后到期)；普通股股本为5 000万元(面值1元)，资本公积为2 000万元。2021年该公司为扩大规模，需要再筹集资金2 000万元，现有两个方案可供选择。方案一：增加发行普通股，预计每股发行价格为5元；方案二：增加发行同类公司债券，按面值发行，票面利率为8%。预计2021年可实现息税前利润2 000万元，企业所得税税率为25%。

要求：

(1)计算增发股票方案下2021年增发的普通股股份数和2021年全年债券利息。

(2)计算增发公司债券方案下2021年全年债券利息。

(3)计算每股收益无差别点时的息税前利润，并据此进行筹资决策。

3.亚明企业拟筹资组建一个分公司，投资总额为500万元，有三个方案可供选择。甲方案：长期借款50万元、债券100万元、普通股350万元；乙方案：长期借款100万元、债券150万元、普通股250万元；丙方案：长期借款150万元、债券200万元、普通股150万元。三种筹资方案所对应的资本成本分别为6%，10%，15%。

要求：试分析哪种方案的资本结构是最佳资本结构。

4.利华企业只生产和销售甲产品，其总成本习性模型为$y=20\ 000+3x$。假定该企业2021年度A产品销售量为10 000件，每件售价为10元，按市场预测2022年A产品的销售数量将增长10%。

要求：

(1)计算2021年该企业的边际贡献总额。

(2)计算2021年该企业的息税前利润。

(3)计算2022年的经营杠杆系数。

(4)计算2022年的息税前利润增长率。

(5)假定企业2021年发生负债利息10 000元，2022年保持不变，计算2022年的总杠杆系数。

项目四
投资管理

职业能力目标

◎ 掌握现金净流量的计算方法；
◎ 掌握项目投资决策评价指标的应用；
◎ 能够运用债券估价模型做出债券购买与否的决策；
◎ 能够运用股票估价模型做出股票投资与否的决策；
◎ 能够做出固定资产是否需要更新的决策。

素质培养目标

◎ 培养学生树立风险观念和理性的投资理财观；
◎ 培养学生金融素养，提升自我抵御风险的能力；
◎ 培养良好的心理素质，不断提高自我抗压能力；
◎ 学习和传递《证券法》《公司法》等最新政策，能够知法、懂法、守法。

工作任务列表

- 子项目一 项目投资管理决策
  - 工作任务1　现金流量的估算
  - 工作任务2　决策评价指标计算分析
  - 工作任务3　决策评价指标的应用
- 子项目二 证券投资管理决策
  - 工作任务1　认识证券投资
  - 工作任务2　债券投资决策
  - 工作任务3　股票投资决策
  - 工作任务4　证券投资组合决策

项目引言

投资管理是以项目、证券为对象的重要管理活动，作为一种投资经济行为以获取所期望的报酬，这也是企业财务管理的重要内容。本项目的学习，目的是运用投资决策理论，掌握项目投资的可行性分析以及证券投资的决策方法。

子项目一 项目投资管理决策

工作任务1 现金流量的估算

任务引例 新《证券法》实施，对投资有何影响?

在新《证券法》里面加入了注册制，提高了证券违法违规的成本，完善了投资者保护制度，建立了多层次的资本市场体系。可以说是近年来最重要的一次修订，在2005年股改之后迎来了2006年的超级大牛市，在2020年落实《证券法》以后对中国资本市场产生了重大影响。

在国务院办公厅印发的《关于贯彻实施修订后的证券法有关工作的通知》(以下简称《通知》)里面指出：首先要落实股票注册制改革和公司债注册制改革，这就是要加快股票和债券的发行上市，扩大股票和债券的规模，本质是为更多的企业提供更加便利的融资渠道，降低企业进入资本市场的门槛，满足各大企业的融资新需求，这个改革就是为了充分发挥市场在资源配置中的作用。

需要注意的是，以前A股上市采用的是核准制，很多小企业规模不足会借壳上市，对于注册制的到来，这些借壳上市的公司壳价值就消失了，未来投资价值会越来越小。

《通知》也强调了要进一步加强信息披露，扩大了信息披露义务人的主体范围，完善了信息披露的内容，有利于减少暗箱操作。同时会加大对证券违法行为的处罚力度，这样就能够更好地保护投资者的权益，让投资者更加安全地参与资本市场投资，促进资本市场的发展。在《通知》发布之后，监管部门迅速推动落实，沪深交易所发布了《关于认真贯彻执行新证券法做好上市公司信息披露相关工作的通知》，深交所修订发布了《上市公司规范运作指引》，都在切实地去推动新《证券法》的实施，将改革工作落到实处。

2020年是资本市场法制建设改革的关键之年，注册制从试点到落实到推广再到创业板和主板，未来都将对金融市场产生重大影响，新《证券法》也加强了信息披露和对投资者的保护条款，加大对违法违规的打击力度，这将对投资者进行股权投资是极大的促进作用，有利于资本市场的繁荣和进步。

一、投资的含义和种类

（一）投资的含义

投资是指特定经济主体（包括国家、企业和个人）为了在未来可预见的时期内获得收益或是资金增值，在一定时期向一定领域的标的物投放足够数额的资金或实物等货币等价物的经济行为。从特定的角度看，投资就是企业为了获取收益而向一定对象投放资金的经济行为。

（二）投资的种类

1.按照投资行为的介入程度，分为直接投资和间接投资。直接投资是指由投资者直接介入投资的行为，即将货币资金直接投入投资项目，形成实物资产或者购买现有企业资产的一种投资。其特点是，投资行为可以直接将投资者与投资对象联系在一起。间接投资是指投资者以其资本购买公债、公司债券、金融债券或公司股票等，以预期获取一定收益的投资，也称为证券投资。

2.按照投资的领域不同，分为生产性投资和非生产性投资。生产性投资是指将资金投入生产、建设等物质生产领域中，并能够形成生产能力或可以生产出生产资料的一种投资，又称为生产资料投资。这种投资的最终结果是形成各种生产性资产，包括固定资产投资、无形资产投资、其他资产投资和流动资金投资。其中，前三项属于垫支资本投资，最后一项则属于周转资本投资。非生产性投资是指将资金投入非物质生产领域中，不能形成生产能力，但能形成社会消费或服务能力，满足人们的物质文化生活需要的一种投资。这种投资的最终结果是形成各种非生产性资产。

3.按照投资的方向不同，分为对内投资和对外投资。从企业的角度来看，对内投资就是项目投资，是指企业将资金投放于为取得供本企业生产经营使用的固定资产、无形资产、其他资产和垫支流动资金而形成的一种投资。对外投资是指企业为购买国家及其他企业发行的有价证券或其他金融产品（期货与期权、信托、保险），或以货币资金、实物资产、无形资产向其他企业（联营企业、子公司等）注入资金而发生的投资。

4.按照投资的内容不同，分为固定资产投资、无形资产投资、其他资产投资、流动资产投资、房地产投资、有价证券投资、期货与期权投资、信托投资和保险投资等多种形式。

二、项目投资的含义和特点

（一）项目投资的含义

项目投资是一种以特定建设项目为对象，直接与新建项目或更新改造项目有关的长期投资行为。项目投资可分为新建项目投资和更新改造项目投资两大类型。新建项目投资以新增生产能力为目的，基本属于外延式扩大再生产；更新改造项目投资以恢复和改善生产能力为目的，基本属于内涵式扩大再生产。

新建项目投资还可进一步分为单纯固定资产投资和完整工业项目投资两类。单纯固定资产投资简称固定资产投资，通常只包括为购建固定资产而发生的资金投入，一般不涉及周转性流动资产的再投入;而完整工业项目投资不仅包括固定资产投资,而且涉及周转性流动资产的投入,甚至还需增加如无形资产、长期待摊费用等其他长期资产项目的投资。因此,不能将完整工业项目投资简单地等同于固定资产投资。

(二)项目投资的特点

1.投资数额大

项目投资所形成的生产经营能力主要体现在新增固定资产上。固定资产的购建本身所需的资金量是巨大的,而且为使建成的固定资产得以正常运行,还需要配置相应的流动资产,有些项目甚至还需要其他长期资产的投资,如无形资产、长期待摊费用等,所以,投资数额较大。

2.影响时间长

项目投资的寿命一般都在几年以上,有的甚至长达几十年,投资一旦完成,就会对企业的生产经营产生长远影响。首先,项目本身可能会给企业带来长期的经济效益;其次,项目投资支出主要是资本性支出,这就会使企业在今后一个较长时期内增加一部分固定成本,如果投资形成的生产经营能力不能充分利用,企业难以负担这部分固定成本,就有可能造成长期亏损;最后,项目投资作为一项数额较大的预付成本,一旦支出就意味着将大量资金凝固起来,这有可能使企业在一定时期内资金调度相对紧张。

3.不可逆转性

项目投资一旦实施并形成一定生产经营能力后,无论其投资效益如何,均难以改变。即使必须改变,也会在财力、物力上付出极高的代价,使企业蒙受巨大的损失。

4.投资风险高

项目投资所提供的经济效益只能在今后较长时期内逐步实现,未来时期内各种影响投资效益的因素,如市场需求、原材料供应、国家政策等,都会发生各种变化,而项目投资又不可逆转,这意味着企业进行项目投资必然要冒较高的风险。

综上所述,项目投资耗费资金多,经历时间长,投资风险高,影响程度深。同时,项目投资形成的是企业生产经营的物质技术基础,合理与否影响重大。因此,企业决不可在缺乏调查研究和可行性分析的情况下盲目投资。

三、项目投资的一般程序

项目投资的一般程序要为“提出—可行性分析—决策评价—实施”,具体说明如下:

(一)项目投资的提出

在企业的生产经营过程中,会不断地产生新的投资需要,也会出现很多的投资机会。当出现新的投资机会或产生新的投资需要时,就会提出新的投资项目。这些项目一般由项目的提出者以报告的形式上报管理当局,以便其研究和选择。管理当局会从各种投资方案中进行初步的筛选、分类和排队,同时结合企业的长期目标和具体情况,制订初步的投资计划。

(二)项目投资的可行性分析

企业初步确定的投资计划可能有多个,各投资项目之间也会受到资金、技术、环境、人力等的限制。这就要求对项目投资进行可行性分析,主要有三个方面:

1.技术上，要考虑所投项目技术是否先进，能否取得，能否实施，能维持多长时间，同时还要考虑项目本身在设计、施工等方面的具体要求。

2.财力上，首先预测资金的需要量，再看有无足够的资金支持，如果资金不足，能否及时筹措到所需资金，这是投资项目运行的前提。

3.经济上，要考虑项目投产后产品销路如何，能增加多少销售收入，为此发生多少成本和费用，能提供多少利润，有多大风险，整个方案在经济上是否合理等。

除对以上三个方面进行分析外，还要考虑项目的相关因素。例如，所在地区的自然资源、水电、交通、通信等协作条件是否满足项目需要，所需工人、技术人员、管理人员能否达到要求，项目实施后对环境是否会造成不良影响等。应当指出，对项目投资的可行性分析依赖于对项目有关资料的搜集和有关情况的预测，要尽可能搜集与项目有关的资料，进行科学的分析，做出正确的评价。

（三）项目投资的决策评价

项目是否能够实施取决于企业管理当局的决策评价结果。决策者要综合技术人员、财务人员、市场研究人员等的评价结果，集思广益，全面考核，最后做出是否采纳或采纳哪一个项目的决定。

财务人员的评价依据和评价方法，主要是计算项目的现金流量和以现金流量为基础计算各种评价指标。具体计算方法及其评价指标的运用将在本章后面几节内容中介绍。

（四）项目投资的实施

项目批准或采纳后，要筹集资金并付诸实施。大项目一般由提出部门或由原设计人员组成的专门小组负责拟订具体的实施计划并负责具体实施。各有关方面如财务、技术要密切配合，使投资项目能保质、保量完成。项目投产后要严格管理，保证实现期望收益。

四、项目投资计算期及其构成

项目投资计算期（记作 n），是指项目从开始投资建设到最终清理结束整个过程的全部时间，即项目的有效持续时间。项目投资计算期通常以年为计算单位。

一个完整的项目投资计算期，由建设期（记作 s，$s\geqslant 0$）和生产经营期（记作 p）两部分构成。其中，建设期是指从开始投资建设到建成投产这一过程的全部时间。建设期的第 1 年年初（记作第 0 年）称为建设起点，建设期的最后一年年末（记作第 s 年）称为投产日；生产经营期是指从投产日到终结点这一过程的全部时间。生产经营期开始于建设期的最后一年年末即投产日，结束于项目最终清理的最后一年年末（记作第 n 年），称为终结点。生产经营期包括试产期和达产期（完全达到设计生产能力）。项目投资计算期、建设期和生产经营期之间存在以下关系：

$$n=s+p$$

五、项目投资金额及其投入方式

反映项目投资金额的指标主要有原始总投资和投资总额。原始总投资是反映项目所需现实资金的价值指标。从项目投资的角度看,原始总投资等于企业为使项目完全达到设计生产能力、开展正常经营而投入的全部现实资金。投资总额是反映项目投资总体规模的价值指标,它等于原始总投资与建设期资本化利息之和。其中建设期资本化利息是指在建设期发生的与购建项目所需的固定资产、无形资产等长期资产有关的借款利息。

项目资金的投入分为一次投入和分次投入两种方式。一次投入是指集中在项目投资计算期第一个年度的年初或年末一次发生的投资行为;分次投入是指涉及两个或两个以上年度分次发生的投资行为(只涉及一个年度但分次在该年的年初和年末发生的,也属于分次投入方式)。

六、项目投资财务决策评价的主要依据——现金流量

进行项目投资决策评价需要考虑的因素有很多,例如,国家的产业政策、市场发展前景、技术的先进程度、企业效益和社会效益以及资金的支持情况等,最终综合体现在财务决策评价上。进行项目投资财务决策评价的基本前提和主要依据是投资项目产生的现金流量。

微课 13

现金流量的确定

(一)现金流量的概念

现金流量在投资决策中是指一个项目引起的企业现金流入量与现金流出量的总称,它是计算项目投资决策评价指标的主要依据和重要信息之一。这里的“现金”是广义的现金,它不仅包括各种货币资金,而且包括项目所需要投入的企业拥有的非货币资金的变现价值。例如,一个投资项目需要使用原有的厂房、设备和材料的变现价值等。现金流量是在一个较长时期内表现出来的,受资金时间价值的影响,一定数额现金在不同时期的价值是不同的。因此,研究现金流量及其发生的期间对正确评价投资项目的效益有着重要的作用。

(二)关于现金流量的假设

为方便现金流量的确定,需要做出以下假设:

1.财务可行性分析假设。假设该项目投资决策从企业投资者的立场出发,只考虑该项目是否具有财务可行性,而不考虑该项目是否具有国民经济可行性和技术可行性。

2.全投资假设。假设在确定投资项目的现金流量时,只考虑全部投资的运营情况,而不具体考虑和区分哪些是自有资金,哪些是借入资金,即使是借入资金也将其视为自有资金处理。

3.建设期投入全部资金假设。假设项目投资的资金都是在建设期投入的,在经营期没有投入。

4.经营期与折旧年限一致假设。假设项目的主要固定资产的折旧年限与使用年限的经营期相同。

5.假设现金流量均发生在年初和年末。为了便于利用资金时间价值,现金流量无论是流入还是流出,都假设只发生在年初和年末两个时点上。其中,投资都假设在年初或年末投入;项目所需流动资金均假设在项目建设期末投入;经营期内各年发生的收入、成本、折旧、利润、税金等项目的确认均假设在期末;项目最终报废清理所产生的现金流量均发生在经营期结束(更新改造项目除外);假设收入均为现金,购货均支付了现金。

（三）现金流量的内容

现金流量包括三项内容，即现金流出量、现金流入量和现金净流量。

1.现金流出量

一个方案的现金流出量是指由该方案所引起的企业现金支出的增加额，主要包括以下内容：

(1)建设投资。建设投资是指与形成生产经营能力有关的各种直接支出，包括固定资产投资、无形资产投资、开办费投资等的总和，它是建设期发生的主要现金流出量，其中，固定资产投资是所有类型投资项目注定要发生的内容。这部分现金流出随着建设进程的进行可能一次投入，也可能分次投入。

(2)流动资金投资。在完整的工业投资项目中，建设投资形成的生产经营能力要投入使用，会引起对流动资金的需求，主要是保证正常生产进行必要的存货储备占用等，这时企业要追加一部分流动资金投资。这部分流动资金投资属于垫支的性质，当投资项目结束时，一般会如数收回。

(3)经营成本。经营成本是指在经营期内为满足正常生产经营而动用现实货币资金支付的成本费用，又被称为付现的营运成本(或简称付现成本)。它是生产经营阶段最主要的现金流出项目。

(4)各项税款。各项税款是指项目投产后依法缴纳的、单独列示的税款，如消费税、所得税等。

(5)其他现金流出。其他现金流出是指不包括在以上内容中的现金流出项目，例如，项目所需投入的非货币资金的变现价值，项目投资可能会动用企业原有的资产，这时企业虽未直接支出现金，但原有资产的变现价值也要视为项目投资的现金流出。

2.现金流入量

一个方案的现金流入量是指由该方案所引起的企业现金收入的增加额，主要包括以下内容：

(1)营业收入。营业收入是指项目投产后每年实现的全部销售收入或业务收入。营业收入是经营期主要的现金流入项目。

(2)回收固定资产的余值。当投资项目的有效期结束后，残余的固定资产经过清理会得到一笔现金收入，如残值出售收入。同时，清理时还要支付清理费用，如清理人员的报酬。残值出售收入扣除清理费用后的净额，应当作为项目投资的一项现金流入。

(3)回收垫支的流动资金。当投资项目的有效期结束后，原先投入周转的流动资金可以转化成现金，用于其他方面，从而构成一项现金流入。

3.现金净流量

现金净流量又称为净现金流量，是指一定期间现金流入量减去现金流出量的差额。这里所说的“一定期间”一般是指一年期间，现金流入量大于现金流出量时，现金净流量为正值；反之，现金净流量为负值。现金净流量的计算公式为

$$现金净流量(NCF_t)=现金流入量-现金流出量$$

在实际工作中，具体计算某一投资项目的现金净流量时，可以采用编制现金流量表的形式进行。

项目投资决策中的现金流量表，是一种能够全面反映投资项目在其项目投资计算期内每

年的现金流入量和现金流出量的具体构成内容，以及现金净流量水平的报表。应当说明的是，它与财务会计中的现金流量表不但格式不同，而且作用也完全不同。以完整的工业投资项目为例，其现金流量表的具体格式见表 4-1。

表 4-1　　完整工业投资项目现金流量表　　单位：万元

项目计算期（第 t 年）	建设期		经营期						合计
	0	1	2	3	4	5	……	n	
一、现金流入量									
1.营业收入	×	×	√	√	√	√	√	√	Σ
2.回收固定资产余值	×	×	×	×	×	×	×	√	Σ
3.回收流动资金	×	×	×	×	×	×	×	√	Σ
4.其他现金流入量	×	×	?	?	?	?	?	?	Σ
5.现金流入量合计	0	0	Σ	Σ	Σ	Σ	Σ	Σ	Σ
二、现金流出量									
1.建设投资	√	×	×	×	×	×	×	×	Σ
2.流动资金投资	×	√	×	×	×	×	×	×	Σ
3.经营成本	×	×	√	√	√	√	√	√	Σ
4.各项税款	×	×	√	√	√	√	√	√	Σ
5.现金流出量合计	Σ	Σ	Σ	Σ	Σ	Σ	Σ	Σ	Σ
三、现金净流量	－	－	＋	＋	＋	＋	＋	＋	Σ

注：假设本项目的建设期为 1 年。表中“×”表示当年没有发生额；“√”表示当年有发生额；“?”表示当年可能有发生额；“Σ”表示求和；“－”表示数值为负值；“＋”表示数值为正值。

（四）现金流量的作用

以现金流量作为项目投资的重要价值信息，其主要作用在于：

1.现金流量信息所揭示的未来期间现实货币资金收支运动，可以序时动态地反映项目投资的流出与回收之间的投入产出关系，使决策者在投资主体的立场上，完整、准确、全面地评价具体投资项目的经济效益。

2.利用现金流量指标代替利润指标作为反映项目效益的信息，可以克服因贯彻财务会计的权责发生制原则而带来的计量方法和计算结果的不可比和不透明等问题。即由于不同的投资项目可能采取不同的固定资产折旧方法、存货估价方法或费用摊配方法，从而导致不同方案的利润信息相关性差、透明度不高和可比性差。

3.利用现金流量信息排除了非现金收付内部周转的资本运动形式，从而简化了有关项目投资决策评价指标的计算过程。

4.由于现金流量信息与项目投资计算期的各个时点密切结合，有助于在计算项目投资决策评价指标时应用资金时间价值的形式进行动态投资效果的综合评价。

七、现金流量的估算方法

在实际工作中，一般采用简化计算公式的形式计算现金净流量，即根据项目投资计算期不同阶段上的现金流入量和现金流出量的具体内容，直接计算各阶段的现金净流量。

1.初始现金流量

初始现金流量是指开始投资时发生的现金流量，一般包括固定资产投资、无形资产投资、垫支流动资金及固定资产更新时原有固定资产的变价收入等。建设期现金净流量的计算公式为

$$建设期现金净流量(NCF)=-原始投资额$$

2.营业现金流量

营业现金流量是指投资项目完工投入使用后，在其寿命周期内，由于生产经营所带来的现金流入和现金流出的数量。这种现金流量一般按年度进行计算。这里的现金流入主要是指营业现金流入和该年的回收额，而现金支出主要是指营业现金支出和缴纳的税金。营业现金净流量的计算公式为

$$\begin{aligned}营业现金净流量(NCF)&=营业收入-付现成本-所得税\\&=营业收入-(营业成本-折旧)-所得税\\&=营业利润+折旧-所得税\\&=净利润+折旧\end{aligned}$$

非付现成本是指不会引起现金流量变化的成本费用，如固定资产折旧等。在实际工作中，通常会使用营业现金流量计算表计算各期的现金净流量，格式见表4-2。

表 4-2　营业现金流量计算表

项　目	营业现金流量			
	第一年	第二年	……	第 n 年
营业收入				
－营业成本				
－折旧				
税前利润				
－所得税				
净利润				
＋折旧				
营业现金净流量				

3.终结现金流量

终结现金流量是指投资项目完结时所发生的现金流量，主要包括固定资产的残值收入或变价收入、原来垫支在各种流动资产上的流动资金回收和停止使用的土地变价收入。终结现金流量的计算公式为

$$终结现金流量=固定资产残值收入+回收垫支流动资金等$$

职业能力操作 4-1

海利公司计划新建一条生产线，建设投资需 500 万元，一年后建成，建成后使用期是 5 年，该公司固定资产采用直线法计提折旧，预计残值是原值的 10%。另外，为了使项目顺利开工，须追加垫支流动资金 100 万元，生产线投产以后预计每年可取得现金销售收入 830 万元，第一年的付现成本为 200 万元，以后每年增加修理费 20 万元，所得税税率为 25%，请计算该项目的现金流量。

【操作指导】

第一步，分析初始现金流量。

已知：固定资产投资是 500 万元，垫支营运资金是 100 万元。

所以：初始现金流量=−500−100=−600(万元)。

第二步，分析营业现金流量。

已知：每年折旧费=500×(1−10%)/5=90(万元)。

计算结果见表 4-3。

表 4-3　　海利公司营业现金流量计算表　　单位：万元

项　目	营业现金流量				
	第 2 年	第 3 年	第 4 年	第 5 年	第 6 年
营业收入	830	830	830	830	830
一付现成本	200	220	240	260	280
一折旧	90	90	90	90	90
税前利润	540	520	500	480	460
一所得税	135	130	125	120	115
净利润	405	390	375	360	345
十折旧	90	90	90	90	90
营业现金净流量	495	480	465	450	435

第三步，分析终结现金流量。

已知：固定资产净残值是 500×10%=50 万元，收回垫支的流动资金是 100 万元。

所以：终结现金流量=100+50=150(万元)。

职业能力操作 4-2

海利公司拟新建固定资产，该投资项目需要在建设期一次投入 400 万元，资金来源为银行借款，年利率为 10%，建设期为 1 年。该固定资产可使用 10 年，按直线法计提折旧，期满有净残值 40 万元。该固定资产投入使用后，可使经营期第 1～7 年每年产品销售收入(不含增值税)增加 320 万元，第 8～10 年每年产品销售收入(不含增值税)增加 280 万元，同时使第 1～10 年每年的付现成本增加 150 万元，假设该企业的所得税税率为 25%，不享受减免税优惠。投产后第 7 年年末，用净利润归还借款的本金，在还本之前的经营期内每年年末支付借款利息 40 万元，连续归还 7 年。

要求：根据上述资料计算该投资项目各年的现金净流量。

【操作指导】

项目计算期＝1＋10＝11(年)

固定资产原值＝400＋400×10％＝440(万元)

固定资产年折旧额＝(440－40)÷10＝40(万元)

经营期第1～7年每年总成本＝150＋40＋40＝230(万元)

经营期第8～10年每年总成本＝150＋40＝190(万元)

经营期第1～7年每年营业利润＝320－230＝90(万元)

经营期第8～10年每年营业利润＝280－190＝90(万元)

每年应交所得税＝90×25％＝22.5(万元)

每年净利润＝90－22.5＝67.5(万元)

NCF_0＝－400(万元)

NCF_1＝－0(万元)

$NCF_{2\sim8}$＝67.5＋40＋40＝147.5(万元)

$NCF_{9\sim10}$＝67.5＋40＝107.5(万元)

NCF_{11}＝67.5＋40＋40＝147.5(万元)

职业能力操作 4-3

海利公司打算变卖一套尚可使用5年的旧设备，另行购置一套新设备来替换它。取得新设备的投资额为72万元，旧设备的变价净收入为32万元，到第5年年末新设备与继续使用旧设备届时的预计净残值相等。使用新设备可使企业在5年内每年增加营业收入28万元，并增加付现成本10万元。设备采用直线法计提折旧。新、旧设备的替换不会妨碍企业的正常经营(更新设备的建设期为零)。假定企业所得税税率为25％。根据上述资料计算现金净流量。

【操作指导】

更新设备比继续使用旧设备增加的投资额＝72－32＝40(万元)

经营期每年折旧的变动额＝40÷5＝8(万元)

经营期每年总成本的变动额＝10＋8＝18(万元)

经营期每年营业利润的变动额＝28－18＝10(万元)

经营期每年所得税的变动额＝10×25％＝2.5(万元)

经营期每年净利润的变动额＝10－2.5＝7.5(万元)

项目计算期各年现金净流量分别为

NCF_0＝－40(万元)

$NCF_{1\sim5}$＝7.5＋8＝15.5(万元)

工作任务 2 决策评价指标计算分析

一、项目投资决策评价指标的含义及其分类

（一）项目投资决策评价指标的含义

投资项目的现金净流量计算出来后，应采用适当的指标进行评价。项目投资决策评价指标是指用于衡量和比较投资项目可行性，以便进行方案决策的定量化标准与尺度，它由一系列综合反映投资效益、投入产出关系的量化指标构成。项目投资决策评价指标较多，这里主要从财务评价的角度介绍投资利润率、投资回收期、净现值、净现值率、现值指数、内含报酬率等指标。

（二）项目投资决策评价指标的分类

1.按其是否考虑资金时间价值，分为非折现评价指标和折现评价指标。非折现评价指标是指在计算过程中不考虑资金时间价值因素的指标，又称为静态指标，包括投资利润率、静态投资回收期等。折现评价指标是指在计算过程中充分考虑和利用资金时间价值因素的指标，又称为动态指标，包括净现值、净现值率、现值指数、内含报酬率等。

2.按其性质不同，分为正指标和反指标。投资利润率、净现值、净现值率、现值指数和内含报酬率属于正指标，在评价决策中，这些指标值越大越好。投资回收期属于反指标，在评价决策中，这类指标值越小越好。

3.按其数量特征的不同，分为绝对指标和相对指标。绝对指标包括以时间为计量单位的投资回收期指标和以价值量为计量单位的净现值指标。相对指标除现值指数用指数形式表现外，大多为百分比指标。

4.按其在决策中所处的地位，分为主要指标、次要指标和辅助指标。净现值、净现值率、现值指数、内含报酬率等为主要指标，投资回收期为次要指标，投资利润率为辅助指标。

二、非折现评价指标的含义、特点及计算方法

微课 14

项目投资决策评价指标-非折现评价指标

为便于说明各类决策评价指标的含义、特点及计算方法，现给出简例资料如下：

职业能力操作 4-4

海利公司现有甲、乙两个项目投资方案，甲方案初始需投资 15 000 元，建设期为 0，使用寿命为 5 年，无须垫支流动资金，采用直线法计提折旧，5 年后设备清理无净残值，5 年中每年增加的销售收入为 7 000 元，付现成本为 2 000 元。乙方案初始需投资 12 000 元，另需垫支流动资金 3 000 元，于初始投入（设备清理时收回），建设期为 0，采用直线法计提折旧，使用寿命为 5 年，5 年后设备清理净残值收入为 2 000 元，5 年中每年增加的销售收入为 8 000 元，付现成本第一年为 3 000 元，以后随着设备日渐陈旧，将逐年增加修理费 400 元。假设所得税税率为 25%。

现采用简化计算公式的形式计算两个方案的现金净流量。计算结果见表4-4。

表4-4　　投资方案现金净流量计算表　　单位：元

项　目	第0年	第1年	第2年	第3年	第4年	第5年
甲方案						
固定资产投资	－15 000					
税后利润		1 500	1 500	1 500	1 500	1 500
折旧		3 000	3 000	3 000	3 000	3 000
现金净流量	－15 000	4 500	4 500	4 500	4 500	4 500
乙方案						
固定资产投资	－12 000					
流动资金垫支	－3 000					
税后利润		2 250	1 950	1 650	1 350	1 050
折旧		2 000	2 000	2 000	2 000	2 000
固定资产残值						2 000
流动资金回收						3 000
现金净流量	－15 000	4 250	3 950	3 650	3 350	8 050

（一）投资利润率

投资利润率又称为投资报酬率（记作 *ROI*），是指达到正常生产年度利润或年平均利润占项目投资总额的比率。其计算公式为

$$投资利润率(ROI)=\frac{年平均利润}{项目投资总额}\times 100\%$$

【操作指导】

根据前述资料所示，海利公司甲、乙两个方案的投资利润率计算如下：

$$甲方案投资利润率=\frac{1\ 500}{15\ 000}\times 100\%=10\%$$

$$乙方案投资利润率=\frac{(2\ 250+1\ 950+1\ 650+1\ 350+1\ 050)/5}{12\ 000+3\ 000}\times 100\%=11\%$$

采用投资利润率指标进行项目投资决策的标准：投资项目的投资利润率越高越好，低于无风险投资利润率的方案为不可行方案。

投资利润率指标具有简单、明了、易于掌握的优点，且该指标不受建设期的长短、投资方式、回收额的有无以及现金净流量的大小等条件的影响，能够说明各投资方案的收益水平。该指标有三个缺点：一是没有考虑资金时间价值因素，不能正确反映建设期及投资方式对项目的影响；二是该指标分子分母的时间特征不一致，因而在计算口径上可比基础较差；三是该指标的计算无法直接利用现金净流量信息。

（二）静态投资回收期

投资者总是希望能够尽快地收回投资，投资回收期越短，对投资者越有利。静态投资回收期（简称回收期），是指以投资项目经营现金净流量抵偿原始总投资所需要的全部时间。它有“包括建设期的投资回收期（记作 PP）”和“不包括建设期的投资回收期（记作 PP'）”两种形式，二者的关系为

$$PP = \text{建设期} + PP'$$

这里仅以包括建设期的投资回收期为例进行介绍。静态投资回收期指标的计算有公式法和列表法两种方法。

1.公式法

如果某一项目投资均集中发生在建设期内，经营期每年的现金净流量相等且其合计大于或等于原始投资额，则包括建设期的投资回收期的计算公式为

$$\text{投资回收期}(PP) = \text{建设期} + \frac{\text{原始投资额合计}}{\text{经营期每年相等的现金净流量}}$$

【操作指导】

根据前述资料所示，海利公司甲方案的投资回收期计算如下：

$$\text{甲方案投资回收期}(PP) = 0 + \frac{15\ 000}{4\ 500} = 3.33(\text{年})$$

2.列表法

如果经营期每年的现金净流量不相等，则应通过列表法计算静态回收期。列表法是指通过列表计算“累计现金净流量”的方式，来确定包括建设期的投资回收期的方法。因为不论在什么情况下，都可以通过这种方法来确定静态投资回收期，所以此方法又称为一般方法。

列表法的原理是按照回收期的定义，包括建设期的投资回收期满足

$$\sum_{t=0}^{pp} NCF_t = 0$$

这表明在财务现金流量表的“累计现金净流量”一栏中，包括建设期的投资回收期恰好是累计现金净流量为零的年限。

如果无法在“累计现金净流量”栏上找到零，则包括建设期的投资回收期为

$$\begin{array}{c}\text{投资回}\\\text{收期}(PP)\end{array} = \begin{array}{c}\text{最后一项为负值的累计}\\\text{现金净流量对应的年数}\end{array} + \frac{\text{最后一项为负值的累计现金净流量绝对值}}{\text{下年现金净流量}}$$

【操作指导】

根据前述资料所示，海利公司乙方案的投资回收期计算如下：

乙方案每年的营业现金净流量不相等，需先列表计算其各年尚未收回的投资额，然后计算投资回收期，见表 4-5。

表 4-5　　海利公司现金净流量计算表　　单位：元

年度	每年现金净流量	累计现金净流量	年末尚未收回的投资额
0	−15 000	−15 000	15 000
1	4 250	−10 750	10 750

（续表）

年度	每年现金净流量	累计现金净流量	年末尚未收回的投资额
2	3 950	−6 800	6 800
3	3 650	−3 150	3 150
4	3 350	200	—
5	8 050	8 250	—

$$\text{乙方案投资回收期}(PP)=3+\frac{15\ 000-11\ 850}{3\ 350}=3.94(\text{年})$$

企业进行投资评价时，首先要将投资方案回收期同期望回收期相比较，如果投资方案回收期小于等于期望回收期，则此方案可以采纳；否则不可以采纳。如果同时有几个投资方案可供选择，则应该比较各个投资方案的回收期，先取短者。

投资回收期的优点也是能够直观地反映原始总投资的返本期限，便于计算和理解，主要缺点在于：(1)没有考虑资金时间价值；(2)只考虑了回收期内的现金净流量，没有考虑回收期满后的现金净流量。所以，它有一定的局限性，一般只能作为项目投资决策的次要指标使用。

三、折现评价指标的含义、特点及计算方法

微课 15

项目投资决策评价指标-折现评价指标

（一）净现值

净现值（记作 NPV），是指在项目计算期内，按选定的折现率计算的各年现金净流量的现值的代数和。其计算公式为

$$\text{净现值}=\sum(\text{项目计算期内各年的现金净流量}\times\text{复利现值系数})$$

在原始投资均集中在建设期初一次性投入、其余时间不再发生投资的情况下，净现值是指按选定的折现率计算的项目投产后各年现金净流量的现值之和减去初始投资后的余额。其计算公式为

$$\text{净现值}=\sum(\text{项目投产后各年的现金净流量}\times\text{复利现值系数})-\text{初始投资额}$$

采用净现值指标进行项目投资决策的标准是：净现值≥0 为可行方案，净现值<0 为不可行方案。如果几个投资方案的初始投资额相等，且净现值都是正数，那么净现值最大的方案为最优方案。如果几个投资方案的初始投资额不相等，则不宜采用净现值，可采用其他评价指标（如净现值率等）进行分析和评价。

【操作指导】

根据前述资料所示，海利公司甲、乙两个方案的净现值计算如下：

甲方案投入使用后每年的现金净流量相等，可按年金现值一次计算。折现率为 14%，期限为 5 年，查表得年金现值系数为 3.433 1，则甲方案的净现值计算如下：

$$\text{甲方案净现值}=4\ 500\times3.433\ 1-15\ 000=448.95(\text{元})$$

乙方案投入使用后每年的现金净流量不相等，可按复利现值进行计算。折现率为14%，期限为5年，各年的复利现值系数查表可得，则乙方案的净现值计算如下：

$$
\begin{aligned}
\text{乙方案净现值} &= 4\,250\times0.877\,2+3\,950\times0.769\,5+3\,650\times0.675\,0+3\,350\times \\
&\quad 0.592\,1+8\,050\times0.519\,4-(12\,000+3\,000) \\
&= 396.08(\text{元})
\end{aligned}
$$

通过上面计算可以看出，两个方案的净现值均大于零，故都是可行的方案。

应当指出的是，在项目评价中，正确地选择折现率至关重要，它直接影响项目评价的结论。如果选择的折现率过低，则会导致一些经济效益较差的项目得以通过，从而浪费了有限的社会资源；如果选择的折现率过高，则会导致一些效益较好的项目不能通过，从而使有限的社会资源不能充分发挥作用。在实务中，一般采用以下几种方法来选定项目的折现率：

(1)以投资项目的资本成本作为折现率。

(2)以投资的机会成本作为折现率。

(3)根据不同阶段采用不同的折现率。在计算项目建设期现金净流量现值时，以贷款的实际利率作为折现率；在计算项目经营期现金净流量时，以全社会资金平均收益率作为折现率。

(4)以行业平均资金收益率作为项目折现率。

净现值的优点：一是考虑了资金时间价值，能够反映各种投资方案的净收益，增强了投资经济性的评价；二是考虑了项目计算期的全部现金净流量，体现了流动性与收益性的统一；三是考虑了投资风险性，因为折现率的大小与风险的高低有关，风险越高，折现率也就越高。因而用净现值指标进行评价的方法是一种较好的方法。其缺点是不能揭示各个投资方案本身可能达到的实际报酬率是多少，当各个投资方案的投资额不相同时，单纯看净现值的绝对值就不能做出正确的评价。因此，应结合其他指标进行评价。

（二）净现值率

净现值率(记作 *NPVR*)，是指投资项目的净现值占原始投资现值总额的百分比，即单位投资现值的净现值。它反映了单位投资现值所能实现的净现值大小。通常它是作为净现值的辅助指标来使用的。其计算公式为

$$
\text{净现值率}=\frac{\text{投资项目净现值}}{\text{原始投资现值总额}}\times100\%
$$

【操作指导】

根据前述资料所示，海利公司甲、乙两个方案的净现值率计算如下：

$$
\text{甲方案净现值率}=\frac{448.95}{15\,000}\times100\%=2.99\%
$$

$$
\text{乙方案净现值率}=\frac{396.08}{15\,000}\times100\%=2.64\%
$$

净现值率是一个折现的相对量评价指标，采用净现值率的决策标准与净现值是相同的。其优点在于可以从动态的角度反映项目投资的资金投入与净产出之间的关系，其缺点与净现值指标相似，同样无法直接反映投资项目的实际报酬率。

（三）现值指数

现值指数（记作 PI），是指按选定的折现率计算的项目投产后各年现金净流量的现值之和与原始投资现值总额之比。其计算公式为

$$现值指数=\frac{项目投产后各年现金净流量现值之和}{原始投资现值总额}=净现值率+1$$

【操作指导】

根据前述资料所示，海利公司甲、乙两个方案的现值指数计算如下：

$$甲方案现值指数=\frac{15\ 448.95}{15\ 000}=1.029\ 9$$

$$乙方案现值指数=\frac{15\ 396.08}{15\ 000}=1.026\ 4$$

采用现值指数这一指标进行项目投资决策评价的标准是：如果投资方案的现值指数大于1，该方案为可行方案；如果投资方案的现值指数小于1，该方案为不可行方案；如果几个投资方案的现值指数均大于1，那么现值指数越大，投资方案越好。但在采用现值指数进行互斥方案的选择时，其正确的选择原则不是选择现值指数最大的方案，而是在保证现值指数大于1的条件下，使追加投资所得的追加收入最大化。

现值指数的优缺点与净现值基本相同，但有一个重要的区别是，现值指数可从动态的角度反映项目投资的资金投入与总产出之间的关系，可以弥补净现值在投资额不同方案之间不能比较的缺陷，使投资方案之间可直接用现值指数进行对比。其缺点除了无法直接反映投资项目的实际报酬率外，计算起来比净现值指标复杂，计算口径也不一致。因此，在实务中通常并不要求直接计算现值指数，如果需要考核这个指标，可在求得净现值率的基础上推算出来。

（四）内含报酬率

微课 16

内含报酬率法

内含报酬率又称内部收益率（记作 IRR），它是使投资项目的净现值等于零的折现率。内含报酬率反映了投资项目的实际报酬率，越来越多的企业使用该指标对投资项目进行评价。内含报酬率的计算过程如下：

（1）如果每年的现金净流量相等，则按下列步骤计算：

第一步：计算年金现值系数。

$$年金现值系数=\frac{初始投资额}{每年现金净流量}$$

第二步：查年金现值系数表，在相同的期数内，找出与上述年金现值系数相邻近的较大和较小的两个折现率。

第三步：根据上述两个邻近的折现率和已求得的年金现值系数，采用插值法计算出该投资项目的内含报酬率。

(2)如果每年的现金净流量不相等,则按下列步骤计算:

第一步:先预估一个折现率,并按此折现率计算净现值。如果计算出的净现值为正数,则表明预估的折现率小于该投资项目的实际内含报酬率,应予提高,再进行测算;如果计算出的净现值为负数,则表明预估的折现率大于该投资项目的实际内含报酬率,应予降低,再进行测算。经过如此反复的测算,找到净现值由正到负并且比较接近于零的两个折现率。

第二步:根据上述两个邻近的折现率再采用插值法,计算出投资项目的实际内含报酬率。

【操作指导】

根据前述资料所示,海利公司甲、乙两个方案的内含报酬率计算如下:

甲方案的每年现金净流量相等,可以采用下列方法计算其内含报酬率:

$$\text{年金现值系数}=\frac{15\ 000}{4\ 500}=3.333\ 3$$

查年金现值系数表,现用插值法计算如下:

$$\text{甲方案内含报酬率}=14\%+\frac{3.333\ 3-3.433\ 1}{3.274\ 3-3.433\ 1}\times 2\%=15.26\%$$

乙方案的每年现金净流量不相等,因而,必须逐次进行测算,测算过程见表 4-6。

表 4-6　内含报酬率计算表　　单位:元

年度	每年现金净流量	测试 14%		测试 16%	
		复利现值系数	现值	复利现值系数	现值
0	−15 000	1.000 0	−15 000	1.000 0	−15 000
1	4 250	0.877 2	3 728.1	0.862 1	3 663.925
2	3 950	0.769 5	3 039.525	0.743 2	2 935.64
3	3 650	0.675 0	2 463.75	0.640 7	2 338.555
4	3 350	0.592 1	1 983.535	0.552 3	1 850.205
5	8 050	0.519 4	4 181.17	0.476 1	3 832.605
净现值	—	—	396.08	—	−379.07

在表 4-6 中,先按 14%的折现率进行测算,净现值为正数;再把折现率调高到 16%进行第二次测算,净现值为负数,这说明该项目的内含报酬率一定为 14%～16%。现用插值法计算如下:

$$\text{乙方案内含报酬率}=14\%+\frac{0-396.08}{(-396.08-379.07)}\times 2\%=15.02\%$$

内含报酬率是折现的相对量正指标,采用这一指标进行项目投资决策的标准是:将所测算的各方案的内含报酬率与其资本成本对比,如果投资方案的内含报酬率大于其资本成本,该方案为可行方案;如果投资方案的内含报酬率小于其资本成本,该方案为不可行方案。如果几个投资方案的内含报酬率都大于其资本成本,且各方案的投资额相同,那么内含报酬率与资本成本之间差异最大的方案最好;如果几个投资方案的内含报酬率均大于其资本成本,但各方案的原始投资额不等,其进行项目投资决策的标准应是“投资额×(内含报酬率−资本成本)”最大的方案为最优方案。

内含报酬率的优点是非常注重资金时间价值,能从动态的角度直接反映投资项目的实际收益水平,且不受行业基准收益率高低的影响,比较客观。但该指标的计算过程比较麻烦,当进入生产经营期又发生大量追加投资时,就有可能导致多个高低不同的内含报酬率出现,依据多个内含报酬率进行评价就会失去实际意义。

以上介绍的净现值、净现值率、现值指数、内含报酬率四个指标,都属于折现评价指标,它们之间存在以下数量关系,即

当净现值>0时,净现值率>0,现值指数>1,内含报酬率>设定折现率;

当净现值=0时,净现值率=0,现值指数=1,内含报酬率=设定折现率;

当净现值<0时,净现值率<0,现值指数<1,内含报酬率<设定折现率。

此外,净现值率的计算需要在已知净现值的基础上进行,内含报酬率在计算时也需要利用净现值的计算技巧或形式。这些指标都会受到建设期的长短、投资方式以及各年现金净流量的数量特征的影响。所不同的是净现值为绝对量指标,其余为相对量指标,计算净现值、净现值率和现值指数所依据的折现率都是事先已知的设定折现率,而内含报酬率的计算本身与设定折现率的高低无关。

工作任务3　决策评价指标的应用

一、单一独立方案可行性评价原则

1.如果某个投资项目的主要指标和次要、辅助指标结论均为可行,则可以断定该投资项目完全具备财务可行性。

2.若主要指标结论可行,而次要或辅助指标结论不可行,则基本具备财务可行性。

3.若主要指标结论不可行,而次要或辅助指标结论可行,则基本不具备财务可行性。

4.若主要指标结论不可行,次要或辅助指标结论也不可行,则完全不具备财务可行性。

5.利用净现值、净现值率、获利指数和内部收益率指标对同一个独立项目进行评价,会得出完全相同的结论。

二、多个互斥方案的优选原则

1.当原始投资相同且项目投资计算期相等时,可以选择净现值大的方案作为最优方案。

2.当原始投资不相同时,选择净现值率最大的方案作为最优方案。

3.当项目投资计算期不相等时,使用年均净现值法决策。

大部分项目投资都会涉及两个或两个以上的寿命不等的方案选择问题。由于项目投资寿命不等,因而就不能对它们的净现值、现值指数、内含报酬率进行直接比较。年均净现值法是把项目投资总的净现值转化为项目投资每年的平均净现值,并由此比较大小做出选择。年均净现值的计算公式为

$$ANPV = NPV / PVIFA_{k,n}$$

式中:$ANPV$——年均净现值;

NPV——净现值;

$PVIFA_{k,n}$——建立在公司资本成本和项目投资寿命周期基础上的年金现值系数。

【操作指导】

根据前述资料所示，假设海利公司甲方案的投资寿命期改为7年，初始投资改为18 860元，其他条件不变，那么甲、乙两个方案的年均净现值计算如下：

甲方案：$NPV_{甲}=4\,500\times(P/A,14\%,7)-18\,860$

$=4\,500\times4.288\,3-18\,860$

$=437.35$（元）

则 $ANPV_{甲}=NPV_{甲}/PVIFA_{14\%,7}$

$=437.35\div4.288\,3$

$=101.99$（元）

乙方案：前面已知 $NPV_{乙}=396.08$（元）

则 $ANPV_{乙}=NPV_{乙}/PVIFA_{14\%,5}$

$=396.08\div3.433\,1$

$=115.37$（元）

项目投资的净现值表明甲方案优于乙方案，应选用甲方案。但这种分析是不完全的，因为没有考虑两个项目投资寿命期是不同的。从上面的计算可以看出，乙方案的年均净现值比甲高，即 $ANPV_{乙}>ANPV_{甲}$，所以，海利公司应选用乙方案。

三、多项目组合决策原则

1.在资金总量不受限制的情况下，将所有净现值大于0的方案进行组合，可按每个项目的净现值大小来排队，确定优先考虑的项目顺序。

2.在资金总量受到限制时，则需按净现值率或获利指数的大小，结合净现值进行各种组合排队，从中选出能使净现值最大的最优组合。

总之，在主要考虑投资效益的条件下，多方案比较决策的主要依据，就是能否保证在充分利用资金的前提下，获得尽可能多的净现值总量。

职业能力训练

一、单项选择题

1.投资项目的建设起点与终结点之间的时间间隔称为（　　）。

A.项目计算期　　B.生产经营期　　C.建设期　　D.试产期

2.企业投资20万元购入一台设备，预计投产后每年获利4万元，固定资产年折旧额2万元，则投资回收期为（　　）年。

A.6.7　　B.10　　C.3.33　　D.5

3.净现值与现值指数相比，其缺点是（　　）。

A.考虑了资金时间价值　　B.考虑了投资风险价值

C.不便于投资额相同的方案的比较　　D.不便于投资额不同的方案的比较

4.当净现值为零时，则可说明(　　)。

A.投资方案无收益　　B.投资方案只能获得平均利润

C.投资方案只能收回投资　　D.投资方案亏损，应拒绝接受

5.下列项目投资决策评价指标中，其数值越小越好的指标是(　　)。

A.净现值率　　B.投资回收期

C.内含报酬率　　D.投资利润率

二、多项选择题

1.在经营期内的任何一年中，该年的现金净流量等于(　　)。

A.原始投资的负值　　B.原始投资与资本化利息之和

C.该年现金流入量与流出量之差　　D.该年利润、折旧、摊销额和利息之和

2.项目投资决策中，可用来作为折现率的指标有(　　)。

A.资本成本率　　B.投资的机会成本率

C.社会平均资金利润率　　D.行业平均资金利润率

3.当新建项目的建设期不为零时，建设期内各年的现金净流量可能(　　)。

A.小于0　　B.等于0

C.大于0　　D.大于1

4.如果某一投资项目的净现值=0，则下列说法中，正确的有(　　)。

A.该投资项目的获利指数=1　　B.该投资项目的净现值率=0

C.该投资项目的内含报酬率等于设定的折现率　　D.该投资项目的投资利润率=0

5.适用于评价原始投资额不相同的互斥型投资方案的方法是(　　)。

A.投资回收期　　B.净现值法

C.差额投资内部收益率法　　D.年等额净回收额法

三、简答题

1.简述净现值法的优缺点。

2.简述现值指数与内含报酬率之间的异同。

3.简述贴现指标之间的关系。

四、计算题

1.丽华企业拟购置一台设备，购入价为200 000元，预计可使用5年，净残值为8 000元，假设资本成本率为10%，投产后每年可增加净利50 000元。

要求：

(1)用直线法计算该项设备的各年折旧额。

(2)列式计算该投资方案的净现值。

(3)列式计算该投资方案的现值指数。

2.万利企业准备购入一台设备以扩充生产能力。现有甲、乙两个方案可供选择。甲方案需投资20 000元，使用寿命为5年，采用直线法计提折旧，5年后无残值，5年中每年可实现销售收入15 000元，每年付现成本为5 000元。乙方案需投资30 000元，采用直线法计提折旧，使用寿命也是5年，5年后有残值收入4 000元，5年中每年销售收入为17 000元，付现成本第1年为5 000元，以后逐年增加修理费用200元，另需垫支营运资金3 000元。假设所得税税率为25%，资本成本率为12%。

要求：

(1)计算两个方案的现金流量。

(2)计算两个方案的净现值。

(3)计算两个方案的现值指数。

(4)计算两个方案的内含报酬率。

(5)计算两个方案的投资回收期。

(6)试判断应采用哪个方案。

3.利达公司某项目建设期为一年，在建设起点进行固定资产投资共 150 万元，建设期资本化利息 10 万元，建设期期末垫支流动资金 30 万元。项目使用寿命为 5 年，期满净残值为 10 万元，同时收回全部流动资金，使用直线法计提折旧。项目投产后，每年可获营业收入 200 万元，付现成本 50 万元，同时经营期每年支付借款利息 20 万元。假定企业所得税税率为 25%，资本成本率为 10%。

要求：

(1)计算项目投资计算期内各年现金净流量。

(2)计算该项目的净现值、净现值率、现值指数和投资回收期，并评价项目的可行性。

子项目二　证券投资管理决策

任务引例　首批 1000 亿元抗疫特别国债发行！　特别国债直达基层惠企利民

作为 2020 年积极财政政策的一项重要举措，6 月 18 日，财政部采取市场化方式，公开招标发行首批 1000 亿元抗疫特别国债。个人投资者也可参与，且免征利息所得税。根据要求，抗疫特别国债资金将直达市县，支持地方落实帮扶受新冠肺炎疫情冲击最大的中小微企业、个体工商户和困难群众的措施，加强公共卫生等基础设施建设和用于抗疫相关支出等。

特殊时期采取特殊举措。自 3 月 27 日中央政治局会议明确发行特别国债以来，特别国债一直受到广泛关注。今年的《政府工作报告》进一步明确，今年赤字率拟按 3.6%以上安排，财政赤字规模比去年增加 1 万亿元，同时发行 1 万亿元抗疫特别国债。

6 月 18 日，财政部成功招标发行 2020 年抗疫特别国债一期和二期。其中，一期为 5 年期固定利率附息债，发行量 500 亿元，票面利率 2.41%；二期为 7 年期固定利率附息债，发行量 500 亿元，票面利率 2.71%；投标倍数分别为 2.5 倍、2.76 倍，投资者认购积极踊跃。根据安排，这两期国债在招标后，6 月 19 日开始计息，23 日起上市交易，每年 6 月 19 日支付利息。

抗疫特别国债利息由中央财政全额负担，本金由中央财政偿还 3000 亿元，地方财政偿还 7000 亿元。此外，抗疫特别国债收支纳入政府性基金预算管理。

（摘自：经济日报 2020—06—19 作者：曾金华）

工作任务1　认识证券投资

证券是指票面载有一定金额，代表财产所有权或债权，可以有偿转让的凭证，如债券、股票、短期融资券等。证券投资是指企业以购买股票、债券的方式或以现金、实物资产、无形资产等方式向企业以外的其他经济实体进行的投资。其目的是获取投资收益、分散经营风险、加强企业间联合、控制或影响其他企业。

一、证券投资的种类

根据证券投资的对象，将证券投资分为债券投资、股票投资、基金投资和组合投资。

1.债券投资

债券投资是指企业将资金投向各种各样的债券，例如，企业购买国库券、公司债券和短期融资券等都属于债券投资。与股票投资相比，债券投资能获得稳定收益，投资风险较低。

2.股票投资

股票投资是指企业将资金投向其他企业所发行的股票，将资金投向优先股、普通股都属于股票投资。企业投资于股票，尤其是投资于普通股股票，要承担较大风险，但在通常情况下，也会取得较高收益。

3.基金投资

基金投资是一种利益共享、风险共担的集合投资方式，即通过发行基金股份或受益凭证等有价证券聚集众多的不确定投资者的出资，交由专业投资机构经营运作，以规避投资风险并谋取投资收益的证券投资工具。与股票相比，投资基金能在风险较低的情况下获得较高收益。

4.组合投资

组合投资又叫证券投资组合，是指企业将资金同时投资于多种证券，例如，既投资于国库券，又投资于企业债券，还投资于企业股票。组合投资可以有效地分散投资风险，是企业等法人进行证券投资时常用的有效方式。

微课17

证券投资风险漫谈

二、证券投资风险

风险、收益是财务管理中最基本的概念，对于证券投资更是如此。证券投资风险是指投资者在证券投资过程中遭受损失或达不到期望收益的可能性。证券投资风险可以分为两类，即心理风险和经济风险。心理风险是指证券投资可能对投资者心理上造成的伤害；经济风险则是由种种因素的影响而给投资者造成经济损失的可能性。对投资者而言，心理风险和经济风险具有同等的重要性。但心理风险通常取决于个别投资者的心理素质与承受能力的强弱，并且难以衡量，故大多数情况下谈及投资风险仅就经济风险而展开。证券投资风险主要来源于以下几个方面：

1.违约风险

违约风险是指证券发行人无法按期支付利息或偿还本金的风险。一般而言，政府发行的证券违约风险较小，金融机构发行的证券次之，而企业发行证券的违约风险最大。造成企业发行证券违约的原因主要有以下几个方面：(1)政治、经济形势发生重大变动；(2)发生自然灾害，如水灾、火灾等；(3)企业经营管理不善、成本高、浪费大；(4)企业在市场竞争中失败，主要顾客消失；(5)企业财务管理失败，不能及时清偿到期债务。

2.利率风险

由于利率的变动而引起证券价格波动，投资者遭受损失的风险，叫利率风险。证券价格随利率的变动而变动。若利率下降，则证券价格上升；若利率上升，则证券价格下跌。不同期限的证券，利率风险不一样，有价证券持有的期限越长，其利率风险就越大。

3.购买力风险

购买力风险又称为通货膨胀风险，是指由于通货膨胀而使证券到期或出售时所获得的货币资金的购买力降低的风险。在通货膨胀期间，购买力风险对于投资者而言相当重要。一般情况下，预期报酬率会上升的资产，其购买力风险会低于报酬率固定的资产。例如，房地产、普通股等投资受到的影响较小，而收益长期固定的债券受到的影响较大，前者更适合作为减少通货膨胀损失的避险工具。

4.变现风险

变现风险又称为流动性风险，是指投资者不能按一定的价格及时卖出有价证券收回现金而承担的风险。这就是说，如果投资者遇到另一个更好的投资机会，他想出售现有资产以便再投资，但短期内找不到愿意出合理价格的买主，要把价格降得很低才能找到买主，或者要花很长时间才能找到买主，他不是丧失新的机会就是蒙受折价损失。例如，某人买了一种冷门债券，当他想在短期内出售时，就只好折价。如果他当初买的是国库券，并且国库券有一个活跃的市场，就可以在极短的时间里以合理的市场价格将其售出。

5.期限性风险

由于证券期限长而给投资者带来的风险，叫作期限性风险。一项投资，到期日越长，投资者遭受的不确定因素就越多，承担的风险越大。例如，同一家企业发行的十年期债券要比一年期债券的风险大，这便是证券的期限性风险。

三、基金投资

基金投资是一种利益共享、风险共担的集合投资方式，即通过发行基金股份或受益凭证等有价证券，聚集众多不确定投资者的出资，交由专业投资机构经营运作，以规避投资风险并谋取投资收益的证券投资工具。基金投资是以投资基金为运作对象的投资方式。

投资基金是一种有价证券，但它与股票、债券不同，其特点主要表现在以下几个方面：

(1)发行的主体不同，体现的权利关系也不同。投资基金证券是由基金发起人发行的，投资基金证券投资者与发起人之间是一种契约关系，投资者与发起人都不参与基金的运营管理，而是委托基金管理人进行运营。受托的管理人根据“受人之托，代人理财，忠实服务，科学运营”的原则，按基金章程规定的投资限制，自主运用基金，以保证投资者有较丰厚的收益。发起人与管理人、托管人之间完全是一种信托契约关系，这种关系与股票、债券所体现的关系具有明显的区别。

(2)风险和收益不同。投资基金由投资专家组成的专门投资机构进行投资组合管理，具有一定的规模，这种组合以降低风险为出发点，其风险小于股票投资的风险，但仍属于冒险的投资项目，其风险大于债券投资。由于投资基金的风险不固定，其收益也是不固定的，一般小于股票投资，大于债券投资。

(3)存续时间不同。投资基金都有一定的存续时间,期满即终止,但是投资基金经持有人大会或基金公司董事会决定可以提前终止,也可以期满再延续。这一点与债券、股票也有明显的区别。

(一)投资基金的种类

1.根据组织形态的不同,可分为契约型基金和公司型基金

(1)契约型基金

契约型基金又称为单位信托基金,是指把受益人(投资者)、管理人、托管人三者作为基金的当事人,由管理人与托管人通过签订信托契约的形式发行受益凭证而设立的一种基金。契约型基金由基金管理人负责基金的管理操作,由基金托管人作为基金资产的名义持有人,负责基金资产的保管和处置,对基金管理人的运作实行监督。

(2)公司型基金

公司型基金是按照《公司法》以公司形态组成的,它以发行股份的方式募集资金,一般投资者购买该公司的股份为认购基金,也就成为该公司的股东,凭其持有的基金份额依法享有投资收益。

(3)契约型基金与公司型基金的比较

①资金的性质不同。契约型基金的资金是信托财产,公司型基金的资金为公司法人的资本。

②投资者的地位不同。契约型基金的投资者购买受益凭证后成为契约基金的当事人之一,即受益人;公司型基金的投资者购买基金公司的股票后成为该公司的股东,以股息或红利的形式取得收益。因此,契约型基金的投资者没有管理基金公司资产的权利,而公司型基金的股东通过股东大会和董事会享有管理基金公司资产的权利。

③基金的运营依据不同。契约型基金依据基金契约运营基金,公司型基金依据基金公司章程运营基金。

2.根据变现方式的不同,可分为封闭式基金和开放式基金

(1)封闭式基金

封闭式基金是指基金的发起人在设立基金时,限定了基金单位的发行总额,筹集到总额后,基金即宣告成立,并进行封闭,在一定时期内不再接受新的投资。基金单位的流通采取在交易所上市的办法,通过二级市场进行竞价交易。

(2)开放式基金

开放式基金是指基金发起人在设立基金时,基金单位的总数是不固定的,可视经营策略和发展需要追加发行。投资者也可根据市场状况和各自的投资决策,或者要求发行机构按现期净资产值扣除手续费后赎回股份或受益凭证,或者再买入股份或受益凭证,增加基金单位份额的持有比例。

(3)封闭式基金与开放式基金的比较

①期限不同。封闭式基金通常有固定的封闭期,而开放式基金没有固定期限,投资者可随时向基金管理人赎回。

②基金单位的发行规模要求不同。封闭式基金在招募说明书中列明其基金规模,开放式基金没有发行规模限制。

③基金单位转让方式不同。封闭式基金的基金单位在封闭期限内不能要求基金公司赎

回。开放式基金的投资者则可以在首次发行结束一段时间(多为 3 个月)后,随时向基金管理人或中介机构提出购买或赎回申请。

④基金单位的交易价格计算标准不同。封闭式基金的买卖价格受市场供求关系的影响,并不必然反映公司的净资产值。开放式基金的交易价格则取决于基金的每单位资产净值的大小,基本不受市场供求影响。

⑤投资策略不同。封闭式基金的基金单位数不变,资本不会减少,因此基金可进行长期投资。开放式基金因基金单位可随时赎回,为应付投资者随时赎回兑现,基金资产不能全部用来投资,更不能将全部资本进行长线投资,必须保持基金资产的流动性。

3.根据投资标的不同,可分为股票基金、债券基金、货币基金、期货基金、期权基金、认股权证基金和专门基金

(1)股票基金

股票基金是所有基金品种中最为流行的一种类型,它是指投资于股票的投资基金,其投资对象通常包括普通股和优先股,其风险程度较个人投资股票市场要低得多,且具有较强的变现性和流动性,因此它也是一种比较受欢迎的基金类型。

(2)债券基金

债券基金是指投资管理公司为稳健型投资者设计的,投资于政府债券、市政公债、企业债券等各类债券品种的投资基金。债券基金一般情况下定期派息,其风险和收益水平通常较股票基金低。

(3)货币基金

货币基金是指由货币存款构成投资组合,协助投资者参与外汇市场投资,赚取较高利息的投资基金。其投资工具包括银行短期存款、国库券、政府公债、公司债券、银行承兑票据及商业票据等。货币基金的投资风险小,投资成本低,安全性和流动性较高,在整个基金市场上属于低风险的安全基金。

(4)期货基金

期货基金是指投资于期货市场以获取较高投资回报的投资基金。由于期货市场具有高风险和高回报的特点,因此投资期货基金既可能获得较高的投资收益,同时也面临着较大的投资风险。

(5)期权基金

期权基金是指以期权作为主要投资对象的基金。期权交易就是期权购买者向期权出售者支付一定费用后,取得在规定时期内的任何时候,以事先确定好的协定价格,向期权出售者购买或出售一定数量的某种商品合约的权利的一种买卖。

(6)认股权证基金

认股权证基金是指以认股权证为主要投资对象的基金。认股权证是指由股份有限公司发行的、能够按照特定的价格,在特定的时间内购买一定数量该公司股票的选择权凭证。由于认股权证的价格是由公司的股份决定的,一般情况下,认股权证的投资风险较通常的股票要大得多。因此,认股权证基金也属于高风险基金。

(7)专门基金

专门基金由股票基金发展演化而成,属于分类行业股票基金或次级股票基金,它包括黄金基金、资源基金、科技基金和地产基金等,这类基金的投资风险较大,收益水平较易受到市场行情的影响。

（二）投资基金的财务评价

基金也是一种证券，与其他证券一样，基金的内涵价值也是指在基金投资上所带来的现金净流量。但是，基金的内涵价值的具体确定依据与股票、债券等其他证券又有很大的区别。

(1)基金的内涵价值。债券的价值取决于债券投资所带来的利息收入和收回的本金，股票的价值取决于股份公司净利润的稳定性和增长性。这些利息和股利都是未来收取的，也就是说，未来的而不是现在的现金流量决定着债券和股票的价值。基金的内涵价值取决于目前能给投资者带来的现金流量，这种目前的现金流量用基金的净资产价值来表示。

(2)基金单位净值(NPV)。基金单位净值，也称为单位净资产或单位资产净值。基金的价值取决于基金净资产的现在价值，因此，基金单位净值是评价基金业绩最基本和最直观的指标，也是开放式基金申购价格、赎回价格以及封闭式基金上市交易价格确定的重要依据。

基金单位净值是在某一时点每一基金单位(或基金股份)所具有的市场价值，计算公式为

$$基金单位净值=\frac{基金净资产价值总额}{基金单位总份额}$$

$$基金净资产价值总额=基金资产总额-基金负债总额$$

上式中基金资产总额的价值并不是指基金资产总额的账面价值，而是指基金资产总额的市场价值。

(3)基金的报价。从理论上说，基金的价值决定了基金的价格，基金的交易价格是以基金单位净值为基础的，基金单位净值高，基金的交易价格就高。封闭式基金在二级市场上竞价交易，其交易价格由供求关系和基金业绩决定，围绕着基金单位净值上下波动。开放式基金的柜台交易价格完全以基金单位净值为基础，通常采用两种报价形式，即认购价(卖出价)和赎回价(买入价)。

$$基金认购价=基金单位净值+首次认购费$$

$$基金赎回价=基金单位净值-基金赎回费$$

基金认购价也就是基金经理公司的卖出价，卖出价的首次认购费是支付给基金经理公司的发行佣金。基金赎回价也就是基金经理公司的买入价，赎回价低于基金单位净值是由于抵扣了基金赎回费，以此提高赎回成本，抑制投资者的赎回，保持基金资产的稳定性。收取首次认购费的基金，一般不再收取赎回费。

（三）基金回报率

基金回报率用以反映基金增值的情况，它通过基金净资产的价值变化来衡量。基金净资产的价值是以市场价值衡量的，基金资产的市场价值增加，意味着基金的投资收益增加，基金投资者的权益也随之增加。

（四）基金投资的优缺点

1.基金投资的优点

基金投资的最大优点是能够在不承担太大风险的情况下获得较高收益。原因在于投资基金具有专家理财优势和资金规模优势。

2.基金投资的缺点

(1)无法获得很高的投资收益。投资基金在投资组合过程中，在降低风险的同时，也丧失

了获得巨大收益的机会。

(2)在大盘整体大幅度下跌的情况下,投资者可能承担较大风险。

工作任务2　债券投资决策

债券是发行者为筹集资金,向债权人发行的,在约定时间支付一定比例的利息,并在到期时偿还本金的一种有价证券。由企业发行的债券称为企业债券或公司债券,由政府发行的债券称为国库券(一年以内)或国债(一年以上)。企业进行债券投资的目的:(1)短期债券投资的目的主要是配合企业对资金的需求,调节现金余额,使现金达到合理水平;(2)长期债券投资的目的主要是获得稳定的收益。

微课 18

债券价值评估

一、债券的价值

将债券投资未来收取的利息和收回的本金折为现值,即可得到债券的内在价值。债券的内在价值也称为债券的理论价格,只有债券价值大于其购买价格时,该债券才值得购买。影响债券价值的因素主要是债券的面值、票面利率、到期日和所采用的贴现率等。

1.债券面值

债券面值是指设定的票面金额。它代表发行者借入并且承诺在未来某一特定日期偿付给债券持有人的金额。债券面值是计算债券利息的依据,它包括票面币种和票面金额。

2.债券票面利率

债券票面利率是指债券发行者预计一年内向投资者支付的利息占票面金额的比例,又称为名义利率。票面利率不同于实际利率。实际利率通常是指按复利计算一年期的利率。债券的计息和付息方式有多种,可能按单利或复利计算,利息支付可能半年一次、一年一次或到期日一次支付,这使得票面利率可能不等于实际利率。

3.债券到期日

债券到期日是指偿还本金的日期。债券一般都规定到期日,以便到期归还本金。

4.贴现率

贴现率一般采用投资时的市场利率或投资者要求的必要报酬率。

二、债券估价

1.债券估价基本模型

典型的债券是固定利率、每年计算并支付利息、到期归还本金。按照这种模型,债券估价的计算公式为

$$PV=\sum_{t=1}^{n}\frac{I_t}{(1+R_d)^t}+\frac{M}{(1+R_d)^n}$$

式中:PV——债券价值;

I_t——各期利息;

M——债券面值;

R_d——贴现率(表现为投资者投资于债券要求的预期必要报酬率)；

n——债券的期限。

职业能力操作 4-5

万达公司于 2021 年 10 月 1 日购入达盛公司发行的面额为1 000 元的债券，其票面利率为 8%，每年 10 月 1 日计算并支付利息，并于 5 年后的 9 月 30 日到期，同等风险投资的必要报酬率为 10%，计算该债券的价值。

【操作指导】

$$PV=\sum_{t=1}^{n}\frac{I_t}{(1+R_d)^t}+\frac{M}{(1+R_d)^n}$$

$$=\sum_{t=1}^{5}\frac{1\ 000\times 8\%}{(1+10\%)^t}+\frac{1\ 000}{(1+10\%)^5}$$

$$=80\times 3.791+1\ 000\times 0.621$$

$$=924.28(\text{元})$$

2.纯贴现债券估价模型

纯贴现债券是一种只支付终值的债券。投资者购买这种债券的收益包括两部分：一是自债券发行日起其价值逐渐升高而带来的增值；二是以低于面值的价格购买，而到期时以面值被赎回时其间的差价。这种债券在到期日前购买人不能得到任何现金支付，因此也称为“零息债券”。纯贴现债券估价的计算公式为

$$PV=\frac{F}{(1+R_d)^n}$$

式中：F——债券发行人最后支付的金额。

职业能力操作 4-6

万达公司购入日昇昌公司发行的一种面值为 1 000 元的 20 年期零息债券，万达公司要求的报酬率为 10%，计算该债券的价值。

【操作指导】　$PV=1\ 000/(1+10\%)^{20}=148.64(\text{元})$

我国许多到期一次还本付息的债券，实际上也是一种纯贴现债券，只不过到期日不是按票面金额支付而是按本利做单笔支付。例如，有一种 5 年期国库券，面值为 1 000 元，票面利率为 12%，单利计息，到期一次还本付息，必要报酬率为 10%，则其价值为

$$PV=\frac{1\ 000+1\ 000\times 12\%\times 5}{(1+10\%)^5}=993.47(\text{元})$$

3.平息债券估价模型

平息债券是指利息在到期时间内平均支付的债券。支付的频率可能是一年一次、半年一次或每季度一次等。平息债券估价的计算公式为

$$PV=\sum_{t=1}^{mn}\frac{I/m}{(1+R_d/m)^t}+\frac{M}{(1+R_d/m)^{mn}}$$

式中：m——年付息次数。

职业能力操作 4-7

万达公司购入一种债券，面值为 1 000 元，票面利率为 8%，半年付息一次，5 年后到期，必要报酬率为 10%，计算该债券的价值。

【操作指导】

按惯例，债券利率为按年计算的名义利率，每半年计息时按年利率的 1/2 计算，即按 4%计息，每次支付 40 元。必要报酬率按同样方法处理，每半年期的折现率按 5%确定。则该债券的价值为

$$PV=(80/2)\times(P/A,10\%\div2,5\times2)+1\,000\times(P/F,10\%\div2,5\times2)$$
$$=40\times7.721\,7+1\,000\times0.613\,9$$
$$=922.77(\text{元})$$

该债券的价值比每年付息一次时的价值(924.28 元)降低了。债券价值随付息频率加快而下降的现象，仅出现在折价出售的状态。如果债券溢价出售，则情况正好相反。

职业能力操作 4-8

万达公司购入面值为 1 000 元、期限为 5 年、票面利率为 8%、每半年付息一次、必要报酬率为 6%的债券，计算该债券的价值。

【操作指导】 $PV=40\times(P/A,6\%\div2,5\times2)+1\,000\times(P/F,6\%\div2,5\times2)$

$$=40\times8.530\,2+1\,000\times0.744\,1$$
$$=1\,085.31(\text{元})$$

该债券每年付息一次时的价值为 1 084.29 元，每半年付息一次时其价值增加至 1 085.31 元。

4.永久性债券估价模型

永久性债券是指没有到期日，一直定期支付固定利息的债券。英国和美国都曾发行过这种债券。对于永久性公债，政府通常都保留了回购债券的权力。永久性债券估价的计算公式为

$$PV=\sum_{t=1}^{\infty}\frac{I}{(1+R_d)^t}=I/R_d$$

永久性债券的现值可以简单地表示成每期的利息支付额除以给定的贴现率。

职业能力操作 4-9

投资者购买了一种永久性债券，该债券无限期每年向投资者支付 100 元，投资者投资于这种债券的必要报酬率为 12%，计算该债券的价值。

【操作指导】 $PV=100/12\%=833.33(\text{元})$

三、债券投资收益

收益的高低是影响债券投资的主要因素。由于不同的有价证券有其不同的收益方式，因此，对证券投资收益的衡量需要结合具体不同的证券种类。证券投资的收益有绝对数和相对数两种表示方法，在财务管理中通常用相对数，即收益率来表示，一般是计算一年内收入流量的证券收益率。

1.短期债券投资收益率

短期债券投资收益率的计算一般比较简单，因为期限短，所以一般不用考虑资金时间价值因素，基本的计算公式为

$$K=\frac{S_1-S_0+I}{S_0\times N}\times 100\%$$

式中：K——债券投资收益率；

S_0——债券买入价格；

S_1——债券卖出价格；

I——债券利息收入；

N——债券持有年限(到期年限)。

职业能力操作 4-10

春华公司于 2021 年 6 月 1 日，以 102 元的价格购进一张面值为 100 元、票面利率为 8.56%、每年 12 月 1 日支付一次利息的 2016 年发行的 5 年期国债，并持有至 2021 年 12 月 1 日到期。计算该债券的投资收益率。

【操作指导】

$$K=\frac{100-102+100\times 8.56\%}{102\times 0.5}\times 100\%=12.86\%$$

计算表明，该债券的投资收益率为 12.86%。

2.长期债券投资收益率

企业进行长期债券投资，一般每年都能获得固定的利息，并在债券到期时收回本金或在中途出售而收回资金。长期债券投资收益率可按下列公式计算：

$$V=\sum_{t=1}^{n}\frac{I}{(1+K)^t}+\frac{F}{(1+K)^n}=I\cdot(P/A,K,n)+F\cdot(P/F,K,n)$$

式中：V——债券的购买价格；

I——每年获得的固定利息；

F——债券到期收回的本金或中途出售收回的资金；

K——债券投资的收益率；

n——投资期限。

由于上式无法直接计算收益率，必须采用逐步测试法及内插法来计算。即先设定一个贴现率代入上式，若计算出的 V 正好等于债券买价，则该贴现率为收益率；若计算出的 V 与债券买价不等，则需继续测试，再用内插法求出收益率。

职业能力操作 4-11

春华公司 2022 年 1 月 1 日平价购买一张面值为 1 000 元的债券，其票面利率为 8%，每年 1 月 1 日计算并支付一次利息，该债券于 2026 年 1 月 1 日到期，按面值收回本金。计算其投资收益率。

【操作指导】

已知 $I=1\ 000\times8\%=80$(元)　$F=1\ 000$(元)

设投资收益率 $K=8\%$，则

$V=80\times(P/A,8\%,5)+1\ 000\times(P/F,8\%,5)=1\ 000$(元)

计算表明，用 8%计算出来的债券价值正好等于债券买价，所以该债券的投资收益率为 8%。可见，平价发行的每年复利计息一次的债券，其投资收益率等于票面利率。

如果春华公司购买该债券的价格为 1 100 元，即高于面值，则该债券的投资收益率为多少？

要求算出投资收益率，必须使下式成立：

$1\ 100=80\times(P/A,K,5)+1\ 000\times(P/F,K,5)$

通过前面计算已知，当 K= 8%时，上式等式左边为 1 000 元。由于利率与现值呈反向变化，即现值越大，利率越小。而债券买价为 1 100 元，收益率一定低于 8%，降低贴现率进一步试算。

①用 $K_1=6\%$试算

$V_1=80\times(P/A,6\%,5)+1\ 000\times(P/F,6\%,5)$

$=80\times4.212\ 4+1\ 000\times0.747\ 3$

$=1\ 084.29$(元)

由于贴现结果仍小于 1 100 元，还应进一步降低贴现率试算。

②用 $K_2=5\%$试算

$V_2=80\times(P/A,5\%,5)+1\ 000\times(P/F,5\%,5)$

$=80\times4.329\ 5+1\ 000\times0.783\ 5$

$=1\ 129.86$(元)

③用内插法计算

$$K=5\%+\frac{1\ 129.86-1\ 100}{1\ 129.86-1\ 084.29}\times(6\%-5\%)=5.66\%$$

所以，债券的购买价格为 1 100 元时，投资收益率为 5.66%。

四、债券投资的优缺点

1.债券投资的优点

(1)本金安全性高。与股票相比，债券投资风险较小。其中政府发行的债券(包括中央政府发行的国库券和地方政府发行的一般金融债券、收入债券等)因有政府财力做后盾，其本金的安全性非常高，通常被视为“金边债券”。企业债券的持有者拥有优先求偿权，即当企业破产时，优先于股东分得企业资产，因此其本金损失的可能性小。

(2)收入稳定性强。债券票面一般标有固定利息率，债券的发行人有按时支付利息的法定义务。因此，在正常情况下，投资于债券都能获得比较稳定的收入。

(3)市场流动性好。许多债券都具有较好的流动性。政府及大企业发行的债券一般都可以在金融市场上迅速出售，流动性较好。

2.债券投资的缺点

(1)购买力风险较大。由于债券面值和收入的固定性，在通货膨胀时期，债券本金和利息的购买力会在不同程度上受到侵蚀，投资者名义上虽然有收益，但实际上却有损失。

(2)没有经营管理权。投资债券主要是为了获取收益，而无权对债券发行企业施加影响和控制。

工作任务 3　股票投资决策

股票是股份公司发给股东的所有权凭证，是股东取得股利的一种有价证券。股票持有者即该公司的股东，拥有对股份公司的重大决策权、盈利分配要求权、剩余财产求索权和股份转让权。企业进行股票投资的目的主要有两个：一是获利，即作为一般的证券投资，获取股利收入和股票买卖价差；二是控股，即通过购买某一企业的大量股票达到控制该企业的目的。在第一种情况下，企业仅将某种股票作为证券投资组合的一个部分，不应冒险将大量资金投资于某一企业的股票上。而在第二种情况下，企业应集中资金投资于被控企业的股票上，这时企业考虑更多的不应是当前利益——股票投资收益的高低，而应是长远利益——占有多少股权才能达到控股的目的。

微课 19

股票投资价值分析

一、股票的价值

股票本身是没有价值的，仅是一种凭证。它之所以有价格，可以买卖，是因为它能定期给持有者带来收益。股票带给持有者的现金流入包括股利收入和出售时的资本利得。股票的内在价值由一系列的股利和将来出售股票时售价的现值所构成。这种价值与现行市价比较，视其低于、高于或等于市价，决定是否买入、卖出或继续持有股票。

1.股利贴现基本模型

如果股东永远持有股票，只获得股利，是一个永续的现金流入，那么现金流入的现值就是股票的价值。其计算公式为

$$V=\frac{D_1}{1+R_s}+\frac{D_2}{(1+R_s)^2}+\cdots+\frac{D_n}{(1+R_n)^n}=\sum_{t=1}^{\infty}\frac{D_t}{(1+R_s)^t}$$

式中：V——股票内在价值；

D_t——第 t 年的每股现金股利；

R_s——贴现率，即必要报酬率；

t——年度。

2.短期持有未来准备出售的股票股价模型

如果投资者不打算永久持有股票，而是在一段时间后出售，这时股票带给投资者的未来现金流入包括股利收入和将来股票出售时的售价两个部分，其股票价值的计算公式可以修正为

$$V=\frac{D_1}{1+R_s}+\frac{D_2}{(1+R_s)^2}+\cdots+\frac{D_T}{(1+R_n)^T}+\frac{P_T}{(1+R_s)^T}$$

$$=\sum_{t=1}^{T}\frac{D_t}{(1+R_s)^t}+\frac{P_T}{(1+R_s)^T}$$

式中：T——股票持有的期限；

P_T——第 T 期期末的股票每股售价。

上式表明，若投资者在第 T 期出售股票，则普通股的价值就等于第 1 期至第 T 期的每年股利的现值加上第 T 期股票售价的现值。

职业能力操作 4-12

万达公司每股普通股的基年股利为 2.5 元，估计年股利增长率为 6%，期望的投资报酬率为 15%，打算在一年以后转让，预计转让价格为每股 12 元。计算该普通股的内在价值。

【操作指导】 $V=\frac{2.5\times(1+6\%)}{(1+15\%)}+\frac{12}{(1+15\%)}=12.74$（元）

3.零增长模型

如果发行公司每年分配给股东固定的股利，也就是说，预期的股利增长率为零，那么这种股票就被称为零增长股票，其计算公式为

$$V=\sum_{t=1}^{\infty}\frac{D}{(1+R_s)^t}=D/R_s$$

职业能力操作 4-13

万达公司每股优先股的年股利额为 7.8 元，企业投资要求得到的报酬率为 12%，计算优先股的内在价值。

【操作指导】

$V=\frac{7.8}{12\%}=65$（元）

若当时该股票的每股市价为 60 元，则说明这种股票的价值被低估，因此，可以考虑买进这种股票。

4.固定增长模型

普通股的价值取决于股利收入及其风险水平，而股利收入又取决于公司的盈利水平和股利支付率。由于公司每年的盈利水平不尽相同，从而导致每年的股利收入也不完全一样，因此，在评价普通股的价值时，假定每年的股利固定不变是不现实的。实际上，对于大多数公司而言，收益与股利并非固定不变，而是呈不断成长之势。各公司的成长率不同，但就整个平均水平而言，应等于国民生产总值的成长率，或者说是真实的国民生产总值增长率加通货膨胀率。

假设某公司今年的股利为 D_0，其股利以固定增长率 g 增长，则有

$$D_1 = D_0(1+g)$$
$$D_2 = D_1(1+g) = D_0(1+g)^2$$
……
$$D_t = D_{t-1}(1+g) = D_0(1+g)^t$$

代入股票价值(V)估价模型可得

$$V = \sum_{t=1}^{\infty} \frac{D_t}{(1+R_s)^t} = \sum_{t=1}^{\infty} \frac{D_0\ (1+g)^t}{(1+R_s)^t}$$

由于假设 $R_s > g$，当 t 趋于无穷大时，上式可简化为

$$V = \frac{D_0(1+g)}{R_s - g} = \frac{D_1}{R_s - g}$$

职业能力操作 4-14

万达公司普通股的必要报酬率为 16%，股利年固定增长率为 12%，现时股利为每股 2 元，计算该公司每股股票的内在价值。

【操作指导】 $V=(2\times1.12)\div(0.16-0.12)=56$(元)

5.分阶段增长模型

在前面的分析中，假设公司股利或固定不变或固定增长，处于非常理想的情况。而在现实生活中，大多数公司的股利既不是长期固定不变，也不是长期固定增长，而是随着企业生命周期的变化呈现出一定的阶段性。一般情况下，在发展初期，公司的增长率通常高于国民经济的增长率；在发展中期，公司的增长率与国民经济的增长率持平；在发展后期，公司的增长率低于国民经济的增长率。这就使得公司每股股利的增长率也处于变动之中，这种股票为非固定增长股。对于这种股票，由于在不同时期有不同的增长率，只能分段计算，才能确定股票的价值。

在这种情况下，常采用下列步骤进行计算：

第一步，计算出非固定增长期间的股利现值。

第二步，找出非固定增长期间结束时的股价，然后算出这一股价的现值。

在非固定增长期间结束时，公司的普通股已由非固定增长股转为固定增长股，所以可以利用固定增长股的估价模型算出那时的股价，然后求其现值。

第三步，将上述两个步骤求得的现值加在一起，所得的和就是阶段性增长股票的价值。

职业能力操作 4-15

假定 A 公司持有 B 公司股票，其要求的投资收益率为 15%。B 公司最近支付的股利为每股 2 元，预计 B 公司未来 3 年股利将高速增长，增长率为 10%，此后将转入稳定增长阶段，年增长率为 3%。请计算 B 公司股票的价值。

【操作指导】

首先，计算高速增长阶段的股利现值，见表 4-7。

表 4-7　　A 公司股利现值表

t	第 t 年股利	股利现值$=D_t(P/F,15\%,t)$
1	$2\times(1+10\%)^1=2.2$	$2.2\times(P/F,15\%,1)=1.91$
2	$2\times(1+10\%)^2=2.42$	$2.42\times(P/F,15\%,2)=1.83$
3	$2\times(1+10\%)^3=2.66$	$2.66\times(P/F,15\%,3)=1.75$
合　计		5.49

其次，计算第 3 年年末的股票价值：$V=\frac{D_4}{K-g}=\frac{D_3\times(1+3\%)}{15\%-3\%}=22.85$（元）

再次，将第 3 年年末的股票价值折成现值：$22.85\times(P/F,15\%,3)=15.53$（元）

最后，求得 B 公司股票的价值：$V=15.53+5.49=21.02$（元）

二、股票投资收益

一般情况下，企业进行股票投资可以取得股利，股票出售时也可收回一定资金。只是股利不同于债券利息，是经常变动的，股票投资的收益率是使各期股利及股票售价的复利现值等于股票买价时的贴现率。股票投资收益率的计算公式为

$$V=\sum_{t=1}^{n}\frac{D_t}{(1+K)^t}+\frac{P}{(1+K)^n}$$

式中：V——股票的购买价格；

P——股票的出售价格；

D_t——股票投资报酬（各年获得的股利）；

K——股票投资收益率；

n——投资期限。

职业能力操作 4-16

万达公司于 2018 年 6 月 1 日投资 600 万元，购买某种股票 100 万股，在 2019 年、2020 年和 2021 年 5 月 30 日分得的每股现金股利分别为 0.6 元、0.8 元和 0.9 元，并于 2021 年 5 月 30 日以每股 8 元的价格将股票全部出售，试计算该项投资的收益率。

【操作指导】

用逐步测试法计算，先用 20%的收益率进行测算：

$$\begin{aligned}V&=\frac{60}{(1+20\%)}+\frac{80}{(1+20\%)^2}+\frac{890}{(1+20\%)^3}\\&=60\times0.8333+80\times0.6944+890\times0.5787\\&=620.59（万元）\end{aligned}$$

由于 620.59 万元比 600 万元大，再用 24%的收益率进行测算：

$$\begin{aligned}V&=\frac{60}{(1+24\%)}+\frac{80}{(1+24\%)^2}+\frac{890}{(1+24\%)^3}\\&=60\times0.8065+80\times0.6504+890\times0.5245\\&=567.23（万元）\end{aligned}$$

然后用内插法计算：

$$K=20\%+\frac{620.59-600}{620.59-567.23}\times(24\%-20\%)=21.54\%$$

所以，如果股票的购买价格为 600 万元，投资收益率为 21.54%。

三、股票投资的优缺点

1.股票投资的优点

(1)能获得较高的投资收益。普通股股票的价格虽然变动频繁,但从长期来看,优质股票的价格上涨的居多,只要选择得当,都能取得优厚的投资收益。

(2)能适当降低购买力风险。普通股的股利不固定,在通货膨胀比较高时,由于物价普遍上涨,股份公司盈利增加,股利的支付也随之增加,因此,与固定收益证券相比,普通股能有效地降低购买力风险。

(3)拥有经营控制权。普通股股东属于股份公司的所有者,有权监督和控制企业的生产经营情况。因此,要想控制一家企业,最好的办法就是收购这家企业的股票。

2.股票投资的缺点

(1)求偿权居后。普通股对企业资产和盈利的求偿权居于最后。企业破产时,股东原来的投资可能得不到全额补偿,甚至一无所有。

(2)价格不稳定。普通股的价格受众多因素影响,很不稳定。政治因素、经济因素、投资者心理因素、企业的盈利情况、风险因素等,都会影响股票价格,这也使股票投资具有较高的风险。

(3)收入不稳定。普通股股利的多少,取决于企业的经营状况和财务状况,其有无、多少均无法律的保证,收入的风险也远远大于固定收益证券。

工作任务 4　证券投资组合决策

一、证券投资组合的含义和目的

证券投资组合是指在一定市场条件下,由不同类型和种类,并以一定比例搭配的若干种证券所构成的一项资产。由于证券投资存在着较高的风险,而各种证券的风险大小又不相同,因此企业在进行证券投资时,不应将所有的资金都集中投资于一种证券,而应同时投资于多种证券。证券投资组合的目的在于将各种不同类型和种类的证券进行最有效的搭配,以保证在期望的收益率前提下使投资风险最小,或在既定的风险前提下使投资收益率最大。

二、证券投资组合的收益与风险

1.证券投资组合的收益

证券投资组合的收益是指投资组合中单项资产期望收益率的加权平均数,其计算公式为

$$R_p = \sum_{i=1}^{n} W_i R_i$$

式中:R_p——投资组合的期望收益率;

n——投资组合中证券的种类数;

W_i——第 i 项证券在投资组合总体中所占比重;

R_i——第 i 项证券的期望收益率。

职业能力操作 4-17

万达公司投资组合由 A、B 两种证券构成，A 证券的期望收益率为 8%，B 证券的期望收益率为 15%。A 证券占投资比例的 60%，B 证券占投资比例的 40%。计算该投资组合的期望收益率。

【操作指导】

投资组合的期望收益率：$R_p = 8\% \times 60\% + 15\% \times 40\% = 10.8\%$

2.证券投资组合的风险

证券投资组合的风险可以分为两种性质完全不同的风险，即非系统性风险和系统性风险。

(1)非系统性风险。非系统性风险又称为可分散风险或公司特别风险，是指某些因素对单个证券造成经济损失的可能性，如公司在市场竞争中的失败等。这种风险可以通过证券持有的多样化来抵消，即多买几家公司的股票，其中一些公司的股票收益上升，另一些公司的股票收益下降，从而将风险抵消。至于风险能被分散掉的程度，则取决于证券投资组合中不同资产预期报酬之间的相关程度。

当证券投资组合中各单个项目预期报酬存在正相关时，其组合可使其总体的风险趋近于1，不会产生任何风险分散效应，它们之间正相关的程度越小，其组合可产生的风险分散效应越大；当证券投资组合中各单个项目预期报酬存在负相关时，其组合可使其总体的风险趋近于0，它们之间负相关的程度越小，其组合可产生的风险分散效应越小。

对现实证券市场的研究表明，尽管各证券之间存在着一种正相关关系，但两种证券收益之间不可能达到完全的正相关。若随机抽取两种股票，则平均而言，其相关系数为 0.6，而且大部分成对股票之间的相关系数 r 为 $+0.5 \sim +0.7$，即部分正相关。在这种情况下，把两种股票组合成证券投资组合能在不降低投资者期望收益率的条件下，减少证券投资的风险，但不能全部消除风险。不过，如果股票种类较多，则能分散掉大部分风险，而当股票种类足够多时，几乎能把所有的非系统性风险分散掉。

(2)系统性风险。系统性风险又称为不可分散风险或市场风险，是指由于某些因素给市场上所有的证券都带来经济损失的可能性。例如，宏观经济的变化、国家税法的变化、国家财政政策和货币政策的变化以及战争等不可抗力的影响等，都会使证券的期望收益率发生变化。这些风险将影响所有的证券，因此，不能通过证券投资组合分散掉。对投资者而言，这种风险是无法消除的，故称为不可分散风险。因此，对一个风险充分分散的证券投资组合来说，重要的是该组合总的风险的大小，而不是每一种证券的个别风险的大小。当一个投资者在考虑是否要在已有的证券投资组合中加入新的证券时，所考虑的重点也是该组合总的风险(即系统性风险)的贡献，而不是其个别风险的大小。

三、证券投资组合策略

1.保守型策略

保守型策略也称为跟随大市策略。保守型策略认为，最佳证券投资组合策略是要尽量模拟市场现状，将尽可能多的证券包括进来，以便分散掉全部可分散风险，得到与所有证券的平均收益相同的收益。保守型策略认为，只要证券投资组合的数量达到充分多时，就能分散掉大部分可分散风险，因此这种证券投资组合是一种比较典型的保守型策略，其所承担的风险与市场平均风险相近，但所得到的收益不会高于证券市场的平均收益。

2.冒险型策略

冒险型策略认为，与市场完全一样的组合不是最佳组合，只要证券投资组合做得好，就能击败市场或超越市场，取得远远高于平均水平的收益。该策略要求尽可能多地选择一些成长性较好的股票，少选择低风险、低报酬的股票，这样就可以使证券投资组合的收益高于证券市场的平均收益。这种证券投资组合的收益高，风险也高于证券市场的平均风险。采用这种证券投资组合，如果做得好，可以取得远远超过市场平均报酬的投资收益；如果做得不好，会有较大的损失。

3.适中型策略

适中型策略认为，证券的价格，特别是股票的价格，是由特定企业的经营业绩来决定的。市场上股票价格的一时沉浮并不重要，只要企业经营业绩好，股票一定会上升到其本来的价值水平。所以在进行股票投资时，要全面深入地进行证券投资分析，选择一些品质优良的股票组成证券投资组合。这种策略如果做得好，就可以获得较高的投资收益，而且不会承担太大的投资风险。但进行这种策略的人必须具备丰富的投资经验，拥有进行证券投资的各种专业知识。这种策略风险不太大，收益却比较高，所以是一种最常见的证券投资组合策略，各种金融机构、投资基金和企事业单位在进行证券投资时一般都采用这种策略。

四、证券投资组合的方法

证券投资组合的方法很多，但最常见的方法有以下几种：

(1)选择足够数量的证券进行组合

这是一种最简单的证券投资组合方法。采用这种方法时，不是进行有目的的组合，而是随机选择证券。随着证券数量的增加，可分散风险会逐步减小。当数量足够多时，大部分可分散风险能分散掉。为了有效地分散风险，每个投资者拥有股票的数量最好不少于 14 种。同时投资于 10 种国内股票，就能达到分散风险的目的。

(2)投资组合三分法

投资组合三分法又称为 1/3 法，是指把全部资金的 1/3 投资于风险大的证券，1/3 投资于风险中等的证券，1/3 投资于风险小的证券。一般情况下，风险大的证券对经济形势的变化比较敏感。当经济处于繁荣时期时，风险大的证券能获取高额收益；当经济处于衰退时期时，风险大的证券会遭受巨额损失。相反，风险小的证券对经济形势的变化不太敏感，一般都能获取稳定收益，而不至于遭受重大损失。因此，投资组合三分法是一种进可攻、退可守的组合法，虽不会获得太高的收益，但也不会承担巨大风险，是一种常见的组合方法。

(3)把投资收益呈负相关的证券放在一起进行组合

一种股票收益上升而另一种股票收益下降的两种股票，称为负相关股票。把收益负相关的股票组合在一起，能有效地分散风险。例如，某企业同时持有一家汽车制造公司的股票和一家石油公司的股票。当油价大幅度上升时，这两种股票便呈负相关。由于油价上涨，石油公司的收益会增加，但油价的上升，会影响汽车的销量，使汽车公司的收益降低。只要选择得当，这样的组合对降低风险十分重要。

此外，投资者还可以按照行业、企业的不同进行证券投资组合，按照资金投入时间的不同进行投资的时间组合，以及通过购买投资基金（通过基金经理公司）进行证券投资组合等。

职业能力训练

一、单项选择题

1.下列证券中，能够更好地避免证券投资购买力风险的是（　　）。

A.普通股　　B.优先股　　C.公司债券　　D.国库券

2.下列因素引起的风险中，投资者可以通过证券投资组合予以消减的是（　　）。

A.宏观经济状况变化　　B.世界能源状况变化

C.发生经济危机　　D.被投资企业出现经营失误

3.对证券持有人而言，证券发行人无法按期支付债券利息或偿付本金的风险是（　　）。

A.流动性风险　　B.系统风险

C.违约风险　　D.购买力风险

4.投资基金证券是由（　　）发行的。

A.投资者　　B.托管人　　C.管理人　　D.发起人

5.股票投资与债券投资相比（　　）。

A.风险高　　B.收益小　　C.价格波动小　　D.变现能力差

二、多项选择题

1.与股票投资相比，债券投资的主要缺点有（　　）。

A.购买力风险大　　B.流动性风险大

C.没有经营管理权　　D.投资收益不稳定

2.根据证券投资的对象，可将证券分为（　　）。

A.债券投资　　B.组合投资　　C.基金投资　　D.股票投资

3.由影响所有公司的因素引起的风险，可称为（　　）。

A.可分散风险　　B.非系统性风险　　C.不可分散风险　　D.系统性风险

4.债券投资的优点主要有（　　）。

A.本金安全性高　　B.收入稳定性强

C.投资收益较高　　D.市场流动性好

5.股票投资的缺点有（　　）。

A.购买力风险高　　B.求偿权居后

C.价格不稳定　　D.收入稳定性强

三、简答题

1.简述债券投资的优缺点。

2.简述股票投资的优缺点。

3.简述证券投资组合的目的和风险。

四、计算题

1.华为公司购买面值为100 000元、票面利率为5%、期限为10年的债券，每年1月1日付息，当时市场利率为7%。

要求：

(1)计算该债券的价值。

(2)若该债券的市价是 92 000 元,判断是否值得购买该债券。

(3)如果按债券市价买入了该债券,并一直持有至到期,计算此时购买债券的到期收益率。

2.黎明公司计划利用一笔长期资金投资购买股票,现有 A 公司股票和 B 公司股票可供选择。黎明公司只准备投资一家公司股票。已知 A 公司股票现行市价为每股 8 元,上年每股股利为 0.14 元,预计以后每年以 6%的增长率增长。B 公司股票现行市价为每股 6 元,上年每股股利为 0.5 元,股利分配政策将一贯实行固定股利政策。黎明公司所要求的投资必要报酬率为 8%。

要求:

(1)利用股票估价模型,分别计算 A、B 公司的股票价值。

(2)为黎明公司做出股票投资决策。

3.兴和公司于 2022 年 1 月 5 日以每张 1 080 元的价格购买 Y 公司发行的利随本清的公司债券。该债券的面值为 1 000 元,期限为 3 年,票面年利率为 10%,不计复利。购买时年利率为 8%,不考虑所得税。

要求:

(1)利用债券估价模型评价兴和公司购买债券是否合算。

(2)如果兴和公司于 2023 年 1 月 5 日将该债券以 1 200 元的市价出售,计算该债券的投资收益率。

4.利华公司要进行证券投资,有以下几个备选方案:

(1)购买 A 公司债券。A 公司债券的面值为 100 元,期限为 2 年,票面利率为 8%,每年付息一次,到期还本,当前的市场利率为 10%,利华公司按 A 公司发行价格购买。

(2)购买 B 公司股票。B 公司股票现行市价为每股 14 元,基年每股股利为 0.9 元,预计以后每年以 6%的固定增长率增长。

(3)购买 C 公司股票。C 公司股票现行市价为每股 13 元,基年每股股利为 1.5 元,预计以股利分配,将一直实行固定股利政策。

假设利华公司股票投资的期望收益率为 12%。

要求:

(1)计算 A 公司债券的发行价格。

(2)计算 B 公司股票的内在价值。

(3)计算 C 公司股票的内在价值。

(4)根据上述计算结果,分析利华公司是否应投资上述证券。

项目五

营运资本管理

职业能力目标

◎ 能正确确定生产经营活动中的各项营运资本的合理数额；

◎ 能够确定最佳现金持有量；

◎ 能够制定企业应收账款最优的信用政策；

◎ 能够确定存货最佳经济批量。

素质培养目标

◎ 培养学生对当前国家经济形势和政策的认识和理解能力；

◎ 为学生树立"诚信"思想，培养"诚实守信"的职业品德；

◎ 能够正确认识国家供给侧结构性改革，深刻领悟"去库存""降成本"改革的实质内涵。

工作任务列表

项目五 营运资本管理

- 工作任务 1　认识营运资本
- 工作任务 2　现金管理决策
- 工作任务 3　应收账款管理决策
- 工作任务 4　存货管理决策

项目引言

营运资本管理是对企业流动资产及流动负债的管理。一个企业要维持正常的运转，就必须拥有适量的营运资本。因此,营运资本管理是企业财务管理的重要组成部分。营运资本管理可以最大限度地提高企业资金的使用效率,提高资产的利用率,降低企业的风险。

项目引例

提升资金集中管理,降低整体融资成本

——中国海洋石油集团有限公司

中国海洋石油集团有限公司(简称"中国海油")坚持开展资金集中管理,统一账户、统一结算、统一借贷、统一筹融资,统筹协调内外部金融资源,大幅降低融资成本,有效防范资金金融风险。

中国海油制度顶层设计要求对资金及金融业务实行集中管理,要求在集团总部的统筹协同下,实现"三个统一",即统一的资金计划、统一的资金平台、统一的风险管理,实现集中结算、集中融资、集中授信。同时,从制度体系建设和绩效考核指标调整入手,大力推进集团资金管理系统建设,利用财务公司平台,协同各所属单位将资金集中度提升至目标水平。2015—2019年,通过持续抓管理、促集中,资金集中情况不断向好,资金集中度由51.39%迅速提升至84.28%。

公司致力于通过融资集中管理有效降低集团整体融资成本。

一是通过努力维护公司国际信用评级,夯实低成本融资信用基础。公司始终保持与评级机构深入沟通,充分展示公司在努力践行高质量发展、降本增效方面取得的积极成效,成功将公司信用评级保持在与国家主权级一致的水平上。2019年,公司独立基础评级与流动性评价、财务风险状况评价等评级细项也再度得到提升。

二是发挥集团公司整体资信优势,为公司经营发展获取低成本资金。在境内,不断改善授信管理模式,持续拓展与各大银行战略合作,积极申请政策性银行贷款额,已完成与中、农、工、建、交等银行总行签订总对总综合授信协议,申请逾3 000亿元等值人民币授信额度,并为中海炼化、中海石油化工进出口有限公司(简称"海油进出口")等二级单位切分授信1 405亿元;在境外,通过海油有限发行低成本美元债券,把握有利市场窗口,屡次刷新发行纪录。此外,2020年新冠肺炎疫情期间,通过认真梳理和研究财政部、人民银行等部委出台的疫情期间财政金融支持政策,反复与所属单位研究讨论,累计获得复工复产优惠贷款20余亿元,贷款成本较同期商业贷款利率低20%~50%。

三是加强融资全流程管理,降低债务事件风险。指导各所属单位加强项目融资全流程监管,分别在项目可研及审批阶段、项目融资阶段以及债务后续管理阶段做到全面跟踪、实时监控。

(摘自:中国海油:坚持系统观念 深化精益管理 财务管控"六个一"推动公司高质量发展 温冬芬。)

工作任务1　认识营运资本

一、营运资本的含义

营运资本又称为循环资本,是指一个企业维持日常经营所需的资本,通常是流动资产减去

流动负债后的差额，用公式表示为

$$营运资本=流动资产-流动负债$$

营运资本是扣除短期负债之后的剩余流动资产，具有较强的流动性，是企业日常生产经营活动的润滑剂和衡量企业短期偿债能力的重要指标。因此，企业持有一定量的营运资本是十分重要的。

二、营运资本的特点

营运资本的特点体现在流动资产投资和流动负债筹资的特点上。

（一）流动资产投资的特点

与固定资产投资相比，流动资产投资具有如下特点：

1.回收期短

企业占用在流动资产上的资金一般在一年或一个营业周期内收回，对企业影响的时间比较短。固定资产等长期资产的资金则需要经过多个营业周期才能逐步收回。

2.流动性强

流动资产相对于固定资产等长期资产来说具有较强的变现能力。流动资产中的库存现金、银行存款可以随时用于支付、偿债等经济业务，存货、应收账款也能在较短时间内变现，这对于财务上满足临时性资金需求具有重要意义。

3.波动性大

流动资产易受到企业内外部环境的影响，其资金占用量的波动往往很大，季节性企业如此，非季节性企业亦如此。财务人员应有效地预测和控制这种波动，以满足企业生产经营活动对资金的需要。

4.具有并存性

流动资产在循环周转的过程中，各种不同项目的流动资产在空间上同时并存，在时间上依次继起。因此，合理地配置流动资产各项目的比例是保证流动资产得以顺利周转的必要条件。

5.财务风险小

企业拥有较多的流动资产，由于周转速度快、变现快，可在一定程度上降价财务风险。

（二）流动负债筹资的特点

与长期负债筹资相比，流动负债筹资具有如下特点：

1.速度快

由于流动负债的期限较短，债权人承担的风险相对较小，因此短期资金更容易筹集。申请短期借款往往比申请长期借款更容易、更便捷，通常在较短的时间内便可获得。

2.弹性大

与长期负债相比，短期贷款给债务人的灵活性更大。

3.成本低

流动负债的期限较短，债权人承担的利率风险相对较小，在正常情况下，短期负债筹资所发生的利息支出低于长期负债筹资所发生的利息支出。

4.风险大

由于流动负债期限比较短，要求筹资方在短期内拿出足够的资金偿还债务，如果企业在流动负债到期时不能及时归还款项，就有可能陷入财务危机，因此风险较大。

三、营运资本政策

（一）营运资本持有政策

营运资本持有量的高低，影响着企业的收益和风险。营运资本持有政策，就是要在收益和风险之间进行权衡，以确定营运资本的最佳持有量。目前，营运资本持有政策主要有以下三种：

1.宽松的营运资本持有政策

宽松的营运资本持有政策就是为保证生产经营活动的安全性而持有较高的营运资本，避免由于营运资本不足而不能偿还到期债务及支付材料价款等带来的风险。但是，流动资产的收益性一般低于长期资产，因此，较高的营运资本持有量会降低企业的收益。

2.紧缩的营运资本持有政策

紧缩的营运资本持有政策就是为提高收益率而持有较低的营运资本，虽然较低的营运资本持有量会使企业的收益率提高，但较少的现金、有价证券持有量和较低的存货保险储备量会降低企业的偿债能力和采购的支付能力，甚至造成信用损失、材料供应中断和生产停滞，加大企业的风险。

3.适中的营运资本持有政策

适中的营运资本持有政策就是在权衡企业收益和风险的情况下，使企业营运资本持有量既不过高也不过低，恰好能够满足生产经营活动的需要。

从理论上讲，适中的营运资本持有政策对于投资者实现财富最大化是最佳的，然而，却难以量化地描述适中的营运资本持有政策的营运资本持有量。所以，各企业应当根据自身的具体情况和环境条件，按照适中的营运资本持有政策，确定适当的营运资本持有量。

（二）营运资本筹资政策

营运资本筹资政策主要是就如何安排临时性流动资产和永久性流动资产的资金来源而言的，这里的临时性流动资产和永久性流动资产是按照流动资产的用途加以划分的。临时性流动资产是指那些受季节性、周期性影响的流动资产，如季节性存货、销售和生产经营旺季的应收账款等；永久性流动资产则是指那些即使企业处于生产经营低谷也仍然需要保留的、用于满足企业长期稳定的流动资产。与流动资产按照用途加以划分的方法相对应，流动负债也可以分为临时性负债和自发性负债。临时性负债是指为了满足临时性流动资产的需要而发生的负债，自发性负债是指直接产生于企业持续生产经营中的负债，如企业在日常生产经营中产生的各种应付款项。营运资本筹资政策一般可分为以下三种：

1.配合型筹资政策

配合型筹资政策的特点：临时性流动资产运用临时性负债筹资满足其资金需要；永久性流动资产和固定资产（统称为永久性资产，下同）运用长期负债、自发性负债和权益资本筹资满足其资金需要。配合型筹资政策如图 5-1 所示。

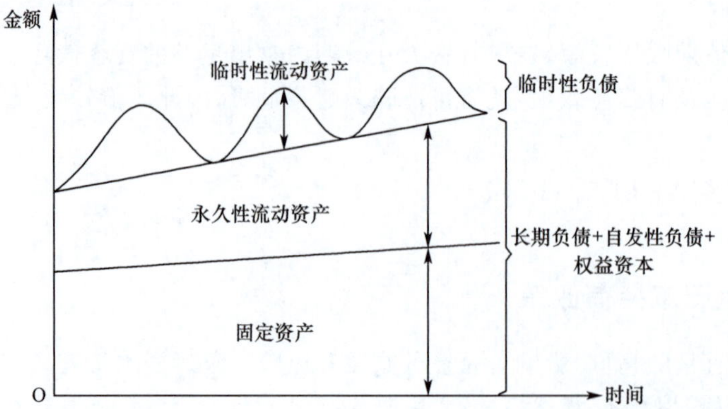

图 5-1

配合型筹资政策要求企业临时性负债筹资计划严密，使现金流动与预期安排相一致，在季节性低谷时，除了自发性负债外，企业没有其他流动负债。只有在有临时性流动资产需求时，企业才举借各种临时性负债。

例如，某企业在正常生产经营期间，需占用 40 万元的流动资产和 150 万元的固定资产；在生产经营的旺季，额外增加 10 万元的临时性存货需求。配合型筹资政策的做法是企业只在生产经营的旺季借入 10 万元的短期借款，正常生产经营期间的 190 万元永久性资产均由长期负债、自发性负债和权益资本解决其资金需要。这种筹资政策是一种理想的、对企业有着较高资金使用要求的营运资本筹资政策。

一般情况下，如果企业对营运资本的使用能够达到游刃有余的地步，则最有利的筹资政策就是收益和风险相匹配的配合型筹资政策。

2.激进型筹资政策

激进型筹资政策的特点：临时性负债不但能够融通临时性流动资产的资金需要，还能够解决部分永久性资产的资金需要。激进型筹资政策如图 5-2 所示。

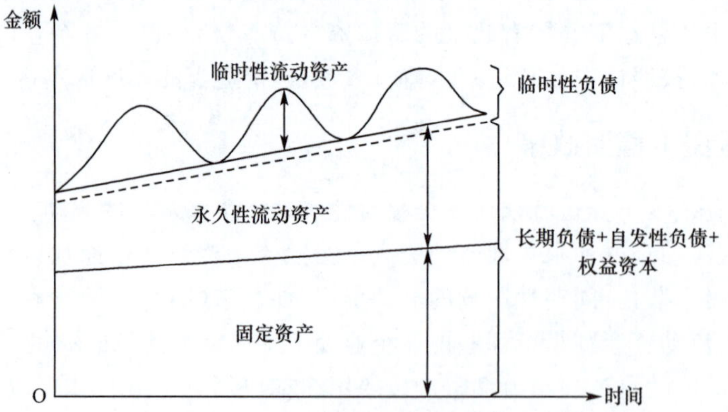

图 5-2

从图 5-2 中可以看到，激进型筹资政策下临时性负债在企业全部资金来源中所占比重大于配合型筹资政策。沿用上例，企业在正常生产经营期间，需占用 40 万元的流动资产和 150 万元的固定资产，在生产经营的旺季，额外增加 10 万元的季节性存货需求。采用激进型筹资政策的做法是企业的长期负债、自发性负债和权益资本的筹资要低于 190 万元，而临时性负债筹资要大于 10 万元，即永久性资产来源的不足要由临时性负债筹资加以弥补。激进型筹资政策下临时性负债所占比重较大，企业的资本成本较低，但同时存在较大风险。因此，这种筹资政策是一种收益和风险均较高的营运资本筹资政策。

3.稳健型筹资政策

稳健型筹资政策的特点：临时性负债只融通部分临时性流动资产的资金需要，另一部分临时性流动资产和永久性流动资产，则由长期负债、自发性负债和权益资本作为资金来源。稳健型筹资政策如图 5-3 所示。

从图 5-3 中可以看到，稳健型筹资政策下临时性负债在企业全部资金来源中所占比重小于配合型筹资政策。企业任何情况下对临时性负债的需要均小于临时性流动资产，其余部分的临时性流动资产和全部永久性资产则需要由长期负债、自发性负债和权益资本作为资金来源。稳健型筹资政策下临时性负债所占比重较小，企业的风险较低，但同时加大了企业的资本成本。因此，这种筹资政策是一种风险和收益均较低的营运资本筹资政策。

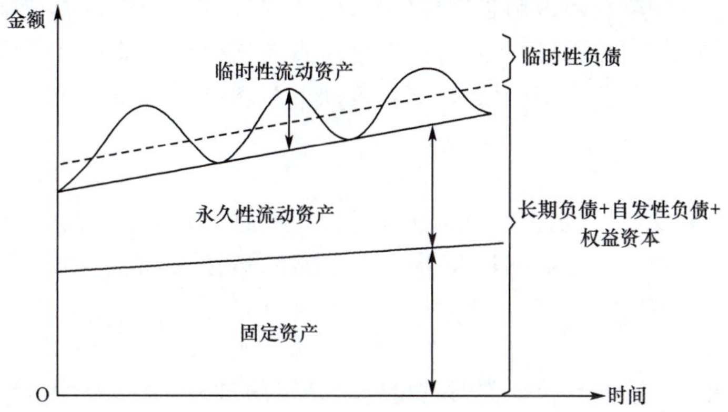

图 5-3

工作任务 2　现金管理决策

在企业的流动资产中，现金是流动性最强的资产。有价证券作为现金的一种转换形式，变现能力较强，可以随时转换为现金。当企业有多余现金时，常将现金转换成有价证券；当现金不足需要补充时，再出售有价证券换回现金。

一、企业持有现金的动机与成本

（一）企业持有现金的动机

1.交易动机

交易动机是指用来满足企业日常业务活动的现金支出需要。企业每天都会发生许多收入和支出，这些收入和支出在数额上不相等，在时间上不匹配。企业必须维持适当的现金余额才能使日常业务活动正常地进行下去，比如购买原材料、支付工资、缴纳税款、偿付到期债务等。企业为满足交易动机所持有的现金余额主要取决于企业的销售水平。

2.预防动机

预防动机是指企业持有现金以防发生意外的支付。企业的外部环境和内部条件经常发生变化，比如价格变化、销售不畅、应收账款不能按时回收以及一些意外事件的发生等，都会影响企业的现金收支，使企业的现金流量在一定程度上难以准确把握。为了确保企业正常的生产经营活动，必须持有较多的现金以防发生意外的支付。现金流量的不确定性越大，需要现金的数额也就越大。

3.投机动机

投机动机是指企业持有现金用于有利的购买机会。比如，有原材料价格下降或其他资产供应的机会便可大量购入；在适当时机购入价格有利的股票和其他有价证券等。投机动机下企业持有现金的多少往往与企业在金融市场的投资机会及企业对待风险的态度有关。

（二）企业持有现金的成本

1.机会成本

现金作为企业的一项资产占用是有代价的，这种代价就是企业持有现金的机会成本。现金的机会成本，可以用企业因保留一定现金余额而丧失进行有价证券投资所产生的投资收益来表示。这种成本具有变动成本的性质，它在数额上与现金持有量成正比，现金持有量越多，机会成本越高。

2.管理成本

企业持有现金会发生一些管理费用，比如管理人员的工资及必要的安全措施费等，这部分费用是现金的管理成本。这种成本具有固定成本的性质，它在一定范围内与现金持有量的多少关系不大。

3.转换成本

转换成本是指企业买卖有价证券时付出的交易费用，即现金与有价证券之间相互转换的成本，主要包括佣金、印花税、委托费、过户费等。这些交易费用通常按次计算，与成交金额无关，属于固定性转换成本。这种成本与现金和有价证券之间相互转换的次数有关，转换次数越多，成本越高。

4.短缺成本

短缺成本是指因现金持有量不足，不能满足业务开支所需，同时又无法及时通过有价证券变现加以补充而给企业造成的损失，主要包括停工待料或临时采购的额外支出以及因不能及时支付而蒙受的信誉损失等。这种成本随现金持有量的增加而下降，随现金持有量的减少而上升。

微课 20

最佳现金持有量决策

二、最佳现金持有量的确定

做好现金管理工作，需要控制好现金的持有规模，确定最佳现金持有量。最佳现金持有量是指既能保证企业正常生产经营活动的需要，又能使企业获得最大收益的最低限度的现金持有量。最佳现金持有量的确定方法有很多，常用的方法有成本分析模式和存货模式。

（一）成本分析模式

成本分析模式是指通过分析持有现金的成本，寻找持有现金总成本最低时的现金持有量。在运用成本分析模式确定最佳现金持有量时，主要考虑与现金持有量直接相关的机会成本和短缺成本。管理成本具有固定成本的性质，它在一定范围内与现金持有量的多少关系不大，在这里可作为持有现金总成本的组成部分来考虑，对于转换成本则不予考虑。这种模式下，最佳现金持有量就是持有现金而产生的机会成本、管理成本和短缺成本之和最小时的现金持有量。

职业能力操作 5-1

金利公司有甲、乙、丙、丁四种现金持有量方案，它们各自的现金持有量、机会成本率、短缺成本和管理成本见表 5-1。计算金利公司的最佳现金持有量。

表 5-1　现金持有量方案　单位：元

项目	方案			
	甲	乙	丙	丁
现金持有量	50 000	100 000	150 000	200 000
机会成本率(%)	10	10	10	10
短缺成本	21 600	12 150	4 500	0
管理成本	30 000	30 000	30 000	30 000

注：假设该公司向有价证券投资的收益率为 10%。

【操作指导】

根据表 5-1 编制金利公司的最佳现金持有量测算表，见表 5-2。

表 5-2　最佳现金持有量测算表　单位：元

项目	方案			
	甲	乙	丙	丁
机会成本	5 000	10 000	15 000	20 000
短缺成本	21 600	12 150	4 500	0
管理成本	30 000	30 000	30 000	30 000
总成本	56 600	52 150	49 500	50 000

通过比较可知，丙方案的总成本最低，因此，金利公司的最佳现金持有量为 150 000 元。

成本分析模式的优点是计算简单，适用范围广泛，尤其适用于现金收支波动较大的企业。缺点是企业持有现金的短缺成本较难预测。

（二）存货模式

存货模式是引入存货经济批量模型计算最佳现金持有量的一种方法，其基本原理源于计算存货经济批量的基本模型。这种模式主要考虑机会成本和转换成本，对短缺成本不予考虑。在引入存货经济批量模型计算最佳现金持有量时，主要是对现金持有量的机会成本和转换成本进行权衡，找出这两种成本之和达到最低时的现金持有量。

存货模式应用的基本前提有以下几条：

1.企业的现金流入量是稳定并可预测的。即在一定时期内，企业的现金收入是均匀发生的，并能够可靠地预测其数量。

2.企业的现金流出量是稳定并可预测的。即在一定时期内，企业的现金支出是均匀发生的，并能够可靠地预测其数量。

3.在预测期内，企业不可能发生现金短缺，并可以通过出售有价证券来补充现金。

4.证券利率或报酬率以及每次固定性交易费用可以获悉。

某一时期的最佳现金管理相关总成本的计算公式为

$$TC=(Q/2)\times K+(T/Q)\times F$$

求得最佳现金持有量，即

$$Q=\sqrt{2TF/K}$$

$$TC=\sqrt{2TFK}$$

$$\text{最佳转换次数}=\frac{T}{Q}$$

$$\text{最佳转换间隔期}=360\div\text{最佳转换次数}$$

式中：T——某一时期的现金总需用量；

Q——最佳现金持有量(每次出售有价证券换回的现金数量)；

K——有价证券的利息率(机会成本率)(注意：K 与 T 的期间必须一致)；

F——每次出售有价证券的转换成本；

TC——最佳现金管理相关总成本。

职业能力操作 5-2

金利公司现金收支状况比较稳定，预计全年现金总需用量为 800 000 元，每次出售有价证券的转换成本为 400 元，有价证券的年利息率为 10%。计算金利公司的最佳现金持有量及相关成本。

【操作指导】

最佳现金持有量(Q)$=\sqrt{2\times 800\ 000\times 400/10\%}=80\ 000$(元)

最佳现金管理相关总成本(TC)$=\sqrt{2\times 800\ 000\times 400\times 10\%}=8\ 000$(元)

其中：机会成本$=(80\ 000\div 2)\times 10\%=4\ 000$(元)

转换成本$=(800\ 000\div 80\ 000)\times 400=4\ 000$(元)

存货模式是在假定现金支出比较稳定的情况下计算最佳现金持有量，但现实经济生活中，如此均衡的现金收支动态是很难形成的，因此，该模式计算的结果只能作为企业判断现金持有量的一个参考标准。

三、现金的日常管理

(一)现金管理的有关规定

按照现行制度，国家有关部门对企业使用现金有如下规定，企业必须严格遵守：

1.现金的使用范围

这里的现金是指人民币现钞，企业用现金从事交易，只能在一定范围内进行。该范围包括支付职工工资、津贴；支付个人劳务报酬；根据国家规定颁发给个人的科学技术、文化艺术、体育等各种奖金；支付各种劳保、福利费用以及国家规定的对个人的其他支出；向个人收购农副产品和其他物资的价款；出差人员必须随身携带的差旅费；结算起点（1 000 元）以下的零星支出；中国人民银行规定需要支付现金的其他支出。

2.库存现金限额

企业的库存现金由其开户银行根据企业的实际需要核定限额，一般以 3～5 日的零星开支额为限。

3.不得坐支现金

企业不得从本单位的人民币现金收入中直接支付交易款。人民币现金收入应于当日终了时送存开户银行。

4.不得出租、出借银行账户

5.不得签发空头支票和远期支票

6.不得套用银行信用

7.不得保存账外公款

不得保存账外公款包括不得将公款以个人名义存入银行和保存账外现金等各种形式的账外公款。

（二）加强现金收支预算管理

现金收支对财务状况有直接影响，企业应重视对现金收支的管理，其有效的方法是进行预算管理。

现金收支预算管理的目的在于及时平衡现金收支，经常保持与生产经营活动相适应的合理的现金流量，提高现金的使用效率。为达到这一目的，企业在现金的日常管理中还应当注意做好以下几个方面的工作：

1.力争现金流量同步

如果企业能使现金流入与现金流出发生的时间趋于一致，就可以使其所持有的交易性现金余额降到最低水平，同时，可以减少有价证券转换为现金的次数，提高现金的使用效率，节约转换成本。

2.使用现金浮游量

从企业开出支票到收票人收到支票并存入银行，一直到银行将款项划出企业账户，这一过程需要一段时间。现金在这段时间的占用称为现金浮游量。在这段时间里，尽管企业已开出了支票，却仍可动用在活期存款账户上的这笔资金。不过，在使用现金浮游量时，一定要控制好使用时间，否则会发生银行存款的透支。

3.加速收款

加速收款主要是指缩短应收账款的占用时间。发生应收账款会增加企业资金的占用，但它又是必要的，因为它可以扩大销售规模，增加销售收入。问题在于如何利用应收账款既能吸引顾客又能缩短收款时间，这需要在两者之间找到平衡点，并实施妥善的收账策略。

4.推迟应付款的支付

推迟应付款的支付是指企业在不影响自己信誉的前提下，尽可能推迟应付款的支付期，充分运用供货方所提供的信用优惠。比如企业急需现金，可以放弃供货方的现金折扣优惠，但应在信用期的最后一天支付款项。当然，要权衡现金折扣优惠与急需现金之间的利弊得失。

工作任务3 应收账款管理决策

应收账款是指企业因销售产品、材料或提供劳务及其他原因，而应向购货单位或接受劳务单位及其他单位收取的款项。随着市场经济的发展，商业信用成了企业促销的重要方式之一，同时也使企业应收账款的数额日渐增多，加强对应收账款的管理已成为企业财务管理的重要内容。

一、应收账款的功能与成本

微课21

应收账款信用政策的制定

（一）应收账款的功能

应收账款的功能表现为其在促进企业生产经营活动中所产生的作用。

1.增加销售功能

在市场竞争激烈的情况下，赊销是促进销售的一种重要方式。例如，有甲、乙两个供货商，甲的条件是全部付现，乙的条件是一个月后付款。如果是同等的产品价格、类似的质量水平、一样的售后服务，采购商肯定愿意购买乙的产品。因为赊销对顾客提供产品的同时，还相当于给顾客提供了一项有限时期的无息贷款，如果有现金折扣则又给顾客减少了开支。所以赊销明显能达到增加销售的目的，在资金相对短缺的情况下，赊销的作用则更为明显。另外，在推广新产品开拓新市场时，赊销亦具有重要意义。

提供赊销所增加的产品一般不增加固定成本，因此，赊销增加的收益等于销售量的增加与单位边际贡献的乘积，计算公式为

赊销增加的收益＝销售量的增加×单位边际贡献

2.减少存货功能

企业持有存货，对存货进行管理，需要支付管理费、仓储费及保险费等；相反，赊销能够促进产品销售，减少企业存货的数量，加快存货的周转速度，将存货转化为应收账款，减少对存货进行管理的有关支出。因此，当企业存货过多时，可以考虑采用较为优惠的信用条件进行赊销，以减少存货，节约各项支出。

（二）应收账款的成本

应收账款的成本是指持有应收账款所付出的代价。

1.应收账款的机会成本

企业占用在应收账款上的资金如果用于其他投资就可以获得投资收益，如投资有价证券就可以获得有价证券的利息收入。这种因占用应收账款而放弃的其他收入，就是应收账款的机会成本，这种成本一般参照有价证券的利息收入加以计量。其计算公式为

应收账款机会成本＝维持赊销业务占用资金×资金成本率

维持赊销业务占用资金＝应收账款平均余额×变动成本率

应收账款平均余额＝年赊销额÷应收账款周转率

应收账款周转率＝360÷应收账款平均收账期

式中，应收账款平均收账期是各种收账期的加权平均数。参见【职业能力操作5-3】。

2.应收账款的管理成本

应收账款的管理成本是指对应收账款进行日常管理的各项开支，主要包括对顾客信用状况进行调查的费用、收集各种信息的费用、账簿的记录费用、收账费用以及其他有关费用。

3.应收账款的坏账损失

应收账款因某种原因而无法收回的损失就是坏账损失。一般情况下，应收账款越多，发生的坏账损失也就越多。当然，坏账损失的发生与信用期限的长短、应收账款的管理水平也存在直接的关系，而且不同行业的坏账平均损失率也有差别。坏账损失一般用下列公式计算：

应收账款的坏账损失＝年赊销额×预计坏账损失率

4.现金折扣成本

现金折扣是指为了鼓励对方早日付款，而给予对方付款数额方面的优惠。企业提供现金折扣条件，若购货方享受现金折扣，则能缩短应收账款的占用时间，但必须付出现金折扣代价。

二、信用政策的确定

赊销是企业促销的重要手段，但大量应收账款的存在就会引起资金短缺，影响资金的周转。企业应收账款的多少，一方面受市场经济环境的影响，另一方面受企业信用政策的影响。信用政策即应收账款的管理政策，是企业对应收账款投资进行规划与控制所确立的基本原则与行为规范。为了管理好应收账款，企业必须制定出一系列符合企业自身经营管理特点的信用政策。

企业信用政策主要包括信用标准、信用条件和收账政策三部分内容。

（一）信用标准

信用标准是企业同意向顾客提供商业信用所要求的最低标准。信用标准通常以预计的坏账损失率来表示。对预计坏账损失率低的客户，给予较宽松的标准；对预计坏账损失率高的客户，给予较严格的标准。如果企业制定的信用标准过于严格，只对信誉较好、预计发生坏账损失可能性较低的顾客提供赊销，虽然能减少企业的应收账款以及相关的成本，但这样过于严格的信用标准可能不利于扩大销售量甚至会减少销售量；反之，如果放宽企业的信用标准，销售量虽然能增加，但同时又会使企业的应收账款以及相关的成本增加。因此，企业应根据具体情况进行利弊权衡，制定合理的信用标准，既能使企业应收账款额度保持适当水平，又能满足企业扩大销售规模、提高市场竞争力和占有率的需要。

（二）信用条件

信用条件是指企业要求客户支付货款所提出的付款要求和条件，主要包括信用期限、折扣期限及现金折扣等。信用条件的基本表现方式一般是赊销时在信用订单上加以注明，如“2/10，n/30”就是一项信用条件，它表明的意思是：若客户能够在发票开出后的10日内付款，可以享受2%的现金折扣；如果放弃折扣优惠，则全部款项必须在30日内付清。在此，30日为信用期限，10日为折扣期限，2%为现金折扣率。

企业提供比较优惠的信用条件往往能增加销售量，但同时也会增加现金折扣成本、收账成本和应收账款的机会成本及管理成本。在进行信用条件决策时，要综合考虑上述因素，先计算增加的收益，再计算增加的成本，最后，通过比较，选择最大可能增加企业利润的信用条件。

1.收益的增加(信用成本前收益)

$$信用成本前收益=销售量的增加\times单位边际贡献$$

2.信用成本

信用成本主要包括应收账款的机会成本、收账成本、坏账损失成本和现金折扣成本。其中,应收账款机会成本的计算公式如下:

$$应收账款机会成本=维持赊销业务占用资金\times资金成本率$$

$$维持赊销业务占用资金=应收账款平均余额\times变动成本率$$

$$应收账款平均余额=\frac{年赊销额}{360}\times平均收账天数$$

职业能力操作 5-3

金利公司预测的年度赊销额为 3 000 万元,其信用条件为 $n/30$,变动成本率为 60%,资金成本率为 20%。假设企业收账政策不变,固定成本总额不变。金利公司设有两个附加信用条件的备选方案:甲方案维持 $n/30$ 的信用条件,预计的坏账损失率为 2%,收账费用为 30 万元;乙方案将信用条件放宽到 $n/60$,预计年赊销额可达到 3 300 万元,坏账损失率为 4%,收账费用为 37 万元。

【操作指导】

各方案有关数据见表 5-3。

表 5-3　　信用条件备选方案表　　单位:万元

项　目	甲方案($n/30$)	乙方案($n/60$)
年赊销额	3 000	3 300
应收账款平均余额	250	550
维持赊销业务占用资金	250×60%=150	550×60%=330
坏账损失占赊销额(%)	2	4
坏账损失	3 000×2%=60	3 300×4%=132
收账费用	30	37

根据以上资料计算有关指标,见表 5-4。

表 5-4　　信用条件决策分析评价表　　单位:万元

项　目	甲方案($n/30$)	乙方案($n/60$)
年赊销额	3 000	3 300
变动成本	3 000×60%=1 800	3 300×60%=1 980
信用成本前收益(边际贡献)	1 200	1 320
信用成本:		
应收账款机会成本	150×20%=30	330×20%=66
坏账损失	60	132
收账费用	30	37
小　　计	120	235
信用成本后收益	1 080	1 085

根据表 5-4 中的计算结果,乙方案信用成本后收益大于甲方案,在其他条件不变的情况下,应选择乙方案。

下面进一步讨论现金折扣与折扣期限决策评价的有关问题：

职业能力操作 5-4

承前例，如果金利公司选择了乙方案，但为了加速应收账款的回收，决定将信用条件改为“2/10，1/20，n/60”（丙方案）。假设有60%的客户（按赊销额计算）利用2%的折扣，15%的客户将利用1%的折扣，其余客户放弃折扣于信用期限届满时付款。坏账损失占赊销额比例降为2%，收账费用降为30万元。

【操作指导】

根据上述资料计算有关指标如下：

应收账款周转天数＝60%×10＋15%×20＋25%×60＝24（天）

应收账款周转率＝360÷应收账款平均收账期＝360÷24＝15（次）

应收账款平均余额＝年赊销额÷应收账款周转率＝3 300÷15＝220（万元）

维持赊销业务所占用资金＝220×60%＝132（万元）

应收账款机会成本＝132×20%＝26.4（万元）

坏账损失＝3 300×2%＝66（万元）

收账费用＝30（万元）

现金折扣＝3 300×（2%×60%＋1%×15%）＝44.55（万元）

根据以上资料，编制决策分析评价表见表5-5。

表5-5　决策分析评价表　　单位：万元

项　目	乙方案（n/60）	丙方案（2/10，1/20，n/60）
年赊销额	3 300	3 300
减：变动成本	1 980	1 980
信用成本前收益（边际贡献）	1 320	1 320
减：现金折扣	—	44.55
应收账款机会成本	66	26.4
坏账损失	132	66
收账费用	37	30
信用成本后收益	1 085	1 153.05

计算结果表明，采用丙方案虽然增加了现金折扣，但应收账款机会成本、坏账损失、收账费用均有较大降低，使企业的收益增加了68.05（1 153.05－1 085）万元，因此，应选择丙方案。

（三）收账政策

收账政策是指企业对各种逾期应收账款所采取的对策、措施以及准备为此而付出代价的策略。对于逾期时间长短不同的应收账款，应采用不同的收账政策。对逾期较短的顾客可以暂不打扰，以便保持与客户之间的长期业务关系；对逾期稍长的顾客，可去信函有礼有节地提醒对方付款；对逾期较长的顾客，应去电话或较明朗的信函催收；对逾期很长的顾客，则应派专人登门催收，若对方故意拒付，则可诉诸法律。当然，在做出某些必要的让步或优惠政策后可收回大部分或绝大部分货款的情况下，也可以考虑不通过法律程序解决。因为诉诸法律不仅会恶化与客户的关系，而且要花费相当数额的诉讼费。事实上，逾期应收账款也不一定都是能通过法律制裁可以回收的。

采用收账政策还应考虑的一个问题是客户的信用情况，对于那些信用情况一向良好的客户，应该不去或少去催账；而对于那些信用情况一贯不好的客户，则应在其逾期后采取积极的收账政策。企业催收货款必然会发生一些收账费用，通常情况下，收账费用越大、收账措施越有力，收回的款项就越多，坏账损失的比率就越小，但是收账费用的支出和坏账损失的减少并不一定是成比例的。一般情况是：开始花费一些收账费用，应收账款和坏账损失有小部分降低；收账费用继续增加，应收账款和坏账损失明显减少；当收账费用达到某一限度以后，应收账款和坏账损失的减少就不再明显了。因此，在制定收账政策时，不仅要考虑逾期时间及客户的信用情况，更要权衡增加收账费用与减少应收账款和坏账损失之间的得失关系，掌握好宽严界限。

职业能力操作 5-5

金利公司现采用收账政策和拟改变收账政策的有关数据资料见表 5-6。

表 5-6　　收账政策数据资料表　　金额单位：万元

项　目	现采用收账政策	拟改变收账政策
年收账费用	8	12
平均收账期(天)	72	45
坏账损失占赊销额(%)	3	2
赊销额	560	560
变动成本率(%)	60	60

假设有价证券的利息率(机会成本率)为 20%。请做出金利公司是否应改变收账政策的决策。

【操作指导】

根据表 5-6 中的资料，计算两种方案的收账总成本，并进行对比分析评价，见表 5-7。

表 5-7　　收账政策分析评价表　　金额单位：万元

项　目	现采用收账政策	拟改变收账政策
赊销额	560	560
应收账款周转率(次)	360÷72=5	360÷45=8
应收账款平均余额	560÷5=112	560÷8=70
维持赊销业务占用资金	112×60%=67.2	70×60%=42
应收账款机会成本	67.2×20%=13.44	42×20%=8.4
坏账损失	560×3%=16.8	560×2%=11.2
收账费用	8	12
收账总成本	38.24	31.6

计算结果表明，拟改变收账政策发生的收账总成本较现采用收账政策的收账总成本降低了 6.64(38.24－31.6)万元，因此，应改变收账政策。

如上所述，企业的信用政策主要包括信用标准、信用条件和收账政策三部分内容。而影响企业信用标准、信用条件及收账政策的因素很多，这就使得信用政策的确定会更为复杂，它要求全面、综合地考虑诸如赊销额、赊销期限、收账期限、现金折扣、坏账损失、过剩生产能力、机会成本、存货投资等因素及其可能发生的变化，适时确定相应的信用政策。一般来说，当企业采取或松或紧的信用政策所带来的收益最大时，就是理想的信用政策。

三、应收账款日常管理

企业应加强对应收账款的日常管理工作，采取有力措施进行分析、控制，及时发现问题，采取相应对策。应收账款日常管理是一项复杂而细致的工作，下面介绍几项主要的管理措施。

（一）加强对客户信用要求的审批管理

企业在生产经营过程中，随着经营方向和经营范围的不断拓宽，新客户也会不断增加。当新客户提出赊销的信用要求时，通常要履行一定的审批手续。根据对客户进行调查所掌握的有关资料，包括经营状况、信用状况等，由销售部门经理审核批准后，决定是否给客户赊销，以及赊销金额的大小。对一次性赊销数额较大的，即使是老客户，也要经过重新审核批准手续，以防止意外情况发生而蒙受损失。

（二）加强应收账款的信息反馈管理

企业对于已经发生的应收账款，除在会计账面上做好明确详细的记录外，还要对回收账款的情况进行跟踪调查，并依照一定的标准，对应收账款进行统计分析，及时反映应收账款的质量状况。

对应收账款的跟踪调查，主要是针对那些赊销金额大或信用品质较差的客户。要及时了解这些客户偿债能力的变化，以便采取有效的收款对策，保证货款的回收，同时也为企业及时调整信用政策提供依据。

对应收账款的统计分析，主要是定期进行应收账款的账龄分析，即应收账款的账龄结构分析。应收账款的账龄结构是指已经发生的各账龄应收账款的余额占应收账款总计余额的比重。某企业应收账款账龄分析表见表 5-8。

表 5-8　应收账款账龄分析表

应收账款账龄	账户数量	金额（万元）	比重（%）
信用期以内	90	100	50
超过信用期 1 个月内	45	30	15
超过信用期 2 个月内	15	10	5
超过信用期 3 个月内	10	10	5
超过信用期 4 个月内	20	14	7
超过信用期 5 个月内	18	16	8
超过信用期 6 个月内	8	12	6
超过信用期 6 个月以上	15	8	4
应收账款余额总计		200	100

表5-8表明，该企业应收账款余额中，有100万元尚在信用期内，占全部应收账款的50%。逾期数额100万元，占全部应收账款余额的50%，其中逾期在1、2、3、4、5、6个月内的，分别占全部应收账款的15%、5%、5%、7%、8%、6%。有4%的应收账款已逾期6个月以上。企业对逾期应收账款应予以足够重视，查明原因，采取有力对策。

（三）加强对应收账款的责任管理

应收账款是企业销售产品或提供劳务后发生的，其直接的责任者是企业销售部门的销售人员，因此，应收账款的收款责任可具体落实到销售人员身上。在应收账款的回收问题上，要坚持谁销售、谁负责收款，并按回款额计发销售人员的工资和奖金。对超过规定信用期的应收账款，一方面要督促销售人员及时催收，另一方面要制定适当的奖惩办法加以保证。如对逾期应收账款可依据逾期时间的长短，从销售人员工资或奖金中抵扣逾期应收账款占用资金的利息；应收账款发生了坏账损失，可以考虑由销售人员按比例承担一定的损失费用等。同时，对应收账款回收及时，坏账损失率低于规定标准的销售人员给予适当的奖励等。企业财务部门和财务人员，也应围绕应收账款的责任管理制度，做好协调、督促工作，确保将企业应收账款日常管理工作落到实处。

工作任务4　存货管理决策

存货是指企业在生产经营过程中为销售或者耗用而储备的物资。在企业的流动资产中，存货所占比重较大，存货运用状况的好坏，对企业的财务状况有很大影响。为了避免存货投资过大导致投资成本增加，或者出现存货短缺造成生产经营过程中断，影响企业的盈利能力，必须认真加强对存货的规划和控制。存货管理是企业财务管理中一项经常性的工作。

一、存货的功能与成本

（一）存货的功能

存货的功能是指存货在企业生产经营中的作用。存货的功能主要有以下几个方面：

1.保证生产功能

从企业的供应和生产过程来看，供应部门为保证生产对原材料等物资的消耗，必须保持一定量的周转性储备。企业的生产是连续进行的，需要不停地耗用原材料，因而生产过程中必然会占用各种半成品、在产品。为了保证企业生产经营的正常进行，每个企业必须储备一定数量的原材料和在产品等存货。

2.满足销售功能

从企业的销售过程来看，保持一定数量的产成品存货也是必要的，它能满足客户订货的要求。客户从节约采购成本的目的出发，一般要成批采购，企业只有保持一定数量的产成品存货，才能及时满足客户成批采购的要求。尤其当市场需求突然增加时，企业有足够的产成品储存，才能及时满足客户的需要，提高企业的销售量。另外，因为企业的产品销售速度不可能完全与产品生产速度相一致，一旦出现销售旺季，销售速度高于生产速度，这时若没有一定的储存，就会失去良好的市场机会，从而蒙受损失。

3.预防功能

在市场供需变化加快，企业外部环境不稳定的情况下，企业在生产经营的过程中，难免会发生一些意外事件，如原材料延误到货，生产设备故障，自然灾害等。为防止由于某些突发事件的出现而导致企业准时生产的中断，企业需要保持一定数额的保险储备，以减少因存货不足带来的损失。另外，从组织均衡生产、有利于降低成本的目的出发，企业也需要保持一定的保险储备。

（二）存货的成本

企业保持一定数量的存货，就必然会付出相应的代价，即存货成本。存货成本一般有以下几项：

1.进货成本与取得成本

进货成本是指存货的取得成本。

取得成本是指为取得某种存货而发生的成本，又分为订货成本和购置成本。

(1)订货成本是指企业为组织进货而发生的费用，如办公费、差旅费、邮资、电报电话费、运输费等支出。订货成本中一部分与订货次数无关，如专设采购机构的基本开支等，称为固定的订货成本，用 F_1 表示，这类成本属于决策的无关成本；另一部分与订货次数有关，如差旅费、邮资、电报电话费等与进货次数成正比例变动，这类变动性订货成本属于决策的相关成本。每次订货的变动成本用 B 来表示；订货次数等于存货年需要量 A 与每次进货量 Q 之比。订货成本的计算公式为

$$\begin{aligned}订货成本&=订货固定成本+订货变动成本\\&=F_1+A/Q\times B\end{aligned}$$

(2)购置成本是指企业为购买存货所支出的成本。购置成本一般与采购数量成正比例变化，它等于采购数量与单价的乘积。在一定时期进货总量既定的情况下，无论企业采购次数如何变化，存货的购置成本通常是保持相对稳定的(假设物价不变且无数量折扣)，因而属于决策的无关成本。企业在采购的过程中，应货比三家，争取采购到质量好、价格低的材料物资，以降低购置成本。存货年需要量用 A 来表示，单价用 P 来表示，则购置成本为 AP。

订货成本加上购置成本就等于存货的取得成本，其计算公式为

$$\begin{aligned}取得成本&=订货成本+购置成本\\&=订货固定成本+订货变动成本+购置成本\\&=F_1+A/Q\times B+AP\end{aligned}$$

2.储存成本

储存成本是指在物资储存过程中所支付的各种仓储费、占用利息、搬运费、保险费、租赁费等。储存成本可以按照与储存数额的关系划分为变动性储存成本和固定性储存成本两类。变动性储存成本是指那些随着储存数额的增减成正比例变动的支出，如存货占用资金的应计利息、霉烂变质费用、仓储保险费用等，这类成本的高低，取决于存货数量，平均库存量越多，变动性储存成本也就越高，属于决策的相关成本，单位存货的年变动性储存成本用 C 来表示。而固定性储存成本与存货储存数额的多少没有直接的联系，如仓库折旧费、保管人员的固定月工资等，这类成本属于决策的无关成本，用 F_2 来表示。

$$\text{储存成本}=\text{固定性储存成本}+\text{变动性储存成本}$$
$$=F_2+Q/2\times C$$

3.缺货成本

缺货成本是指因存货不足而给企业造成的损失，包括由于材料供应中断造成的停工损失、成品供应中断导致延误发货的信誉损失及丧失销售机会的损失等。如果企业能够以替代材料解决库存材料供应中断之急的话，缺货成本便表现为替代材料紧急采购的额外开支。缺货成本能否作为决策的相关成本，应视企业是否允许出现存货短缺的不同情形而定。若允许发生缺货，则缺货成本便与存货数量反向相关，即属于决策相关成本；反之，若企业不允许发生缺货，则缺货成本为零，也就无须加以考虑。

二、存货控制

存货控制涉及的内容是多方面的，如决定进货项目、选择供应单位、决定进货时间、决定进货的批量等。这些工作涉及的部门也较多，如企业的供应部门、生产部门、销售部门、财务部门等。财务部门实施对存货的控制，实现存货管理的目标，要在与其他有关部门的协调配合中完成。财务部门的主要工作是决定进货时间和进货数量，从而有效地控制存货数量。在企业存货管理和控制的实践过程中，逐步形成了一些有效的存货控制方法。下面介绍几种常用的方法。

微课 22

存货经济批量的确定

（一）存货经济批量控制法

企业在确定了计划采购总量后，还要确定合理的每次进货批量，防止盲目采购所造成的损失。合理的进货批量也就是经济进货批量，是指能够使一定时期存货的总成本达到最低点的进货数量。通过上述对存货成本的分析可知，决定存货经济进货批量的成本因素主要包括订货变动成本（简称进货费用）和变动性储存成本（简称储存成本）。不同的成本项目与进货批量呈现着不同的变动关系。减少进货批量，增加进货次数，在影响储存成本降低的同时，也会导致订货变动成本的提高；相反，增加进货批量，减少进货次数，尽管有利于降低订货变动成本，但同时会影响储存成本的提高。因此，如何协调各项成本费用间的关系，使其总和保持最低水平，是企业组织进货时需解决的主要问题。

1.存货经济批量基本模型的假设前提

（1）企业能够及时补充存货，即需要订货时便可立即取得存货。

（2）能集中到货，而不是陆续入库。

（3）不允许缺货。

（4）存货需求量稳定，并能较准确地预测。

（5）存货单价不变，不考虑现金折扣。

（6）企业现金充足，不会因现金短缺而影响进货。

（7）企业所需存货市场供应充足，不会因买不到需要的存货而影响生产经营。

2.存货经济批量基本模型的有关计算

在上述假设成立的前提下，存货总成本中的购置成本固定不变、缺货成本为零，只有变动订货成本和变动储存成本是相关成本。故订货变动成本与储存成本总和最低时的进货批量，就是经济进货批量。其计算公式为

$$经济进货批量(Q)=\sqrt{2AB/C}$$

$$经济进货批量的存货总成本(TC)=\sqrt{2ABC}$$

$$经济进货批量的平均占用资金(W)=\frac{QP}{2}$$

$$年度最佳进货批次(N)=\frac{A}{Q}$$

式中：Q——经济进货批量；

A——某种存货年度计划进货总量；

B——平均每次进货费用；

P——单位采购成本；

C——单位存货年度储存成本；

TC——存货总成本。

职业能力操作 5-6

金利公司每年需耗用甲材料 8 000 千克，该材料的单位采购成本为 15 元，单位储存成本为 5 元，平均每次订货变动成本为 50 元，计算存货经济批量和相关成本。

【操作指导】

$Q=\sqrt{2\times8\ 000\times50/5}=400$（千克）

$TC=\sqrt{2\times8\ 000\times50\times5}=2\ 000$（元）

$W=400\times15/2=3\ 000$（元）

$N=8\ 000/400=20$（次）

计算结果表明，当进货批量为 400 千克时，订货变动成本与储存成本总和最低。

（二）存货储存期控制法

存货储存期控制法是指根据存货的有关费用与存货储存时间的依存关系，通过控制存货储存时间，加速存货周转，实现存货管理目标的一种控制方法。无论是商品流通企业还是生产制造企业，其商品、产品一旦入库，便面临着如何尽快销售出去的问题。先不考虑未来市场供求关系的不确定性，仅是存货储存本身就会给企业造成较多的资金占用费（如利息成本或机会成本）和仓储管理费。因此，尽力缩短存货储存时间，加速存货周转，是节约资金占用，降低成本费用，提高企业获利水平的重要保证。

企业进行存货投资所发生的费用支出，按照与储存时间的关系可以分为固定储存费与变动储存费两类。前者数额的大小与存货储存期的长短无直接联系，如各项进货费用、管理费用等。后者则随着存货储存期的延长或缩短成正比例变动，如存货资金占用费（贷款购置存货的利息或现金购置存货的机会成本）、存货仓储管理费、仓储损耗（为计算方便，如果仓储损耗较小，应将其并入固定储存费）等。

基于上述分析，引入本量利的平衡关系原理，可以将商品流通企业经营商品的利润与毛利、销售税金及附加、固定储存费、变动储存费以及存货储存期（天数）的相关联系用图 5-4 来表示。

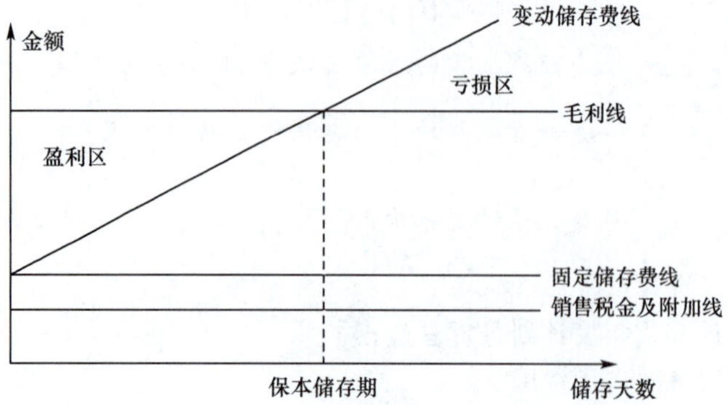

图 5-4

利润的计算公式调整如下：

利润＝毛利－固定储存费－销售税金及附加－每日变动储存费×储存天数

可见，存货的储存成本之所以会不断增加，主要是由变动储存费随着存货储存期的延长而不断增加的结果，所以利润与费用之间此增彼减的关系实际上是利润与变动储存费之间此增彼减的关系。这样，随着存货储存期的延长，利润将日渐减少。当毛利扣除固定储存费和销售税金及附加后的余额被变动储存费抵消到恰好等于企业目标利润时，表明存货已经到了保利期。当它完全被变动储存费抵消时，便意味着存货已经到了保本期。显然，存货如果能够在保利期内售出，所获得的利润便会超过目标值；反之，将难以实现既定的目标利润。倘若存货不能在保本期内售出的话，企业便会蒙受损失。具体的计算公式如下：

$$\text{存货保本储存天数}=\frac{\text{毛利}-\text{固定储存费}-\text{销售税金及附加}}{\text{每日变动储存费}}$$

在整批购进又整批卖出的情况下，经销某批存货盈利或亏损的计算公式如下：

$$\text{存货保利储存天数}=\frac{\text{毛利}-\text{固定储存费}-\text{销售税金及附加}-\text{目标利润}}{\text{每日变动储存费}}$$

盈利或亏损额＝每日变动储存费×(保本储存天数－实际储存天数)

当保本储存天数大于实际储存天数时为盈利，反之为亏损。

职业能力操作 5-7

万利商品流通企业购进丙商品 500 件，单位进价(不含增值税)为 500 元，单位售价为 550 元(不含增值税)，经销该批商品的固定储存费为 5 000 元，若货款均来自银行贷款，年利率为 9%，该批存货的月保管费用率为 0.3%，销售税金及附加为 2 500 元。要求：

(1)计算该批存货的保本储存期；

(2)若企业要求获得 3.5%的投资利润率，计算保利期；

(3)若该批存货实际储存了 150 天，问能否实现 3.5%的目标投资利润率，差额是多少？

(4)若该批存货亏损了 875 元，则实际储存了多少天？(一年按 360 天、一个月按 30 天计算)

【操作指导】

$$存货保本储存天数=\frac{(550-500)\times 500-5\ 000-2\ 500}{500\times 500\times (9\%/360+0.3\%/30)}$$

$$=\frac{17\ 500}{87.5}=200(天)$$

$$存货保利储存天数=\frac{(550-500)\times 500-5\ 000-2\ 500-500\times 500\times 3.5\%}{500\times 500\times (9\%/360+0.3\%/30)}$$

$$=\frac{8\ 750}{87.5}=100(天)$$

储存 150 天的实际利润额＝87.5×(200－150)＝4 375(元)

实际利润 4 375 元小于目标利润 8 750(500×500×3.5%)元，未达到 3.5%的目标投资利润率。

$$亏损 875 元的实际储存天数=200-\frac{(-875)}{87.5}=210(天)$$

从财务管理方面，需要分析哪些存货基本能在保利期内销售出去，哪些存货介于保利期与保本期之间售出，哪些存货直至保本期已过才能售出或根本就没有市场需求。通过分析，财务部门应当通过调整资金供应政策，促使经营部门调整产品结构和投资方向，推动企业存货结构的优化，提高存货的投资效率。

微课 23

存货的日常管理-ABC 分类控制法

（三）存货的日常管理——ABC 分类控制法

对于一个大型公司来说，往往有成千上万种存货，在这些存货中，有的价值昂贵，有的则较低廉；有的数量庞大，有的则寥寥无几。在日常的存货管理中，如果不分主次，都分别计算经济进货批量，进行周密计划、严格控制，工作量太大，不符合成本效益原则和重要性原则，ABC 分类控制法正是针对这一问题提出来的。

ABC 分类控制法是意大利经济学家巴雷特于 19 世纪发明的，后来经过不断地发展和完善，已广泛用于存货、成本和生产等方面的控制。所谓 ABC 分类管理就是按照一定的标准，将企业的存货划分为 A、B、C 三类，分别实行分品种重点管理、分类别一般控制和按总额灵活掌握的存货管理方法。

ABC 分类管理方法的基本原理是将存货分为 A、B、C 三类，其分类的标准有两个：一是金额标准；二是品种数量标准。其中，金额标准是最基本的，品种数量标准仅作为参考。A 类存货的特点是金额巨大，品种数量较少；B 类存货的特点是金额一般，品种数量相对较多；C 类存货的特点是品种数量繁多，但价值较少。三类存货的金额比重大致为 0.7∶0.2∶0.1。

运用 ABC 分类控制法一般分为以下四个步骤：

第一步，根据每一种存货在一定期间内(例如一年内)耗用量乘以价格计算出该种存货的资金耗用总额。

第二步，计算出每一种存货资金耗用总额占全部存货资金耗用总额的百分比，并按从大到小的顺序排列，编成表格。

第三步，根据事先测定好的标准，把各项存货分为 A、B、C 三类，并用直角坐标图表示出来。

第四步，对A类存货实施重点控制，对B类存货实施次重点控制，对C类存货实施一般性的控制。

职业能力操作 5-8

某公司共有21种材料，总金额为1 200 000元，按金额多少的顺序排列并按上述原则将其划分成A、B、C三类，列在表5-9中。各类存货的金额百分比如图5-5所示。

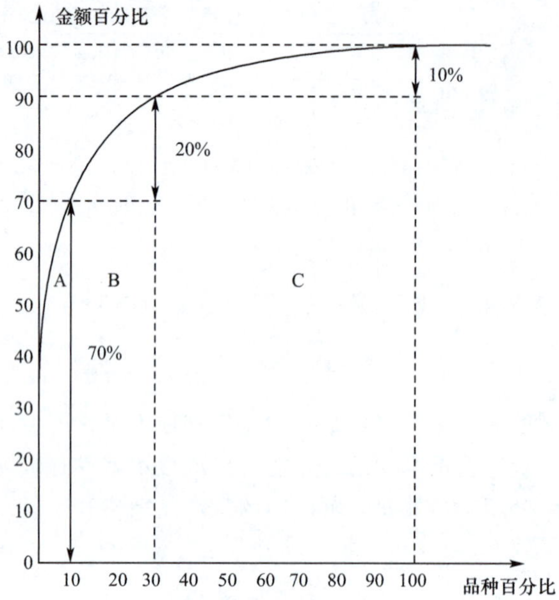

图 5-5

表 5-9　　存货的分类排列

材料名称	年耗用量(千克)	单价(元/千克)	年耗用金额(元)	各类存货金额和比重	分类
#1	12 000	40	480 000	840 000	
#2	12 000	30	360 000	70%	A
#3	5 000	18	90 000		
#4	4 000	18	72 000	240 000	
#5	4 000	12	48 000	20%	B
#6	2 000	15	30 000		
#7	2 000	9	18 000		
#8	2 000	6.5	13 000		
#9	2 000	6.2	12 400		
#10	2 000	6.1	12 200		
#11	2 000	6	12 000		
#12	2 000	5.4	10 800		
#13	2 000	4.05	8 100	120 000	C
#14	2 000	3.9	7 800	10%	
#15	3 000	2.1	6 300		
#16	2 000	2.1	4 200		
#17	2 000	1.8	3 600		
#18	2 000	1.6	3 200		

（续表）

材料名称	年耗用量(千克)	单价(元/千克)	年耗用金额(元)	各类存货金额和比重	分类
＃19	2 000	1.65	3 300		
＃20	2 000	1.35	2 700		
＃21	2 000	1.2	2 400		
合计	—	—	1 200 000	100%	—

A、B、C三类存货的特点与控制要求：

(1)A类存货的特点与控制要求。A类存货品种数量少，但占用资金多。企业应集中主要力量进行周密的规划和严格的管理，应列为控制重点。其控制措施主要有两个：

一是计算确定其经济进货批量，最佳保险储备和再订货点，严格控制存货数量。

二是采用永续盘存制，对存货的收发结存进行严密监视，当存货数量达到再订货点时，应及时通知采购部门组织进货。

(2)B类存货的特点与控制要求。B类存货品种、数量、占用资金均属中间状态，不必像A类存货控制那样严格，但也不能过于宽松。其控制要求是确定每种存货的经济进货批量、最佳保险储备量和再订货点，并采用永续盘存制对存货的收发结存情况进行反映和监督。

(3)C类存货的特点和控制要求。C类存货品种多，数量大，但资金占用量很小。企业对此类存货不必花费太多的精力，可以采用总金额控制法，根据历史资料分析后，按经验适当增大进货批量，减少订货次数。

（四）存货的适时制管理

适时制(JIT)又称零库存管理、看板管理系统，它起源于20世纪20年代美国底特律福特汽车公司推行的集成化生产装配线。后来适时制在日本制造业得到了长足的发展，随后又重新在美国推广开来。

适时制的基本原理：制造企业事先与供应商和客户协商好，只有当制造企业在生产过程中需要原料或零件时，供应商才会将原料和零件送来，每当产品生产出来就被客户运走。这样，制造业的存货数量减到最少，企业的物资供应、生产和销售形成连续的同步运转过程，消除企业内部存在的所有浪费，不断提高产品质量和生产效率。

目前，已有越来越多的企业利用适时制库存控制系统减少甚至消除对存货的需求，即实行零库存管理，如海尔、丰田、沃尔玛等。适时制库存控制系统进一步的发展被应用于企业整个生产管理过程中，大大提高了企业的运营管理效率。

职业能力训练

一、单项选择题

1.现金作为一种资产，它的特点是(　　)

A.流动性强，盈利性强　　B.流动性强，盈利性差

C.流动性差，盈利性强　　D.流动性差，盈利性差

2.企业持有现金的原因,主要是为了满足(　　)。

A.交易性、预防性、收益性需要　　B.交易性、投机性、收益性需要

C.交易性、预防性、投机性需要　　D.预防性、收益性、投机性需要

3.利用存货模型确定最佳现金持有量时,不予考虑的因素是(　　)。

A.持有现金的机会成本　　B.现金的管理成本

C.现金的交易成本　　D.现金的平均持有量

4.对信用期限的叙述,正确的是(　　)。

A.信用期限越长,坏账发生的可能性越小

B.信用期限越长,表明客户享受的信用条件越优越

C.延长信用期限,将会减少销售收入

D.信用期限越长,收账费用越少

5.存货经济批量的基本模型所依据的假设不包括(　　)。

A.存货集中到货　　B.一定时期的存货需求量能够确定

C.存货进价稳定　　D.允许缺货

6.下列项目中,(　　)不属于信用政策的内容。

A.现金折扣　　B.信用标准　　C.信用条件　　D.收账政策

7.下列筹资政策中,风险性和收益性均较低的营运资本筹资政策是(　　)。

A.激进型筹资政策　　B.配合型筹资政策

C.稳健型筹资政策　　D.稳定型筹资政策

8.当存货的毛利扣除固定储存费和销售税金及附加后的余额被变动性储存费抵消到恰好等于企业目标利润时,表明存货已经到了(　　)。

A.保本期　　B.保本点　　C.盈亏平衡点　　D.保利期

二、多项选择题

1.某企业现金收支状况稳定,全年按存货模式计算的最佳持有量为40 000元,全年现金用量为200 000元,机会成本率为10%,则下列说法中,正确的有(　　)。

A.转换成本为2 000元　　B.有价证券交易间隔期为72天

C.机会成本为2 000元　　D.相关总成本为4 000元

2.现金的短缺成本(　　)。

A.不考虑其他资金的变现能力　　B.包括丧失的购买机会

C.包括失去信用的损失　　D.放弃现金折扣的损失

3.用成本分析模式确定最佳现金持有量时,应予考虑的成本费用项目有(　　)。

A.现金管理成本　　B.现金短缺成本

C.现金与有价证券的转换成本　　D.现金机会成本

4.企业为满足预防需要而置存的现金余额主要取决于(　　)。

A.企业对现金流量预测的可靠程度　　B.企业的借款能力

C.企业愿意承担风险的程度　　D.企业在金融市场上的投资机会

E.业务量的大小

5.信用条件是指公司要求客户支付赊销款的条件,一般包括(　　)。

A.信用期限　　B.现金折扣　　C.折扣期限　　D.坏账损失率

E.信用标准

6.在企业存货管理和控制的实践过程中，逐步形成了一些有效的存货控制方法，这些控制方法主要有(　　)。

A.存货经济批量控制法　　B.存货存储期控制法

C.存货的适时制管理　　D.存货 ABC 分类控制法

7.企业存货的成本一般包括(　　)。

A.转换成本　　B.取得成本　　C.储存成本　　D.缺货成本

8.企业应收账款的成本主要有(　　)。

A.机会成本　　B.持有成本　　C.管理成本　　D.坏账成本

三、简答题

1.确定目标现金持有量有哪些模式？

2.什么是存货管理的 ABC 分类控制法？

3.应收账款日常管理的主要管理措施有哪些？

四、计算题

1.万和公司现金收支状况比较稳定，根据以往经验预计下年(按 360 天计算)现金需要量为 800 000 元，企业现金不足时，由有价证券转换，现金与有价证券转换成本为每次 400 元，在当前的资金市场条件下，有价证券的年利率为 8%。请你运用所学知识确定该公司最佳现金持有量以及在最佳现金持有量下的机会成本、转换成本、有价证券的交易次数及交易间隔期。

2.美华企业预测年度赊销收入净额为 4 800 万元，其信用条件是 n/30，变动成本率为 65%，机会成本率为 20%。假设企业收账政策不变，固定成本不变。该企业有 A、B、C 三个备选方案，信用条件分别为 A:n/30;B:将信用条件放宽至 n/60;C:将信用条件放宽至 n/90。其赊销额分别为 4 800 万元、5 300 万元和 5 600 万元；坏账损失率分别为 1.5%、3%和 5%；收账费用分别为 26 万元、36 万元和 59 万元。

要求：

(1)试选择最佳方案。

(2)如果将最佳方案的信用条件改为 2/10，1/20，n/50(D 方案)，估计有 50%的客户利用 2%的折扣，20%的客户利用 1%的折扣，其余客户放弃折扣，于信用期限届满时付款。坏账损失率降为 1.2%，收账费用降为 26 万元，其他条件不变。比较后试选择最佳方案。

3.利达企业 N 材料全年需要量为 7 200 吨，每吨标准价格为 50 元，已知每次订货的变动成本为 100 元，每吨材料年变动储存成本为 36 元。请计算最佳经济进货批量。

4.万盛公司有甲、乙、丙、丁四种现金持有方案，它们各自的现金持有量、管理成本、短缺成本见表 5-10。假设万盛公司现金的机会成本率为 10%。请测算该公司的最佳现金持有量。

表 5-10　　万盛公司现金持有方案　　单位:元

项目 \ 方案	甲	乙	丙	丁
现金持有量	100 000	200 000	300 000	500 000
管理成本	30 000	30 000	30 000	30 000
短缺成本	11 000	6 500	3 500	0

项目六

收益分配管理

职业能力目标

◎ 理解利润分配的原则和影响利润分配政策的因素；
◎ 理解股利理论；
◎ 掌握股票股利、股票分割的异同；
◎ 掌握利润分配程序；
◎ 掌握股利政策的特点。

素质培养目标

◎ 能处理好整体和局部的关系，兼顾各方利益；
◎ 正确认识社会分配不公的现象，树立正确的人生观、价值观；
◎ 树立社会主义核心价值观"公正、法治"，树立依法分配的理念。

工作任务列表

项目六 收益分配管理	
	工作任务1　认识利润分配
	工作任务2　利润分配程序
	工作任务3　股票股利和股票分割
	工作任务4　股利政策的选择

项目引言

收益分配管理是对企业实现的利润及利润分配进行管理的过程，这是财务管理的主要组成部分。本项目的重点学习内容包括利润分配的原则和影响利润分配政策的因素、股利理论、股票股利、股票分割、利润分配程序、股利政策的特点等。

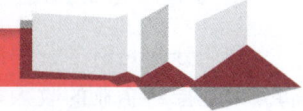

项目引例

格力电器高派现股利政策

格力集团始建于1985年，是家喻户晓的家电生产企业。1996年在深圳证券交易所上市。该集团在30多年的发展中成为珠海市的龙头国有企业。同时，格力电器坚持自主研发，截至2020年底，公司累计申请发明专利40195项；累计获得46项中国专利奖；累计获得日内瓦发明展金奖6项，纽伦堡发明展金奖5项。科技创新带来了企业快速发展，成为空调行业的领军企业。

按照经济学方面的界定，如果一家上市公司的每股现金分红高出0.3元，则属于实施高派现股利政策。股利支付率是衡量公司实施高派现政策的又一指标，一家公司如果股利支付率不足当年净利润的60%，就属于正常派现，但是只要金额超出盈余的60%，就可以认为是实施了高派现股利政策。格力电器股利分配见表6-1。

表 6-1　　格力电器 2006—2020 年股利分配统计表

年份	现金股利（亿元）	净利润（亿元）	股利支付率（%）	分配方案
2020	174.9855	221.7511	78.91	每10股派30元
2019	72.1888	246.9664	29.23	每10股派12元
2018	126.3303	262.0279	48.21	每10股派21元
2017	——	——	——	未分红
2016	108.2832	154.2097	70.22	每10股派18元
2015	90.2360	125.3244	72.00	每10股派15元
2014	90.2360	141.5517	63.75	每10股转增10股派30元
2013	45.1180	108.7007	41.51	每10股派15元
2012	30.0787	73.7967	40.76	每10股派10元
2011	15.0393	52.3694	28.72	每10股派5元
2010	8.4537	42.7572	19.77	每10股派3元
2009	9.3930	29.1345	32.24	每10股送5股派5元
2008	3.7572	21.2740	17.87	每10股转增5股派3元
2007	2.5048	12.6976	19.73	每10股转增5股派3元
2006	——	——	——	未分配

数据来源：格力电器在网易财经上发布的2006—2020年财报。

工作任务1 认识利润分配

利润分配是财务管理的重要内容,有广义的利润分配和狭义的利润分配两种。广义的利润分配是指对企业的收入和利润进行分配的过程;狭义的利润分配则是指对企业净利润的分配。利润分配的结果形成了国家的所得税收入、投资者的投资报酬和企业的留用利润等不同项目。由于税法具有强制性和严肃性,缴纳税款是企业必须履行的义务,从这个意义上看,财务管理中的利润分配,主要是指对企业净利润的分配。利润分配的实质是确定给投资者的分红与企业留用利润的比例。本书所讨论的利润分配是指对净利润的分配,即狭义的利润分配。

一、利润分配的原则

一个企业的利润分配不仅会影响企业的筹资和投资决策,而且还涉及国家、投资者和职工等各方面的利益关系,涉及企业的长远利益与当前利益、整体利益与局部利益等关系。为合理组织企业的财务活动和正确处理企业的财务关系,企业在进行利润分配时,应遵循以下原则:

(一)依法分配原则

依法进行利润分配,是企业正确处理各方面利益关系的关键。国家为了规范企业的利润分配行为,制定和颁布了若干法规,主要包括企业制度方面的法规、财务制度方面的法规等。这些法规规定了企业进行利润分配的基本要求、一般程序和重大比例等,企业应严格执行。例如,我国现行的财务制度规定,企业利润总额在缴纳所得税后必须按下列顺序分配:

1.弥补以前年度亏损。

2.提取法定盈余公积。

3.提取任意盈余公积(提取比例由投资者决议)。

4.向投资者分配利润。

同时,对提取法定盈余公积和任意盈余公积的方法和比例等也做了明确的规定,企业均不得违背这些规定。

(二)合理积累、适当分配原则

企业在进行利润分配的过程中,应兼顾长远利益与当前利益,处理好积累和分配的比例关系。一方面应考虑为满足扩大再生产的需要积累必要的资金,另一方面还应满足投资者的要求,向投资者分配利润,以维持企业良好的形象和信誉。

(三)各方利益兼顾原则

利润分配是利用价值形式对社会产品的分配,直接关系到有关各方的切身利益。因此,要坚持全局观念,兼顾各方利益。国家作为社会事务管理者,为行使其自身职能,必须有充足的资金保证。这就要求企业以缴纳税款的方式,无偿上缴一部分利润,这是每个企业应尽的义务,同时也是企业发展的保障。投资者将资金投放企业,供企业使用,企业也要定期支付利息。投资者作为资金投入者和企业所有者,依法享有利润分配权。企业净利润归投资者所有是企业的基本制度,也是投资者将资金投放企业的根本动力所在。但企业净利润离不开全体职工的辛勤工作,职工作为企业净利润的直接创造者,有权获得工资及奖金等劳动报酬。因此,企业在进行利润分配时,应统筹兼顾、合理安排,既要满足国家集中财力的需要,又要考虑企业自身发展的要求;既要维护投资者的合法权益,又要保障职工的切身利益。

(四)投资与收益对等原则

企业在分配利润时,应当体现投资与收益对等原则,即要做到"谁投资、谁受益"、受益大小与投资比例相对等,这是正确处理投资者利益关系的关键。投资者因其投资行为而享有收益分配权,并同其投资比例相适应。这就要求企业在向投资者分配利润时,应遵循公开、公平、公正的原则,按照各方投入资本的多少进行分配。不搞幕后交易,不得以其在企业中的其他特殊地位谋取私利。只有这样,才能从根本上保护投资者的利益,调动投资者的积极性。

(五)无利不分原则

无利不分原则是指只有当企业有税后盈余时,方可分配利润。因此,当企业出现亏损时,不得分配股利或进行投资分红。在特殊条件下,也可用以前年度积累进行分配,但必须要有一定的比例限制。

二、确定利润分配政策时应考虑的因素

利润分配政策又称为股利政策,是指公司对股利支付与否、支付多少股利和何时发放股利等有关事项的确定。该政策涉及很多方面,如股利支付程序中日期的确定、股利支付率的确定、股利支付形式的确定、支付现金股利所需现金的筹集方式等。其中,最重要的是确定股利支付率,即多少盈余用于发放股利,多少盈余为公司留存所用,因为这可能会影响公司的股票价格。

影响利润分配政策的因素很多,可分为内部因素和外部因素。

(1)影响利润分配政策的内部因素

1.盈利状况。盈利状况是任何一家公司应首先考虑的因素。只有当盈利状况良好时,公司才有可能采取高股利或稳定增长的利润分配政策。若公司盈利很少甚至亏损,则公司只能采用低股利或不发放股利的利润分配政策。可见,公司在制定利润分配政策时,必须以盈利状况和未来发展趋势作为出发点。

2.变现能力。变现能力是指公司将可变现资产变为现金的可能性的大小。一个公司的可变现资产和现金充足,它的股利支付能力就强,采用高股利的利润分配政策就可行。若公司因扩充生产或偿还债务已将其可变现资产和现金耗用完毕,那么该公司就不应采用高股利的利润分配政策,因为此时若支付高额股利就会使公司失去解决意外情况发生的能力。

3.筹资能力。筹资能力是指公司能随时筹集到所需资金的能力。规模大、效益好的公司往往容易筹集到资金,它们可向银行借款或是发行股票、债券。这类公司在利润分配政策上有较大的选择余地,既可以采用高股利的利润分配政策,也可以采用低股利的利润分配政策。而规模小、风险大的公司,一方面很难从外部筹集到资金,另一方面在这个阶段往往又需要大量资金。因此,这类公司往往会采取低股利或不发放股利的利润分配政策,以尽可能多地保留盈余。

(2)影响利润分配政策的外部因素

影响公司利润分配政策的外部因素很多,主要有法律上的限制、合同上的限制、投资机会的出现以及股东的意见等,这些因素都会对公司利润分配政策产生很大的影响。

1.法律上的限制。《公司法》对公司利润分配政策做出了限制,要求保护资本完整,不能因支付股利而减少资本总额,目的在于使公司有足够的资本来保护债权人的权益。同时股利必须出自盈利,即按弥补以前年度亏损后的净利润的一定比例提取法定盈余公积后发放股利。若公司无力偿还债务,则不准发放股利。

2.合同上的限制。在公司债务与贷款合同上,往往有限制公司支付股利的条款,这种限制通常规定股利的支付不能超过可供分配利润的一定百分比,其目的是让公司有到期偿还债务的能力。

3.投资机会的出现。公司利润分配政策在较大程度上要受到投资机会的制约,若公司选择了许多有利的投资机会并且需要大量的资金,则应采用较紧的利润分配政策;反之,利润分配政策就可宽松。

4.股东的意见。在制定利润分配政策时,董事会必须对股东的意见加以重视。因为股东是从自身需求出发的,对利润分配政策会产生一定影响。通常情况下,对股利有很强依赖性的股东要求获得稳定的股利;而除股利外有着其他高收入的股东出于避税的考虑,往往会反对公司发放较多的股利。公司支付高额股利后,发行新股的可能性变大,而发行新股必然会稀释公司的控制权。当原来持有控制权的老股东拿不出更多的资金购买新股时,他们宁可不分配股利也反对筹集新股。

【请思考】 影响利润分配政策的因素有哪些?

三、股利理论

西方股利理论存在两大流派:股利无关论和股利相关论。前者认为,股利政策对企业股票的价格不会产生任何影响;后者认为,股利政策对企业股票的价格有较强的影响。财务学家们从税收因素和信息不对称因素展开研究,形成了许多具有一定影响力的理论,为企业股利支付模式的选取提供了理论指导。

(一)股利无关论

股利无关论的代表是MM理论,MM理论是美国经济学家莫迪格利安尼(Modigliani)和米勒(Miller)建立的资本结构模型简称。莫迪格利安尼和米勒于1958年发表的《资本成本、公司财务和投资管理》一书中,提出了最初的MM理论,当时的MM理论不考虑所得税的影响,得出的结论是企业的总价值不受资本结构的影响。此后,他们又对该理论做出了修正,加入了所得税因素,由此而得出的结论是企业的资本结构影响企业的总价值,负债经营将为公司带来税收节约效应。MM理论为研究资本结构问题提供了一个有用的起点和分析框架。

MM理论认为,在完全资本市场的条件下,股利完全取决于投资项目需用盈余后的剩余,投资者对于盈利的留存或股利的发放毫无偏好。

(二)股利相关论

股利相关论认为,股利政策会影响企业的股票价格和公司价值。主要有以下几种观点:

1."在手之鸟"理论

"在手之鸟"理论源于谚语"双鸟在林不如一鸟在手"。该理论是流行最广泛和最持久的股利理论。

"在手之鸟"理论的核心是在投资者眼里,股利收入要比由留存收益带来的资本收益更为可靠,故需要公司定期向股东支付较高的股利。

"在手之鸟"理论认为,用留存收益投资带给投资者的收益具有很大的不确定性,并且投资风险将随着时间的推移进一步增大,因此,投资者更喜欢现金股利,而不喜欢把利润留给公司。公司分配的股利越多,公司的市场价值也就越大。

"在手之鸟"理论是股利理论的一种定性描述,该理论认为投资者宁愿目前收到较少的股利,也不愿等到将来收回不确定的较大的股利或获得较高的股票出售价格,强调了股利发放的重要性,是实务界普遍持有的观点,但是这一理论无法确切地描述股利是如何影响股票价格的。

2.信号传递理论

信号传递理论认为,不对称信息容易导致逆向选择问题,使得交易双方难以达到帕累托最优。在这种情况下,代理人如能选用某种信号将其私人信息传递给委托人,委托人在观测到信号后与代理人签约,就可以根据产品的质量进行定价,从而达到帕累托最优,这就是信号传递理论。

信号传递理论认为,在信息不对称的情况下,公司可以通过股利政策向市场传递有关公司未来盈利能力的信号。公司管理者知道公司的当前收益信息要比投资者多,可以通过股利政策向投资者传递有关当前收益的信号,投资者根据收到的信号判断公司的当前收益,由此预测未来收益,进而确定公司的市场价值。一般情况下,如果公司连续保持较为稳定的股利支付率,那么投资者就会对公司未来的盈利能力与现金流量抱有较为乐观的预期。但是,公司以支付现金股利的方式向市场传递信号,通常要付出巨大的代价,主要有:

(1)较高的所得税负担。

(2)一旦公司因分派现金股利造成现金流量短缺,就有可能被迫重返资本市场发行新股,摊薄每股收益,对公司的市场价值产生不利影响。

(3)如果公司因分派现金股利造成投资不足,并丧失有利的投资机会,就会产生一定的机会成本。

3.代理理论

代理理论始于詹森与麦克林关于企业代理成本的经典论述,他们将由代理冲突所产生的代理成本归纳为三种:委托人承担的监督支出,代理人承担的担保性支出以及剩余损失。如何设计有效的激励机制,以最大限度降低代理成本,从而确保委托人利益得以实现,是代理理论要解决的主要问题。詹森与麦克林率先利用代理理论分析了企业股东、管理者与债券持有者之间的代理冲突及其解决措施,从代理关系角度对困扰财务学家的融资问题做了新的阐释,认为股利政策有助于减缓管理者与股东、股东与债权人之间的代理冲突,也就是说,股利政策相当于是协调股东与管理者之间代理关系的一种约束机制。股利政策对管理者的约束作用体现在两个方面:一方面,从投资角度看,当企业存在大量自由现金时,管理者发放股利不仅减少了因过度投资而浪费的资源,而且减少了潜在的代理成本,从而增加了企业价值,它解释了股利增加与股票价格变动正相关的现象;另一方面,从融资角度看,企业发放股利减少了内部融资,使得企业进入资本市场寻求外部融资,从而可以经常接受资本市场的有效监督。通过加强资本市场的监督来减少代理成本有助于解释企业保持稳定股利政策的现象。因此，股利政策有助于降低企业的代理成本，但同时也增加了企业的外部融资成本，所以最优的股利政策是使这两种成本之和最小化。

4.税收效应理论

一般而言，税收对股利政策的影响是反向的，由于股利税率比资本利得税率高，而且资本利得税可以递延到股东实际出售股票为止。因此，投资者更喜欢公司少支付股利，而将其盈余留下来用于投资。为了获得较高的资本利得，投资者愿意接受较低的普通股必要报酬率。因此，在股利税率比资本利得税率高的情况下，只有采取低股利支付率政策，才有可能使公司价值最大化。

税收效应理论认为，如果在考虑税负因素以及在对股利和资本利得征收不同税率的前提下，公司选择不同的股利支付方式，不仅会对公司的市场价值产生不同的影响，而且也会使公司（及个人）的税收负担出现差异。考虑到纳税的影响，公司应采取低股利支付率政策。

工作任务 2　利润分配程序

微课 24

利润分配程序和股利支付形式

利润分配程序是指企业根据法律法规或有关规定，对企业一定期间实现的净利润进行分配所必须经过的步骤。

一、非股份制企业的利润分配程序

根据《公司法》的有关规定，非股份制企业当年实现的利润总额应按国家有关税法的规定做相应的调整，然后依法缴纳所得税。缴纳所得税后的净利润除法律、行政法规另有规定外，应按下列顺序进行分配。

1.弥补以前年度亏损

企业在提取法定盈余公积之前，应先用当年利润弥补以前年度亏损。企业发生的年度亏损，可以用下一年度的税前利润弥补；下一年度税前利润不足弥补的，可以在五年内用税前利润延续弥补；延续五年未弥补的亏损，用税后利润弥补。其中，税后利润弥补以前年度亏损可以用当年实现的净利润，也可以用盈余公积转入。

2.提取法定盈余公积

法定盈余公积是按照有关法规制度的要求强制性提取的，其主要目的是保全资本，防止企业滥用税后利润。法定盈余公积按照税后利润扣除弥补以前年度亏损后余额的10%提取，当企业的法定盈余公积累计达到注册资本的50%时，可不再提取。法定盈余公积是企业的一项内部积累，这部分资金提取出来后将继续留在企业内部，可用于弥补以前年度亏损或转增资本金，以满足扩大再生产的需要。但企业用法定盈余公积转增资本金后，法定盈余公积的余额不得低于转增前企业注册资本的25%。企业提取法定盈余公积的主要目的是增加企业内部积累，为企业扩大再生产积累资金。

3.向投资者分配利润

企业以前年度未分配的利润，并入本年度利润，在充分考虑现金流量状况后，向投资者分配。属于各级人民政府及其部门、机构出资的企业，应当将国有利润上缴财政。

国有企业可以将任意盈余公积与法定盈余公积合并提取。股份有限公司依法回购股份后暂未转让或者注销的，不得参与利润分配；以回购股份对经营者及其他职工实施股权激励机制的，在拟订利润分配方案时，应当预留回购股份所需的利润。

二、股份制企业的利润分配程序

对股份制企业而言，在弥补以前年度亏损、提取法定盈余公积之后，向投资者分配利润还需要按以下步骤进行：

1.支付优先股股息

企业应按事先确定的股息率向优先股股东支付股息。如果企业的优先股股东为参与优先股，那么企业在向股东支付固定股息后，还应该按约定的条款允许优先股股东与普通股股东一起参与剩余利润的分配。

2.提取任意盈余公积

任意盈余公积由企业根据有关规定或董事会决议所确定的比例自愿提取。提取任意盈余公积可以起到控制向普通股股东分配股利及调节各年股利分配波动的作用。任意盈余公积的用途和法定盈余公积一样，可用于弥补以前年度亏损或转增资本金。

3.支付普通股股利

企业应按已经确定的利润分配方案向普通股股东支付股利。《企业财务通则》规定，企业弥补以前年度亏损和提取盈余公积后，当年没有可供分配的利润时，不得向投资者分配利润，但法律、行政法规另有规定的除外。

职业能力操作 6-1

万达股份有限公司 2022 年有关数据如下：(1)2021 年实现利润总额 4 000 万元，所得税税率为 25%；(2)公司前两年累计亏损 1 000 万元；(3)经董事会决定，法定盈余公积提取比例为 10%，任意盈余公积提取比例为 20%；(4)支付 1 000 万股普通股股利，每股 0.5 元。根据以上资料，试确定万达股份有限公司的利润分配程序。

【操作指导】

根据上述资料，该公司的利润分配程序如下：

(1)弥补以前年度亏损、计缴所得税后的净利润：(4 000 −1 000)×(1 −25%)
=2 250(万元)

(2)提取法定盈余公积：2 250 ×10%=225(万元)

(3)提取任意盈余公积：2 250 ×20%=450(万元)

(4)可用于支付股利的利润：2 250 −225 −450 =1 575(万元)

(5)实际支付普通股股利：1 000 ×0.5 =500(万元)

(6)年末未分配利润：1 575 −500 =1 075(万元)

三、股利分配方案的确定

（一）选择股利政策

企业选择股利政策通常需要考虑以下几个因素：

1.企业所处的成长与发展阶段。

2.企业支付能力的稳定情况。

3.企业获利能力的稳定情况。

4.企业目前的投资机会。

5.投资者的态度。

6.企业的信誉状况。

（二）确定股利支付水平

股利支付水平通常用股利支付率来衡量。股利支付率是当年发放股利与当年净利润之比，或每股股利与每股收益之比。

是否向股东派发股利以及股利支付率的高低，主要取决于企业对以下几个因素的权衡：

1.企业所处的成长周期及目前的投资机会。

2.企业的再筹资能力及筹资成本。

3.企业的控制权结构。

4.顾客效应。

5.股利信号传递功能。

6.贷款协议以及法律限制。

7.通货膨胀的因素等。

（三）确定股利支付形式

选择发放股利的形式，是股利政策的一项重要内容。股利支付形式有以下几种：

1.现金股利

现金股利是指直接以现金向股东发放股利，又称为"红利"或"股息"。它是最基本也是最常用的一种股利支付形式。一般半年或一年发放一次现金股利。当公司采用现金股利支付形式时，必须具备两个基本条件：第一，要有足够的未指明用途的留存收益（未分配利润）；第二，要有足够的现金。

2.股票股利

股票股利是指公司以股票作为股利发放给股东的股利支付形式，又可称其为送红股，它是仅次于现金股利的常用的股利支付形式。当股份有限公司采用股票股利支付形式时，须经股东大会表决通过，根据股权登记日的股东持股比例将可供分配的利润转为股本和资本公积，并按持股比例无偿向各个股东分派股票。发放股票股利对公司来说并没有现金流出，也不会导致公司财产的减少，但会增加流通在外的普通股股数，降低股票的每股价值。

3.财产股利

财产股利是指用公司有价值的财产物资作为股利发放给股东的股利支付形式。例如，用公司拥有的其他公司的股票、债券等有价证券作为现金的替代品向股东发放股利。

4.负债股利

负债股利是指公司通过建立一项负债的方式向股东发放股利。例如，以公司的应付票据或债券作为股利发放给股东，在未来一定时期再偿付该项负债。

《公司法》规定，公司可以用前两种形式发放股利。公司发放现金股利后，其资产总额和股东权益总额会同时减少。一般来说，当公司的现金资产比较充足，且在资本市场上有较强的筹资能力时，往往会发放现金股利。而公司发放股票股利时，相当于把公司的盈利转化为股本，所以既不影响公司的资产和负债，也不影响股东权益总额，只是股东权益的内部结构发生变化。

（四）确定股利发放日期

股份有限公司分配股利必须遵循法定程序，先由董事会提出分配预案，然后提交股东大会决议通过之后，向股东宣布发放股利的方案，并确定股利宣告日、股权登记日、除息（或除权）日和股利支付日等。

1.股利宣告日

股利宣告日是指董事会宣布发放股利的日期。股份有限公司分配股利一般先由董事会提出分配预案，然后提交股东大会决议通过，最后由董事会对外宣布每股支付的股利、股权登记日、除息（或除权）日和股利支付日。在股利宣告日，公司应将决定支付的股利总额作为负债加以确认。

2.股权登记日

股权登记日是指有权领取股利的股东登记的最后日期。一般公司宣布发放股利后，可规定一段时期供股东过户登记。只有在股权登记日及之前列入股东名册的股东，才有权获得本次分派的股利。

3.除息（或除权）日

除息（或除权）日是指除去交易中的股票，领取本次发放股利的日期。除息、除权分别适用于发放现金股利和股票股利的情况。凡在除息（或除权）日之前购买股票的股东，有权领取本次股利；而在除息（或除权）日及之后购买股票的股东，无权领取本次股利。原因是股票买卖的成交、办理交割和过户手续并不是同时完成的，往往需要一定的时间，如果股票的交易离股权登记日太近，可能无法保证在股权登记日完成交割和过户手续，新股东不能成为法定意义的股东，从而失去本次发放的股利。

在股权登记日确定之后，除息（或除权）日一般取决于证券业的交易习惯。例如，若证券交易所实行“T＋3”交易制度，即成交日之后的第3天才能完成交割和过户手续，那么为保证在股权登记日成为法定意义的股东，新股东最晚应在股权登记日之前的第3天购入股票。而从股权登记日之前的第2天购入股票的新股东，不能在股权登记日完成交割和过户手续，无权领取本次股利，在这种情况下，股权登记日之前的第2日即除息（或除权）日。当证券交易通过先进的计算机交易系统进行时，证券的交割和过户手续往往在一天之内就能完成，那么在股权登记日当天购入股票的新股东，仍然拥有领取本次发放股利的权利，即在证券交易所实行“T＋0”交易制度的情况下，除息（或除权）日应为股权登记日之后的第一个工作日。除息（或除权）日对股票的价格有明显的影响，除息（或除权）日开始，股票价格因不再含有本次股利而有所下降。

例如，某公司股票在除息日的前一日收盘价为 12 元/股，若本次发放的现金股利为 2 元/股，那么除息日后的价格应为 10 元/股。若除息日当天的股票开盘价为 11 元/股，虽然低于除息日前一日的收盘价，但与除息日后的价格相比，股票的价格实际上涨了 1 元/股。

4.股利支付日

股利支付日是指公司将股利正式发放给股东的日期。公司应将现金股利以邮寄的方式或将款项打入股东账户的方式向股东发放。目前公司可以通过证券登记结算系统将股利直接划入股东在证券公司开立的资金账户。

职业能力操作 6-2

A 公司于 2021 年 7 月 10 日举行的股东大会决议通过了利润分配方案，董事会当日宣布 2021 年的中期分配方案为每 10 股派发现金股利 6 元，A 公司将于 2021 年 7 月 31 日将股利支付给已在 2021 年 7 月 20 日登记在册的本公司股东。请依次确定股利发放的日期。

【操作指导】

根据上述资料，A 公司的股利宣告日为 2021 年 7 月 10 日，股权登记日为 2021 年 7 月 20 日，股利支付日为 2021 年 7 月 31 日。如果证券交易所实行“T＋3”交易制度，那么除息日为 2021 年 7 月 18 日；如果证券交易所实行“T＋0”交易制度，那么除息日为 2021 年 7 月 21 日。

工作任务 3　股票股利和股票分割

一、股票股利

股票股利是企业以股票作为股利发放给股东的股利支付形式。股票股利并不直接增加股东的财富，不会导致企业资产的流出或负债的增加，因而不使用企业资金，同时也并不因此而增加企业的资产，但会引起所有者权益各项目的结构发生变化。发放股票股利后，如果盈利总额不变，普通股股数增加，则会引起每股收益和每股市价的下降。但由于股东所持股份的比例不变，每位股东所持股票的市场价值总额仍保持不变。

尽管股票股利不直接增加股东的财富，也不增加企业的价值，却对股东和企业有着特殊的意义。

1.股票股利对股东的意义

(1)如果企业在发放股票股利的同时发放现金股利，股东会因所持股数的增加而得到更多的现金。

(2)有时企业在发放股票股利后其股票价格并不按比例下降，一般在发放少量的股票股利

(如 2%～3%)后，不会引起股票价格的迅速变化，这可使股东得到股票价值相对上升的好处。

(3)发放股票股利通常由成长中的企业所为，因此，投资者会认为发放股票股利预示着企业将有较大发展，利润额大幅度增长，足以抵消增发股票带来的消极影响，这种心理会稳定住股票价格甚至略有上升。

(4)股票变现能力强，在股东需要现金时，还可以将企业发放的股票股利出售。有些国家的税法规定，出售股票股利所缴纳的资本利得(价值增值部分)税率比收到现金股利所需缴纳的所得税税率低，这使得股东可以从中获得纳税上的好处。

2.股票股利对企业的意义

(1)发放股票股利可使股东分享企业的盈余而无须分配现金，这使企业留存了大量现金，便于进行再投资，有利于企业的长期发展。

(2)在盈余和现金股利不变的情况下，发放股票股利可以降低股票的每股价值，从而吸引更多的投资者成为股东，进而使股权更为分散，有效地防止企业被恶意控制。

(3)发放股票股利往往会向社会传递企业将会继续发展的信息，从而提升投资者对企业的信心，在一定程度上稳定股票价格。但在某些情况下，发放股票股利也会被认为是企业资金周转不灵的征兆，从而降低投资者对企业的信心，加剧股票价格的下跌。

(4)发放股票股利的费用比发放现金股利的费用大，在一定程度上会增加企业的负担。

职业能力操作 6-3

万达公司 2021 年发放股票股利前的资料见表 6-2。

表 6-2　股票股利发放前的相关资料　单位：万元

股东权益项目	金额
普通股本(面值 1 元，100 万股)	100
资本公积	400
未分配利润	500
股东权益合计	1 000

当前股票市价为 10 元/股，若万达公司按 10%的比例发放股票股利，则其股东权益结构会发生什么变化？

【操作指导】

根据上述资料可得

(1)发放股票股利后增加的股数＝100×10%＝10(万股)

(2)发放股票股利后的未分配利润＝500－10×10＝400(万元)

(3)发放股票股利后的股本＝100＋1×10＝110(万元)

(4)发放股票股利后的资本公积＝400＋(10－1)×10＝490(万元)

二、股票分割

股票分割是将面额较高的股票分割成面额较低的股票的一种方式。股票分割后，面额按一定比例减少，同时股票数量按同一比例增加。股票分割一般只会增加发行在外的股票总数，对企业的资本结构不会产生任何影响。

股票分割是在股票市价急剧上升，而企业又试图大幅度降低价格时使用的一种方式，其产生效果与发放股票股利相似。按照国际惯例，把发放 25%以下的股票股利界定为股票股利，而把发放 25%以上的股票股利界定为股票分割。

实行股票分割，既不能增加企业的价值，也不能增加股东财富，但采用股票分割具有重要的作用。

1.有利于促进股票流通和交易。

2.有助于企业并购政策的实施，增加对被并购方的吸引力。

3.有利于增加股东的现金股利。

4.有利于增强投资者对企业的信心。

股票分割可向股票市场和广大投资者传递企业业绩好、利润高、增长潜力大的信息，从而提升投资者对企业的信心。

职业能力操作 6-4

承前例，若万达公司按 50%的比例进行股票分割，则其股东权益结构会发生什么变化？

【操作指导】

根据上述资料可得

(1)股票分割后的股数＝100×2＝200(万股)

(2)股票分割后的面值＝1×50%＝0.5(元/股)

(3)股票分割后的股本＝0.5×200＝100(万元)

(4)股票分割后的资本公积＝400(万元)

(5)股票分割后的未分配利润＝500(万元)

三、股票回购

股票回购是指股份有限公司出资，将其发行在外的股票以一定价格购回，并予以注销或库存的一种资本运作方式。公司不得随意收购本公司的股份，只有在满足相关法律规定的情形时才允许回购股票。

如果由净收益产生的现金净流量很多，但缺少有利可图的投资机会，公司可采用股票回购或增加现金股利的方式将其分配给股东。公司回购的股票作为库存股，市场上流通的股票将因此而减少，每股收益将增加，从而导致股票价格的上涨。来自股票回购的资本收益，在理论上应该等于公司多支付给股东的股利。

（一）股票回购的动机

公司回购自己的股票，可能出于以下几个方面的原因：

1.替代现金股利

股票回购与支付现金股利相类似，都是通过支付现金获利。因此，股票回购可以认为是现金股利的一种特殊支付方式,但股票回购并不能像支付现金股利那样经常发生,一般是当公司有超额现金但又没有好的投资项目时,才向股东分配。如果通过支付现金股利的方式进行分配,可能会影响公司股利政策的稳定性,因为超额现金可能只是暂时的,未来并不能保证长期获得较高的收益而有同样多的现金。在这种情况下,通过回购股票向股东分配超额现金就可避免对股利政策造成的不利影响。

2.改善公司的资本结构

公司进行股票回购后,其权益资本在资本结构中的比例降低,债务资本的比例相应提高,特别是当公司通过举债筹资后再进行股票回购,一方面债务增加,另一方面权益资本减少,会使资本结构得到较大幅度的调整。因此,当管理人员认为公司的资本结构失衡而需要调整时,可通过回购股票的方式实现资本结构的优化。

3.满足选择权的需要

如果公司已经发行了可转换债券或认股权证,那么当债权人或认股权证的持有者想要行使其选择权时,公司应有足够的普通股股票满足其需要。公司只要通过股票回购并将购回的股票以库存的方式储存起来,就可以满足拥有选择权的持有者的需要,而不必另行发行新股票。

4.用于并购或抵制被兼并

公司实施并购政策时,可以通过现金支付的方式或股票交换的方式获得目标公司的产权。回购股票或拥有库存股可为公司开展并购活动提供便利的条件。相反,当一家公司成为其他公司并购的目标时,通过股票回购来减少流通股的数量,可起到防止潜在的并购者进攻的作用。

(二)股票回购的方式

1.公开市场购买

公开市场购买是指上市公司通过经纪人在公开市场上来购回本公司的股票。这种方式通常会受到证券监管部门的种种限制,比如,公司回购股票时不能发行新股,公司回购股票的数量不能超过公司已发行股票数量的一定比例等。因为回购股票一般会伴随股票价格的上涨,此时发行新股会有损投资者的利益;过多回购股票会因支付过多现金而有损债权人的利益。由于受到种种限制,公司以这种方式回购股票往往需要花费较长的时间才能积累起一笔数量相对较多的股票。因此,当公司准备回购数量较多的股票时,不宜采用这种方式。

2.投标出价购买

投标出价购买是指公司向股东发出正式的报价以购买部分股票,通常是以一个固定的价格回购股票。回购价格通常要高于当时股票的市价,以吸引股东出售其持有的股票。投标出价的时间一般为二至三个星期,股东有权选择是以固定的价格出售股票还是继续持有股票。如果股东愿意出售股票的总股数多于公司事先设定的回购股票数量,公司就可以自行决定购买部分或全部超购股数。相反,如果股东提供的股票数量太少,达不到公司原定想要购买的股数,则公司可以通过公开市场购回余下不足的股数。公司通过投标出价购买方式回购股票往往会委托金融中介机构来进行,并向其支付必要的费用。这种方式比较适用于公司想要购回大量股票的情况。

3.议价购买

议价购买是指公司以议价为基础,直接与一个或几个大股东共同协商确定回购价格并购回股票。采用这种方式回购股票时，公司应注意保持与大股东所确定的回购价格的公平合理性，因为过高的回购价格必然会损害其他股东的利益。一般来说，各国对股份有限公司进行股票回购都有一定的法律限制。

（三）股票回购的意义

1.股票回购对股东的意义

（1）多获取资本利得。股票回购的决策往往是在公司管理当局认为公司股票价格过低的情况下做出的，回购公司部分股票会导致股票价格的上涨，从而使股东获取更多的资本利得。

（2）推迟纳税或避税。股票回购后股东得到的是资本利得，需缴纳资本利得所得税，而发放现金股利后股东则需缴纳一般所得税。在前者税率低于后者的情况下，回购股票将使股东获得纳税上的好处。

（3）股东利益不稳定。股票回购后股票的价格、市盈率等因素可能会发生变化，其对股东利益造成的影响难以预料。

2.股票回购对企业的意义

（1）改善资本结构，提高负债比例，发挥财务杠杆的作用。

（2）将过剩的现金流量以股票回购的方式分配给股东。

（3）可避免企业被收购。

（4）可将库存股用来满足可转换债券持有人转换企业普通股的需要，也可以用来兼并其他企业。

（5）企业如果需要额外的现金，可将库存股出售。

（6）如果企业意欲处置其拍卖资产所得的现金，回购股票是其良好的选择。

（7）股票回购有使企业帮助股东逃避纳税和操纵股票价格之嫌，在法律上可能给企业带来一定程度的风险，容易引发证券管理机构的调查，或可能因涉嫌避税而受到税收征管部门的查处。因此，企业实施股票回购应认真研究相关的法律条款，谨慎从事。

工作任务 4　股利政策的选择

微课 25

股利政策辨析

股利政策是指公司管理当局对股利分配有关事项做出的方针与决策。股利分配在公司制企业经营理财决策中，始终占有重要地位。这是因为股利的发放，既关系到公司股东的经济利益，又关系到公司的未来发展。通常较高的股利一方面可使股东获取可观的投资收益；另一方面还会引起公司股票市价上涨，从而使股东除获得股利收入外还能获得资本利得。但是，过高的股利必将减少公司大量的留存收益，或者影响公司的未来发展，或者使公司大量举债，增加公司的资本成本负担，最终影响公司的未来收益，进而降低股东权益。而较低的股利，虽然使公司有较多的发展资金，但与公司股东的愿望相背离，股票市价可能下降，公司形象将受到损害。因此，对公司管理当局而言，如何均衡发放股利与公司的未来发展之间的关系，并使公司股票价格稳中有升，是公司经营管理层孜孜以求的目标。在财务管理的实践中，股利政策主要有以下四种类型。

一、剩余股利政策

1.剩余股利政策的内容

剩余股利政策是指将股利分配与公司的资本结构有机联系起来，即根据公司的最佳资本结构测算出公司投资所需要的权益资本数额，先从盈余中留用，然后将剩余的盈余作为股利分配给所有者。

在确定投资项目对权益资本数额的需求时，必须保证公司的最佳资本结构，所以剩余股利政策也是一种有利于保持公司最佳资本结构的股利政策。剩余股利政策适用于新成立的或处于高速成长的公司。

2.剩余股利政策的理论依据

剩余股利政策以股利无关论为依据，该理论认为股利是否发放以及发放的多少对公司价值以及股票价格不会产生影响，而且投资者也不关心公司的股利分配。因此，公司可以始终把保持最佳资本结构放在决策的首位，在这种结构下，公司的加权平均资本成本最低，公司价值最大。

3.剩余股利政策的实施步骤

(1)确定最佳资本结构，即确定公司权益资本和债务资本的最优比例关系。公司可采用比较资本成本法、每股收益无差别点分析法来确定公司的最佳资本结构，在这种结构下，公司的加权平均资本成本最低，公司价值最大。

(2)确定最佳资本结构下投资项目所需要的权益资本数额，即根据投资总额和权益资本与债务资本的最优比例关系，来确定投资项目所需要的权益资本数额。

(3)最大限度地使用公司留存收益来满足投资项目对权益资本数额的需要。

(4)投资项目所需要的权益资本数额得到满足后，如果公司的未分配利润还有剩余，就将其作为股利发放给股东。

职业能力操作 6-5

海利公司 2021 年提取盈余公积后的税后净利润为 1 500 万元。公司的最佳资本结构为：权益资本占 70%，债务资本占 30%。2022 年公司有一个投资项目，该项目需要的投资总额为 1 000 万元。该公司决定采用剩余股利政策向股东分配股利，已知公司流通在外的普通股为 1 000 万股，那么每股普通股至多能分配多少股利？投资项目需要的 1 000 万元资金应如何筹集？

【操作指导】

1 000 万元投资总额对公司权益资本数额的需要是：

1 000×70%=700(万元)

所以投资总额 1 000 万元的筹集方式是：700 万元用税后净利润来满足，剩余的 300 万元通过举债的方式来筹集。

1 500 万元在满足投资项目对权益资本数额的需要之后剩余的部分是：

1 500－700=800(万元)

每股普通股可以分配的股利是：

800÷1 000=0.8(元)

二、固定股利或持续增长股利政策

1.固定股利或持续增长股利政策的内容

固定股利或持续增长股利政策是指公司将每年发放的股利固定在一个固定的水平上，或在此基础上维持某一固定比率逐年稳定增长，并在较长的时期内保持不变，只有当公司认为未来盈余会显著地、不可逆转地增长时，才提高年度的股利发放额。另外，当发生通货膨胀时，大部分公司的盈余会由于通货膨胀而表现为增长，对股东来说，每年固定不变的股利发放额则由于购买力下降相对降低。因此，股东也要求公司增加股利发放额，以弥补通货膨胀带来的影响。

2.固定股利或持续增长股利政策的理论依据

固定股利或持续增长股利政策以股利相关论为基础，该理论认为股利政策会影响公司的价值和股票价格，投资者关心公司股利是否发放及其发放的水平。提出固定股利或持续增长股利政策的专家认为，存在如下理由使公司需要采用这种政策：

(1)采用这种政策发放的股利比较稳定，稳定的股利向市场传递着公司正常发展的信息，从而有利于树立良好的形象，并增强投资者对公司的信心，进而稳定股票价格。

(2)采用这种政策发放的股利比较稳定，稳定的股利发放额有利于投资者安排股利收入和支出，特别是对股利有很强依赖性的股东。而股利忽高忽低的股票，则不会受到这些股东的欢迎，股票价格会因此下降。

(3)采用这种政策发放的股利比较稳定，稳定的股利可能不符合剩余股利政策的理论，可能会导致公司不能保持最佳资本结构。但考虑到股市受多种因素影响，包括股东的心理状态和其他要求，因此，为将股利维持在稳定的水平上，即使推迟某些投资方案或公司暂时偏离最佳资本结构，也比降低股利或降低股利增长率更为有利。

3.固定股利或持续增长股利政策的优缺点

采用这种政策的公司，其盈利水平一般比较稳定或正处于成长期，许多公司都愿意采用这种政策。

采用这种政策的优点是：(1)固定分配股利可使公司树立良好的市场形象，有利于公司股票价格的稳定，增强投资者的投资信心；(2)稳定的股利可以使投资者预先根据公司的股利水平安排支出，从而降低投资风险。当公司股利较丰厚时，其股票价格也会大幅提高。

采用这种政策的缺点主要在于股利的支付与公司盈余相脱节。当公司盈余较低且仍需支付固定的股利额时，这会导致公司资金紧张，财务状况恶化，同时不能像剩余股利政策那样保持较低的资本成本。

三、固定股利支付率政策

1.固定股利支付率政策的内容

固定股利支付率政策是指公司先确定一个股利占净利润(公司盈余)的比例，然后每年都按此比例从净利润中向股东发放股利，每年发放的股利额都等于净利润乘以固定股利支付率。

这样，净利润多的年份，股东领取的股利就多；净利润少的年份，股东领取的股利就少。也就是说，采用这种政策发放股利时，股东每年领取的股利额是变动的，其多少主要取决于公司每年实现净利润的多少及固定股利支付率的高低。固定股利支付率越高，公司留存的净利润越少。我国的部分上市公司采用固定股利支付率政策，将员工的个人利益与集体利益捆在一起，从而充分调动了广大员工的积极性。

2.固定股利支付率政策的理论依据

主张采用固定股利支付率政策的人认为，通过固定股利支付率向股东发放股利，能使股东获取的股利与公司实现的盈余紧密配合，真正体现"多盈多分，少盈少分，无盈不分"的原则，只有这样，才算真正公平地对待每一个股东。另外，采用这种政策向股东发放股利时，实现净利润多的年份向股东发放的股利增多，实现净利润少的年份向股东发放的股利减少，所以不会给公司带来固定的财务负担。这种政策的缺点主要是股利波动容易使外界产生公司经营不稳定的印象，不利于股票价格的稳定与上涨。

四、低正常股利加额外股利政策

1.低正常股利加额外股利政策的内容

低正常股利加额外股利政策介于稳定股利政策与变动股利政策之间，属于折中的股利政策。该政策是指在一般情况下，企业每年只向股东支付某一固定的、金额较低的股利，只有在盈余较多的年份，企业才根据实际情况决定向股东额外发放较多的股利。但额外发放的股利并不固定，这意味着企业并不是永久地提高了原来规定好的较低的股利。如果额外发放股利后，企业盈余发生不好的变动，企业仍然可以只支付原来确定的较低的股利。低正常股利加额外股利政策尤其适用于盈利经常波动的企业。

2.低正常股利加额外股利政策的特点

(1)这种政策具有较大的灵活性，采取此政策向股东发放股利时，当企业盈余较少或投资需要的资金较多时，可维持原定的较低但正常的股利，股东就不会有股利跌落感；当企业盈余有较大幅度增加时，又可在原定的较低但正常的股利基础上，向股东增发额外的股利，以增强股东对企业未来发展的信心，进而稳定股票价格。

(2)这种政策可使依靠股利度日的股东，每年至少可以得到虽然较低但比较稳定的股利收入。正因为这种政策既具有稳定的特点，每年支付的股利虽然较低但固定不变，又具有变动的特点，盈余较多时，额外支付变动的股利，所以这种政策的灵活性较大，因而被许多企业采用。

以上几种股利政策中，固定股利或持续增长股利政策和低正常股利加额外股利政策是被企业普遍采用，并为广大投资者认可的两种基本政策。企业在进行股利分配时，应结合自身的实际情况选择适当的股利政策，从而促进企业的发展。

职业能力训练

一、单项选择题

1.在下列股利政策中，能保持股利与净利润之间一定的比例关系，并体现了风险投资与风险收益对等原则的是(　　)。

A.剩余股利政策　B.固定股利或持续增长股利政策

C.固定股利支付率政策　D.低正常股利加额外股利政策

2.某企业在选择股利政策时，以代理成本和外部融资成本之和最小化为标准。该企业所依据的股利理论是(　　)。

A."在手之鸟"理论　B.信号传递理论

C.MM 理论　D.代理理论

3.下列选项中，不属于股票回购方式的是(　　)。

A.用本公司普通股股票换回优先股

B.与少数大股东协商购买本公司普通股股票

C.在市场上直接购买本公司普通股股票

D.向股东回购本公司普通股股票

4.相对于其他股利政策而言，既可以维持股利的稳定性，又有利于优化资本结构的股利政策是(　　)。

A.剩余股利政策　B.固定股利或持续增长股利政策

C.固定股利支付率政策　D.低正常股利加额外股利政策

5.在下列公司中，通常适合采用固定股利或持续增长股利政策的是(　　)。

A.收益显著增长的公司　B.收益相对稳定的公司

C.财务风险较高的公司　D.投资机会较多的公司

6.企业发放股票股利引起的变化是(　　)

A.资产流出或负债增加　B.股东财富增加

C.股东权益总额增加　D.股东权益内部结构变化

二、多项选择题

1.利润分配的原则包括(　　)。

A.依法分配原则　B.合理积累、适当分配原则

C.投资与收益对等原则　D.各方利益兼顾原则

E.有利必分原则

2.企业选择股利政策通常需要考虑的因素有(　　)。

A.企业所处的成长与发展阶段　B.企业支付能力的稳定情况

C.企业获利能力的稳定情况　D.企业目前的投资机会

3.上市公司发放现金股利的主要原因有(　　)。

A.投资者偏好　B.减少代理成本

C.传递公司的未来信息　D.公司现金充足

4.公司发放股票股利的优点主要有(　　)。

A.可将现金留存公司用于追加投资，同时减少筹资费用

B.股票变现能力强，易流通，股东乐于接受

C.可传递公司未来经营绩效的信号，增强经营者对公司未来的信心

D.便于今后配股融通更多资金和刺激股票价格

5.股票分割的主要作用有(　　)。

A.有利于促进股票流通和交易

B.有助于企业并购政策的实施，增加对被并购方的吸引力

C.有利于增加股东的现金股利，使股东感到满意

D.有利于增加投资者对企业的信心

6.股票股利和股票分割的共同之处有(　　)。

A.股东权益总额都不变　　B.股票面值都发生变化

C.都没有增加股东财富和企业价值　　D.都会导致每股市价的下降

E.股东权益内部结构都发生变化

三、简答题

1.简述非股份制企业的利润分配程序。

2.选择股利政策时应考虑的因素有哪些？

3.股利理论有几种？它们各自的主要观点是什么？

4.简述剩余股利政策的含义及其步骤。

5.简述股票股利和股票分割的异同。

四、计算题

1.利华股份有限公司今年的税后净利润为800万元，目前的负债比例为40%，公司想继续保持这一比例，预计公司明年将有一个良好的投资机会，需要资金700万元，假设该公司采取剩余股利政策。

要求：

(1)计算明年的对外筹资额。

(2)计算今年可发放多少股利。

2.达明公司成立于2020年1月1日，2020年实现的净利润为1 000万元，分配现金股利550万元，提取盈余公积450万元(所提盈余公积均已指定用途)。2021年实现的净利润为900万元(不考虑计提法定盈余公积因素)。2022年计划增加投资，所需资金为700万元。假定公司目标资本结构为自有资金占60%，借入资金占40%。

要求：

(1)在保持目标资本结构的前提下，计算2022年投资方案所需的自有资金额和需要从外部借入的资金额。

(2)在保持目标资本结构的前提下，如果公司执行剩余股利政策，计算2021年应分配的现金股利。

(3)在不考虑目标资本结构的前提下，如果公司执行固定股利或持续增长股利政策，计算2021年应分配的现金股利、可用于2022年投资的留存收益和需要额外筹集的资金额。

(4)在不考虑目标资本结构的前提下，如果公司执行固定股利支付率政策，计算该公司的股利支付率和2021年应分配的现金股利。

(5)假定公司2022年面临着从外部筹资的困难，只能从内部筹资，不考虑目标资本结构，计算在此情况下2021年应分配的现金股利。

3.利华公司的权益账户如下：

普通股(每股面值1元)5 000万股；资本公积45 000万元；盈余公积20 000万元；未分配利润50 000万元；股东权益总额120 000万元；该公司股票的现行市价为20元/股。

要求：

(1)确定利华公司发放20%的股票股利后该公司的权益账户。

(2)确定利华公司股票按1股换成2股的比例分割后该公司的权益账户。

4.金华股份有限公司2021年4月25日公布了其2020年最后的分红方案:“2021年4月24日在杭州召开股东大会,通过了董事会关于2020年股息分配方案,即每股分派0.2元现金股利。股权登记日为5月5日,除息日为5月6日,股东可在5月21日至5月31日通过深圳交易所按交易卡领取股息。特此公告。”

要求:

请指出金华股份有限公司的股利宣告日、股权登记日、除息日和股利支付期间。

项目七 财务预算与控制

职业能力目标

◎ 掌握财务预算的编制方法；
◎ 掌握现金预算的编制过程；
◎ 能够进行预计财务报表的编制；
◎ 理解并掌握责任中心及其考核方法

素质培养目标

◎ 培养学生团队合作，探究学习能力；
◎ 培养学生勤俭节约、精打细算、精准务实、开拓创新的时代精神；
◎ 培养学生自制力，引导学生成长为有理想、有本领、有担当的时代新人。

工作任务列表

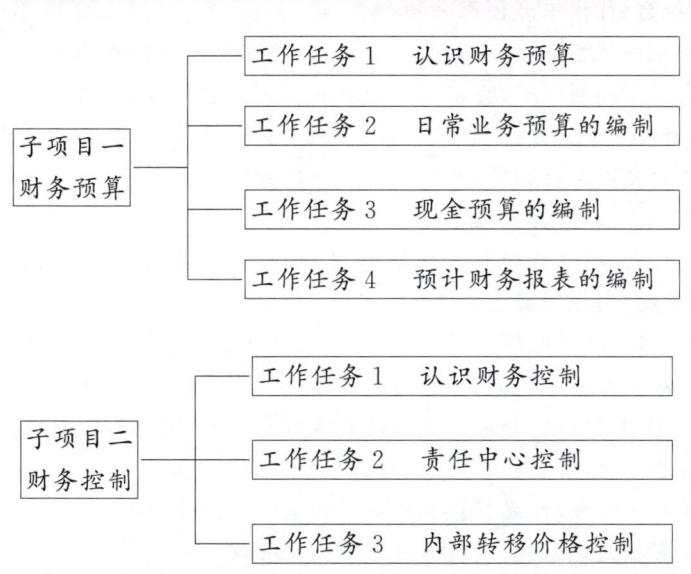

- 子项目一 财务预算
  - 工作任务1 认识财务预算
  - 工作任务2 日常业务预算的编制
  - 工作任务3 现金预算的编制
  - 工作任务4 预计财务报表的编制
- 子项目二 财务控制
  - 工作任务1 认识财务控制
  - 工作任务2 责任中心控制
  - 工作任务3 内部转移价格控制

项目引言

财务预算管理是企业预算管理的一个分支,也是预算管理的核心部分。企业的财务预算是一个综合性的财务计划,包括日常业务预算、现金预算和预计财务报表预算。财务控制是指对企业的资金投入及收益过程和结果进行衡量与校正,目的是确保企业目标以及为达到此目标所制订的财务计划得以实现,它是企业理财活动的关键环节,也是确保实现理财目标的根本保证。

子项目一 财务预算

任务引例 **搭建全面预算管理体系,深化预算管理**

中国海洋石油集团有限公司搭建全面预算管理体系,以战略目标为导向,以“两利四率”预算目标为指引,深化预算编制、执行、调整、考评的全流程闭环管理。

一、立足战略思维,合理确定预算目标

公司把全面预算作为战略规划目标的年度分解和量化,兼顾当前效益和长期发展,持续推动预算与战略结合,以规划目标为指引编制年度预算,通过预算目标引导提高资产运营和资源配置效率,将有效资源尽可能配置到主责主业和创效高的领域,提升公司价值创造能力。坚持质量第一、效益优先的理念,结合国资委对中央企业业绩增长的总体要求,确定年度主要经营预算指标和关键控制指标,并逐步建立起覆盖全级次、全流程的预算目标分解机制,通过强化预算责任,使预算成为公司各项业务活动的执行标准、行动指南。

二、强化业财融合,优化年度预算编制

随着油气产业结构调整、转型创新速度加快,业务领域新情况和新变化增多,业财融合的需求日益迫切。在预算编制环节,公司预算管理人员深入业务前端,了解行业周期变化,研究市场价格走势,做好投入产出分析,科学测算产量、成本和效益,合理确定预算指标。

一是以业务为出发点编制预算,夯实预算编制基础。

二是建立预算审查机制,提高预算编制质量。

三是加强生产计划、投资计划和财务预算“三大计划”协同,提升全面预算效能。

三、加强过程控制,力促预算有效执行

全面预算能够有效发挥作用,离不开强有力的过程控制执行。2017 年起,公司引入月度预算管理机制并不断完善,逐渐成为强有力的过程控制手段,助力预算发挥对生产经营管理的引导作用。

一是推广“事前算赢”理念,分解下达月度效益目标。通过目标引导所属单位的排产计划、销售计划制定及经营安排,实现预算对生产经营的过程管控。

二是加强月度监控与分析,发挥预算对经营决策的支持作用。

三是引入月度考核兑现机制,实现月度预算闭环管理。

四、以结果为导向，推进全面预算达成

将绩效考核与预算考核紧密结合，充分发挥指标“风向标”、考核“指挥棒”作用，引导鼓励各单位制定积极、先进的目标，做到考核指标层层分解、压力层层传递、责任层层落实。

（摘自：中国海油：坚持系统观念深化精益管理财务管控“六个一”推动公司高质量发展温冬芬）

工作任务1 认识财务预算

一、财务预算的含义及其分类

（一）财务预算的含义

财务预算是一系列专门反映企业未来一定预算期内预计财务状况和经营成果，以及现金收支等价值指标的各种预算的总称。

企业财务预算可以分解为若干个具体目标，使企业各部门和各级管理人员明确自己的工作职责，从而有计划、有步骤地进行生产经营活动。为了实现工作目标，必须使企业各部门密切配合，使生产经营活动紧密衔接，依据财务预算对生产经营过程进行控制，分析实际与预算的差异，可以找出产生差异的原因，进而采取措施，也可以及时对企业各部门、各环节工作成果进行客观、合理的评价。积极鼓励职工参与预算的编制，预算指标会更科学，更符合客观情况，也更能充分地调动职工的工作积极性。

（二）财务预算的分类

1.按预算期的长短分类

财务预算按预算期的长短可以分为长期预算和短期预算。长期预算是指预算期超过一年的预算，例如资本预算和长期销售预算等。短期预算是指预算期在一年以内的预算，如业务预算等。企业长期预算对短期预算有很重要的影响。在编制预算的过程中，应结合各项预算的特点，将长期预算和短期预算结合使用。

2.按预算的内容分类

财务预算按预算的内容可以分为业务预算和专门预算。财务预算是指企业在一定时期内货币资金的收支及财务状况的预算，包括短期现金收支预算和信贷预算，以及长期的资本支出预算和长期资金筹措预算。业务预算用于计划企业的基本经济业务，包括销售预算和生产预算等。专门预算主要是对企业某专项投资而编制的预算，如企业的购置支出较大的固定资产预算等。财务预算、业务预算和专门预算在编制时各有侧重点，相互之间又密不可分，后两个预算是前者的基础，财务预算是业务预算和专门预算的汇总。

3.按预算的编制方法分类

财务预算按预算的编制方法可以分为固定预算、弹性预算、零基预算、增量预算、定期预算、滚动预算等。企业在进行财务预算时，经常运用固定预算与弹性预算编制混合预算，以便满足企业经营管理的客观需要。

二、财务预算的编制方法

（一）固定预算

固定预算又称为静态预算，是指企业根据未来既定的业务量水平来编制预算的方法。固定预算是以某一业务量为基础进行编制的，当实际的业务量与编制预算所依据的业务量发生较大差异时，预算值就失去了可比性。预算编制后具有相对稳定性，没有特殊情况不需要对预算进行修订，所以该方法适用于经济状况比较稳定的企业或非营利组织。

微课 26

弹性预算的编制

（二）弹性预算

1.弹性预算的含义

弹性预算又称为变动预算，是指企业在不能准确预测业务量的情况下，根据本量利之间有规律的数量关系编制的，能够适应不同生产经营水平需要的预算方法。

弹性预算能适应多种业务量水平。与固定预算相比，弹性预算适应的范围较宽，可与多种业务量水平相适应，从而得到不同的预算额，弹性预算的业务量范围一般限定在正常业务量能力的70%～110%，因此弹性预算并不是只适应一个业务量水平的一个预算，而是能够随业务量水平变动而变动的一组预算。弹性预算一般在制造费用、管理费用等间接费用上应用频率较高。弹性预算易与实际业务量进行对比。由于企业的生产经营活动总是处于不断变化之中，实际业务量与计划业务量往往并不一致，利用弹性预算可以将实际指标与实际业务量相对应的预算金额进行比较，使分析更具有客观性，从而更好地发挥预算在实际生产经营活动中的控制作用。

2.弹性预算的编制

首先，选择业务量的计量单位。编制弹性预算，要选用一个最能代表企业或部门生产经营活动水平的计量单位。例如，制造单一产品的部门可以选用产品实物量；制造多种产品的部门可以选用人工工时或机器工时等。

其次，确定适用的业务量范围。弹性预算的业务量范围，应视企业或部门的业务量变化情况而定，务必使实际业务量在确定的适当范围之中。一般来说，可定在正常生产能力的70%～110%，或以历史上最高业务量和最低业务量为其上、下限。

最后，确定各项成本与业务量之间的数量关系，计算各项预算成本。

弹性预算的编制方法通常采用两种方法，即列表法和公式法。

①列表法。列表法是指在确定的业务量范围内，划分出若干个不同的水平，然后分别计算各项预算成本，汇总到一个预算表格中的方法。

职业能力操作 7-1

表 7-1 是万达公司某车间按列表法编制的制造费用弹性预算。

【操作指导】

表 7-1　　制造费用弹性预算　　单位：元

业务量（直接人工工时）	350	400	450	500	550
占正常生产能力百分比	70%	80%	90%	100%	110%

（续表）

1.变动成本					
运输费(0.1 元/工时)	35	40	45	50	55
电力(0.2 元/工时)	70	80	90	100	110
消耗材料(1 元/工时)	350	400	450	500	550
合计	455	520	585	650	715
2.混合成本					
辅助材料	280	320	368	428	516
修理费	200	220	242	242	260
水费	60	76	98	130	172
合计	540	616	708	800	948
3.固定成本					
设备租金	200	200	200	200	200
管理人员工资	300	300	300	300	300
合计	500	500	500	500	500
制造费用预算额	1 495	1 636	1 793	1 950	2 163

该表按 10%为业务量间距，实际上可再大些或再小些，但间隔太大了会失去弹性预算的优点；间隔太小，用以控制成本会更准确，但会增加编制的工作量。如果固定预算是按直接人工工时 500 小时编制的，其制造费用预算总额为 1 950 元，在实际业务量为 480 小时的情况下，就不能用 1 950 元去评价实际成本高低，也不能按业务量变动的比例调整后的预算成本 1 872(1 950×480/500)元去评价实际成本，因为并不是所有的成本都同业务量成正比例关系。

如果采用弹性预算就可以根据各项成本间业务量变动的不同关系，采用不同方法确定预算成本，去评价和考核实际成本。

例如，业务量(直接人工工时)为 480 小时，变动成本中运输费等各项变动成本的合计为 624(0.1×480＋0.2×480＋1×480)元，固定成本保持不变，为 500 元。混合成本可用内插法逐项计算：480 小时位于 450 小时与 500 小时之间，设实际业务量的预算辅助材料为 X 元，则

$$\frac{480-450}{500-450}=\frac{X-368}{428-368}$$

$$X=404(\text{元})$$

同理计算出业务量为 480 小时的水费为 117.2 元。因为修理费在 450 小时与 500 小时之间均为 242 元，所以业务量为 480 小时的修理费也应为 242 元。

480 小时的预算成本＝624＋500＋404＋117.2＋242＝1 887.2(元)

这样计算出来的预算制造费用比较符合客观实际情况，用来考核和评价实际成本也比较准确并容易被考核人接受。

②公式法。公式法是指通过确定 $Y=a+bX$ 公式中的 a 和 b，来编制弹性成本预算的方法。

在成本习性分析的基础上，任何成本都可用 $Y=a+bX$ 来表示，其中 a 表示固定成本，b 表示单位变动成本。如果确定业务量 X 的变动范围，只要根据有关成本项目的 a 和 b 参数，就能很快地计算出业务量在允许范围内任何水平上的各项预算成本 Y。

职业能力操作 7-2

表 7-2 是万达公司某车间按公式法编制的制造费用弹性预算。

【操作指导】

表 7-2　　**制造费用弹性预算**　　单位：元

业务量范围（直接人工工时）	350～550	
项目	固定成本	单位变动成本
运输费		0.10
电力		0.20
消耗材料		1.00
辅助材料	100	0.45
修理费	90	0.60
水费	40	0.10
设备租金	300	
管理人员工资	150	
合计	680	2.45

当业务量 X 为 480 工时时，预算成本 $Y=680+2.45\times480=1\,856$（元）

（三）零基预算

1.零基预算的含义

零基预算是指不受过去实际收支情况的限制，一切都从零开始，根据实际需要逐项审议预算期内各项费用的内容及开支标准是否合理，在综合平衡的基础上编制预算的方法。它不受过去实际发生数据的影响，从实际出发，逐项进行分析，从根本上评价各项活动。它充分调动了单位全体员工的工作积极性，挖掘了内在潜力，增强了预算的实用性。

2.零基预算的编制

零基预算是以零为起点，把原业务量和新增业务量看作一个整体，根据预算年度预测的业务量来确定有关数据。而且要求对所有的业务活动都进行成本效益分析后，才能编制新的预算。

职业能力操作 7-3

万达公司采用零基预算法编制 2021 年度销售及管理费用预算。

【操作指导】

首先，由相关部门的全体员工，根据预算期总公司及本部门的目标，提出预算期可能发生的一些费用项目及金额，见表 7-3。

表 7-3 预算期的费用项目及金额 单位:元

项目	金额	项目	金额
广告费	3 000	培训费	1 500
差旅费	1 800	业务招待费	2 800

其次,经讨论差旅费、培训费为不可避免的成本费用项目,根据历史资料对广告费和业务招待费进行成本效益分析,其结果如下:广告费投入 1 元,可获得收益 15 元,业务招待费投入 1 元,可获得收益 25 元。

再次,经研究认为在预算期内公司可用于销售及管理费用的资金为 7 300 元,则首先应在满足差旅费及培训费的基础上,将剩余资金在广告费与培训费之间进行分配。

剩余资金=7 300−1 500−1 800=4 000(元)

广告费项目分配资金=15×4 000/(15+25)=1 500(元)

业务招待费项目分配资金=25×4 000/(15+25)=2 500(元)

最后,编制零基预算表,见表 7-4。

表 7-4 2021 年度万达公司销售及管理费用零基预算 单位:元

项目	差旅费	培训费	广告费	业务招待费
预算额	1 800	1 500	1 500	2 500

3.零基预算的优点

①不受现有费用项目的限制。

②不受现行预算不平的束缚。

③能够调动各方节约成本费用的积极性。

④有利于促使各基层单位精打细算,合理使用资金。

4.零基预算的缺点

零基预算的缺点是编制预算的工作量大。

(四)增量预算

1.增量预算的含义

增量预算是指以基期成本费用水平为基础,结合预算期业务量水平及有关降低成本的措施,通过调整有关原有费用项目而编制预算的方法。

2.增量预算的基本假设

首先,应承认现有的业务活动是企业必需的,保留现有的业务活动,才能使企业得到正常发展;其次,原来存在的各项开支都是合理的,因为现有的业务活动是必需的,所以原来的各项费用开支都是合理的;最后,增加费用预算是值得的。

3.增量预算的不足

增量预算建立在历史经验的基础上,承认过去所发生的一切都是合理的,主张不需在预算内容上做较大改进。因此这种方法可能导致以下不足:

①由于按这种方法编制预算,往往不加分析地保留或接受原有的成本项目,可能使原来不

合理的费用开支继续存在下去，形成不必要开支合理化，造成预算上的浪费。

②增量预算容易鼓励预算编制人凭主观臆断按成本项目平均削减预算或只增不减，不利于调动各部门降低费用的积极性。

③不利于企业未来的发展。按照这种方法编制的费用预算，对于那些未来实际需要开支的项目可能因没有考虑未来情况的变化而造成预算的不足。

（五）定期预算

1.定期预算的含义

定期预算是指在编制预算时以不变的会计期间（通常为会计年度）作为预算期的一种预算编制方法。在实际工作中，很多单位都是在年末开始编制下一年度的预算，这种定期编制下一年度预算的方法就是定期预算。

2.定期预算的优缺点

(1)优点：能够使预算期与会计期间相配合，会计信息能够直接反映预算的执行结果，有利于利用会计信息评价预算的执行结果。定期预算每期只编制一次，中间不进行修订和调整，减少了预算编制的工作量，节省了人力、物力和财力。

(2)缺点：

①缺乏远期指导性

由于定期预算往往是在上年度末编制的，对于整个预算年度的生产经营活动很难做出准确的预测，尤其是对预算期末的生产经营环境只能进行笼统的预测，编制出的预算缺乏远期指导性，同时也不利于对生产经营活动的考核与评价。

②灵活性差

由于定期预算不能随着生产经营情况的变化及时进行调整，当预算所规划的各种经营活动在预算期内发生重大变化时，原来的预算就会过时，失去预算的指导作用，定期预算灵活性差。

③容易造成短期行为

由于受预算期间的限制，致使经营管理者的决策视野局限于本期规划的经营活动，不能适应连续不断的经营过程，使企业的生产经营管理出现一些短期行为，从而不利于企业的长远发展。

（六）滚动预算

1.滚动预算的含义

滚动预算，又称连续预算或永续预算，是指在编制预算时，将预算期与会计年度脱离，随着预算的执行不断延伸补充后续期间的预算，逐期向后滚动，使预算期永远保持为一个固定期间的一种预算编制方法。比如，太行机械厂从 2022 年开始采用滚动预算法编制出 2022 年度的预算，2022 年 1 月末，预算编制人员就要根据 1 月份预算的执行情况和经济情况的变化，修订和调整 2022 年 2—12 月份的预算，同时，追加编制 2023 年 1 月的预算，使预算期仍然保持 12 个月，这样逐月或逐季向后滚动，就是滚动预算法。

2.滚动预算的方式及其特征

滚动预算按其预算编制和滚动的时间单位不同分为逐月滚动、逐季滚动和混合滚动三种方式。按照逐月滚动方式编制的预算比较精确，但工作量比较大。

3.滚动预算的优缺点

(1)与定期预算方法相比，滚动预算具有以下优点：

①透明度高

由于编制预算不再是预算年度开始之前几个月的事情，而是实现了与日常管理的紧密衔接，可以使管理人员始终能够从动态的角度把握住企业近期的规划目标和远期的战略布局，使预算具有较高的透明度。

②监控效果好

由于滚动预算能根据前期预算的执行情况，结合各种因素的变动影响，及时修订和调整近期预算，从而使预算更加切合实际，预算的指导性强，能够充分发挥预算的控制作用。

③连续性强

由于滚动预算在时间上不再受日历年度的限制，每经过一个时期，预算连续向后滚动，能够连续不断地规划未来的经营活动，能够有效配置各种资源，保持预算期内资源配置的连续性，更好地发挥预算管理的作用。

④完整性和稳定性突出

滚动预算每执行完 1 个月或 1 个季度，都要修订和调整本期内其他时间段的预算，并编制下个月或季度的预算，使预算总保持连续的 12 个月或 1 年，这样可以使企业管理人员了解未来预算期内企业的总体规划与近期预算目标，能够确保企业管理工作的完整性与稳定性。

(2)缺点：

滚动预算的主要缺点是预算工作量较大，花费的时间、人力、物力较多，同时，对预算管理的技术水平和信息化程度要求比较高。

工作任务 2　日常业务预算的编制

一、销售预算

销售预算是指通过对上年销售情况的分析并结合预期相关因素变化，根据企业预计年度的目标利润确定预计的销售量、销售单价和销售收入等编制的一种预算。销售预算的主要内容是销售量、销售单价和销售收入。其中，销售量及销售单价是根据对市场的预测及企业生产能力得到的，销售收入是二者的乘积。销售预算是整个预算的出发点，其他预算都应以销售预算为基础。

销售预算中通常还包括预计现金收入的计算，主要是根据预计的各季度现金销售收入与回收赊销货款反映现金收入，以便为编制现金收支预算提供必要的信息。

职业能力操作 7-4

表 7-5 是万达公司 A 产品 2022 年度的销售预算，销售收入中，本季度收到 80%，下季度收到 20%，不考虑坏账等其他相关因素，公司年初应收账款为 7 300 元。

职业能力操作 7-3

【操作指导】

表 7-5　　万达公司 2022 年度的销售预算　　单位：元

季度	一	二	三	四	全年
预计销售量	160	210	280	250	900
预计单位售价	200	200	200	200	200
销售收入	32 000	42 000	56 000	50 000	180 000
预计现金收入					
上年应收账款	7 300				7 300
第一季度	25 600	6 400			32 000
第二季度		33 600	8 400		42 000
第三季度			44 800	11 200	56 000
第四季度				40 000	40 000
现金收入合计	32 900	40 000	53 200	51 200	177 300

二、生产预算

生产预算是指为规划预算期生产规模而编制的一种业务预算。它是在销售预算的基础上编制的，包括预计销售量、预计期初和期末存货量及预计生产量。预计销售量可以从销售预算中得到，预计期初存货量等于上季度末存货量，因此，编制生产预算的关键在于合理准确地预计各季度期末存货量。预计生产量的计算公式为

预计生产量＝预计销售量＋预计期末存货量－预计期初存货量

职业能力操作 7-5

表 7-6 是万达公司的生产预算，公司 A 产品每季度末的存货量为下季度预计销售量的 10%，预计 2022 年度期初和期末存货量分别为 11 件和 21 件。

【操作指导】

表 7-6　　万达公司 2022 年度的生产预算　　单位：件

季度	一	二	三	四	全年
预计销售量	160	210	280	250	900
加：预计期末存货	21	28	25	21	21
合计	181	238	305	271	921
减：预计期初存货	11	21	28	25	11
预计生产量	170	217	277	246	910

三、直接材料预算

直接材料预算是指为规划预算期直接材料消耗情况及采购活动而编制的，用于反映预算期直接材料的单位产品用量、生产需要量、预计期初和期末存量等信息的一种业务预算。

在直接材料预算中，预计生产量来源于生产预算，单位产品材料耗用量的数据来自定额资料。年初材料存量来源于上年末的报表中，年末材料存量是根据当前情况估计的，各季度期末材料存量根据下一季度生产量的一定百分比确定。生产需用量和预计采购量的计算公式如下：

生产需用量＝预计生产量×单位产品材料耗用量

预计采购量＝生产需用量＋预计期末存量－预计期初存量

在直接材料预算中，通常也要预计材料采购的现金支出，以便为以后编制现金预算提供信息。

职业能力操作 7-6

表 7-7 是万达公司 A 产品 2022 年度的直接材料预算，其中，期末材料存量预计为下季度生产量的 10%。第一季度期初存量预计为 200 千克，第四季度期末存量预计为 300 千克。年初应付账款为 2 519 元，预计直接材料的货款在本季度支付 50%，下季度支付 50%。

【操作指导】

表 7-7　　万达公司 2022 年度的直接材料预算

季度	一	二	三	四	全年
预计生产量(千克)	170	217	277	246	910
单位产品材料耗用量(千克)	10	10	10	10	10
季度	一	二	三	四	全年
生产需用量(千克)	1 700	2 170	2 770	2 460	9 100
加：预计期末存量(千克)	217	277	246	300	300
合计(千克)	1 917	2 447	3 016	2 760	9 400
减：预计期初存量(千克)	200	217	277	246	200
预计材料采购量(千克)	1 717	2 230	2 739	2 514	9 200
单价(元/千克)	6	6	6	6	6
预计采购金额(元)	10 302	13 380	16 434	15 084	55 200
预计现金支出					
上年应付款(元)	2 519				2 519
第一季度(元)	5 151	5 151			10 302
第二季度(元)		6 690	6 690		13 380
第三季度(元)			8 217	8 217	16 434
第四季度(元)				7 542	7 542
合计(元)	7 670	11 841	14 907	15 759	50 177

四、直接人工预算

直接人工预算是反映预算期内人工工时消耗水平及人工成本开支的一种业务预算。其中预计生产量来自生产预算。单位产品工时及每小时人工成本数据来自标准成本资料。预计人工总工时和预计人工总成本的计算公式如下：

预计人工总工时＝预计生产量×单位产品工时

预计人工总成本＝预计人工总工时×每小时人工成本

职业能力操作 7-7

表 7-8 是万达公司 2022 年度的直接人工预算。

【操作指导】

表 7-8　　万达公司 2022 年度的直接人工预算

季度	一	二	三	四	全年
预计生产量(件)	170	217	277	246	910
单位产品工时(小时)	10	10	10	10	10
预计人工总工时(小时)	1 700	2 170	2 770	2 460	9 100
每小时人工成本(元)	4	4	4	4	4
人工总成本(元)	6 800	8 680	11 080	9 840	36 400

五、制造费用预算

制造费用预算是指规划直接材料和直接人工预算以外的其他生产费用的一种业务预算。在编制制造费用预算时，可把制造费用分为变动制造费用和固定制造费用两部分。变动制造费用可以生产为基础，利用完善的标准成本资料来编制，也可进行预计。固定制造费用，一般需要逐项预计，因其通常与本期生产量无关。在确定了制造费用预算后，还应该计算变动制造费用及固定制造费用的分配率，为后面产品成本预算提供信息。制造费用分配率的计算公式如下：

$$\text{制造费用分配率}=\frac{\text{制造费用}}{\text{相关分配标准预算}}$$

职业能力操作 7-8

表 7-9 是万达公司 2022 年度的制造费用预算。

【操作指导】

表 7-9　　万达公司 2022 年度的制造费用预算　　单位：元

季度	一	二	三	四	全年
变动制造费用					
间接材料	680	868	1 108	984	3 640
间接人工	340	434	554	492	1 820

（续表）

修理费	510	651	831	738	2 730
水电费	170	217	277	246	910
小计	1 700	2 170	2 770	2 460	9 100
固定制造费用					
管理人员工资	400	400	400	400	1 600
修理费	800	1 000	1 400	1 200	4 400
折旧	1 600	1 600	1 600	1 600	6 400
保险费	90	150	180	230	650
财产税	150	150	150	150	600
小计	3 040	3 300	3 730	3 580	13 650
合　计	4 740	5 470	6 500	6 040	22 750
减：折旧	1 600	1 600	1 600	1 600	6 400
现金支出的费用	3 140	3 870	4 900	4 440	16 350

其中，变动制造费用分配率$=\frac{9\ 100}{9\ 100}=1$（元/小时）

固定制造费用分配率$=\frac{13\ 650}{9\ 100}=1.5$（元/小时）

六、产品成本预算

产品成本预算是反映预算期内产品生产成本水平的一种业务预算。它是生产预算、直接材料预算、直接人工预算和制造费用预算的汇总。

职业能力操作 7-9

表 7-10 是万达公司 2022 年度的产品成本预算。

【操作指导】

表 7-10　万达公司 2022 年度的产品成本预算　　单位：元

成本项目	单位成本			生产成本（910 件）	期末存货（21 件）	销货成本（900 件）
	每千克或每小时	投入量	成本			
直接材料	6	10 千克	60	54 600	1 260	54 000
直接人工	4	10 小时	40	36 400	840	36 000
变动制造费用	1	10 小时	10	9 100	210	9 000
固定制造费用	1.5	10 小时	15	13 650	315	13 500
合　计			125	113 750	2 625	112 500

七、销售及管理费用预算

销售及管理费用预算是以价值形式反映整个预算期内，为销售商品和维持一般行政管理工作而发生的各项费用支出的一种预算。所以，它一般按项目反映全年预计水平。经营费用和管理费用多为固定成本。在该预算的编制过程中，要分析考察过去相关费用的必要性，销售费用预算可以和销售预算相结合进行编制，对管理费用可以逐项预计。

职业能力操作 7-10

表 7-11 是万达公司 2022 年度的销售及管理费用预算。

【操作指导】

表 7-11　万达公司 2022 年度的销售及管理费用预算　单位：元

销售费用：	
销售人员工资	4 000
广告费	8 000
包装、运输费	3 500
保险费	2 700
管理费用：	
管理人员工资	8 000
福利费	1 000
保险费	800
办公费	1 800
合　计	29 800
每季度支付现金	7 450

工作任务 3　现金预算的编制

现金预算是以日常预算为基础编制的反映现金收支情况的预算，包括现金收入、现金支出、现金多余或不足的计算，以及不足部分的筹集方式等。现金预算以其他预算为基础，是对相关预算中有现金收支部分的汇总。现金预算由可供使用现金、现金支出、现金余缺、现金筹措与运用四部分构成。

可供使用现金包括期初现金余额和预算期的现金收入。现金支出包括预算期预计的各项现金支出，如直接材料、直接人工等。现金筹集与运用是指预算期现金不足如何筹集，包括向银行借款和偿还贷款等相关资料。

职业能力操作 7-11

表 7-12 是万达公司 2022 年度的现金预算，它建立在前面几个业务预算的基础之上。该公司每季度末需保留的现金余额为 8 000 元，不足向银行借款。借款和还款的数额为 1 000 元的倍数。其借款年利率为 10%，借款在期初，还款在期末。万达公司采用利随本清法偿还短期借款。

【操作指导】

表 7-12 万达公司 2022 年度的现金预算 单位:元

季度	一	二	三	四	全年
期初现金余额	10 000	14 840	8 999	12 462	10 000
加:现金收入(表 7-5)	32 900	40 000	53 200	51 200	177 300
可供使用资金	42 900	54 840	62 199	63 662	187 300
减:各项支出					
直接材料(表 7-7)	7 670	11 841	14 907	15 759	50 177
直接人工(表 7-8)	6 800	8 680	11 080	9 840	36 400
制造费用(表 7-9)	3 140	3 870	4 900	4 440	16 350
销售及管理费用(表 7-11)	7 450	7 450	7 450	7 450	29 800
所得税	3 000	3 000	3 000	3 000	12 000
购买设备		11 000			11 000
股利		8 000		8 000	16 000
支出合计	28 060	53 841	41 337	48 489	171 727
现金多余或不足	14 840	999	20 862	15 173	15 573
向银行借款(1 000 的倍数)		8 000			8 000
还银行的借款(1 000 的倍数)			8 000		8 000
借款利息			400		400
合 计			8 400		8 400
期末现金余额(最低 8 000 元)	14 840	8 999	12 462	15 173	15 173

其中:借款额=8 000−999=7 001≈8 000(元)

第三季度支付利息=8 000×10%×6/12=400(元)

工作任务 4 预计财务报表的编制

预计财务报表与实际财务报表不同,其主要是为企业财务管理服务,是控制企业资金、成本和利润总量的重要手段。它从总体上反映了预算期间企业经营的全局措施。

一、预计利润表

预计利润表与实际利润表的内容、格式相同,但目的不同、编制依据不同。编制预计利润表的依据是各业务预算、专门决策预算和现金预算。通过预计利润表,可以了解企业预算期的盈利水平。

职业能力操作 7-12

表 7-13 是万达公司 2022 年度的预计利润表。

【操作指导】

表 7-13　　万达公司 2022 年度的预计利润表　　单位：元

项　目	金　额
销售收入(表 7-5)	180 000
销售成本(表 7-10)	112 500
毛利	67 500
销售及管理费用(表 7-11)	29 800
利息(表 7-12)	400
利润总额	37 300
所得税(估计)	12 000
税后净利润	25 300

表 7-13 中,"销售收入"的数据来自销售预算;"销售成本"数据来自产品成本预算;"销售及管理费用"数据来自销售及管理费用预算;"利息"数据来自现金预算。

二、预计资产负债表

预计资产负债表是在年初资产负债表的基础上,结合计划期间各项业务预算、专门决策预算、现金预算和预计利润表进行编制的。编制预计资产负债表的目的在于判断预算反映的财务情况的稳定性和流动性。通过预计资产负债表的分析,发现财务比率不佳,可以及时修改有关预算,以改善财务状况。

职业能力操作 7-13

表 7-14 是万达公司 2022 年度的预计资产负债表,其中年初数是上年期末数,且在前面相关预算中已经使用。期末数在期初及前面预算的基础上得到。其中:

期末未分配利润＝期初未分配利润＋本期利润－本期股利

＝5 356＋25 300－16 000

＝14 656(元)

【操作指导】

表 7-14　　万达公司 2022 年度的预计资产负债表　　单位：元

资产			负债与所有者权益		
项目	年初	年末	项目	年初	年末
流动资产:			流动负债:		
库存现金(表 7-12)	10 000	15 173	应付账款(表 7-7)	2 519	7 542
应收账款(表 7-5)	7 300	10 000	长期负债:		
直接材料(表 7-7)	1 200	1 800	长期借款	10 000	10 000
产成品(表 7-10)	1 375	2 625	所有者权益:		
固定资产:			普通股	30 000	30 000

（续表）

土地	12 000	12 000	未分配利润	5 356	14 656
固定资产（表 7-12）	20 000	31 000			
累计折旧（表 7-9）	4 000	10 400			
资产总额	47 875	62 198	负债与所有者权益总额	47 875	62 198

职业能力训练

一、单项选择题

1.（　　）是一系列专门反映企业未来一定预算期内预计财务状况和经营成果，以及现金收支等价值指标的各种预算的总称。

A.现金预算　　B.销售预算　　C.生产预算　　D.财务预算

2.固定预算编制方法的致命缺点是（　　）。

A.过于机械呆板　　B.可比性差

C.计算量大　　D.可能导致保护落后

3.增量预算方法的假定条件不包括（　　）。

A.现有业务活动是企业必需的　　B.原有的各项开支都是合理的

C.增加费用预算是值得的　　D.所有的预算支出以零为出发点

4.（　　）是整个预算的编制起点，其他预算的编制都是以它作为基础。

A.现金预算　　B.销售预算

C.生产预算　　D.产品成本预算

5.（　　）是企业预算管理的一个分支，也是预算管理的核心部分。

A.现金预算　　B.零基预算

C.财务预算　　D.增量预算

6.运用（　　）法编制预算，使预算期间依时间顺序向后滚动，能够保持预算的持续性，有利于结合企业近期目标和长期目标，考虑未来业务活动。

A.滚动预算　　B.定期预算　　C.长期预算　　D.短期预算

二、多项选择题

1.财务预算具体包括（　　）

A.现金预算　　B.预计利润表　　C.预计现金流量表

D.销售预算　　E.预计资产负债表

2.现金预算包括的内容有（　　）

A.现金流入　　B.现金流出　　C.现金净流量

D.累计现金余缺　　E.现金筹措与运用

3.弹性预算是一种（　　）。

A.可变预算　　B.固定预算　　C.变动预算　　D.确定性预算

4.销售预算的内容主要包括（　　）。

A.销售数量　　　　　　　　　　B.销售价格
C.销售收款条件　　　　　　　　D.销售收入
5.零基预算的优点有(　　)。
A.促使资源合理有效分配
B.可充分发挥各级管理人员的积极性和创造性
C.工作量小
D.不受以前发生费用水平的束缚
6.财务预算的编制方法有(　　)。
A.弹性预算　　B.固定预算　　C.全面预算　　D.滚动预算

三、简答题

1.简述编制弹性预算的步骤。

2.简述增量预算和零基预算的含义及优缺点。

四、计算题

1.万利公司2022年有关预算资料如下:

(1)预计2022年各季度的销售收入为第一季度400 000元,第二季度500 000元,第三季度660 000元,第四季度800 000元。预计2023年第一季度的销售收入为900 000元。每季度的销售收入中,当季度收到65%,下季度收到35%。2022年年初应收账款为210 000元,预计2022年第一季度能全部收回。

(2)预计2022年各季度直接采购成本按下一季度销售收入的60%计算,采购材料款当季度支付60%,下季度支付40%。2022年年初应付账款余额为168 000元,计划2022年第一季度全部付清。

(3)预计2022年各季度的制造费用分别为48 000元、50 000元、46 000元、54 000元。各季度的制造费用包括折旧费16 000元。

(4)预计2022年第二季度购置固定资产需要现金186 000元。

(5)万利公司现金不足时,向银行贷款(为1 000元的倍数);现金结余时,归还银行贷款(为1 000元的倍数);贷款在期初,还款在期末,贷款年利率为8%,每季度结算一次利息。

(6)万利公司各季度末现金余额不得少于30 000元。其他资料见表7-15。

表7-15　　万利公司2022年的现金预算表　　单位:元

季度	一	二	三	四	全年
期初现金余额	32 000				
经营现金收入					
直接材料采购支出					
直接工资支出	68 000	72 000	76 000	81 000	
制造费用支出					
其他付现费用	8 000	6 000	7 600	6 800	
预计所得税	18 000	18 000	18 000	18 000	
购置固定资产					
现金余缺					

（续表）

季度	一	二	三	四	全年
向银行贷款					
归还银行贷款					
支付贷款利息					
期末现金余额					

要求：根据上述资料，编制万利公司 2021 年的现金预算表，将有关数据填入表 7-16 中。

表 7-16　　万利公司 2022 年的现金预算表　　单位：元

季度	一	二	三	四	全年
期初现金余额					
经营现金收入					
直接材料采购支出					
直接工资支出					
制造费用支出					
其他付现费用					
预计所得税					
购置固定资产					
现金余缺					
向银行贷款					
归还银行贷款					
支付贷款利息					
期末现金余额					

2.海城公司生产并销售甲产品，根据市场预测确定了 2022 年的销售计划，该公司只生产和销售一种产品，其他相关资料如下：

(1)根据市场预测，海城公司计划 2022 年销售甲产品 1 000 件，四个季度的销售量分别为 200 件、240 件、300 件和 260 件，销售单价为 100 元/件，各季度销售额当季度能收回 80%，其余 20%可于下季度收回。

(2)各季度末产品库存量为下季度销售量的 10%，年末库存量为 24 件，年初库存量为 14 件。

(3)每件产品的材料消耗量为 10 千克，材料单价为 3 元/千克，所购材料价款于当季度支付 50%，其余 50%在下季度支付。各季度末材料库存量为下季度生产需要量的 10%，预算期末、期初材料库存量分别为 250 千克和 206 千克。

(4)生产单位产品直接人工工时为 10 小时，小时工资率为 2 元，期末和期初在产品数量不变。

(5)制造费用中除折旧费以外均需于当季度支付现金，有关费用见表 7-17。

表 7-17　　制造费用预算表　　单位:元

季度	一	二	三	四	全年
变动制造费用					
间接人工	150	180	250	320	900
间接材料	360	700	650	390	2 100
其他费用	295	500	480	270	1 545
小计	805	1 380	1 380	980	4 545
固定制造费用					
修理费	1 135	1 750	1 100	1 600	5 585
折旧费	2 000	2 000	2 000	2 000	8 000
管理人员工资	400	400	400	400	1 600
其他费用	330	570	1 200	400	2 500
小计	3 865	4 720	4 700	4 400	17 685
合　计	4 670	6 100	6 080	5 380	22 230

(6)该公司根据预算年度的生产经营情况,销售及管理费用均于当季度支付现金,销售及管理费用的有关资料见表 7-18。

表 7-18　　销售及管理费用预算表　　单位:元

销售费用:	
销售人员工资	2 000
广告费	8 000
包装费	1 000
管理费用:	
福利费	1 000
保险费	200
办公费	800
合计	13 000

(7)该公司预计第二季度购置专用设备一台需 25 000 元。

(8)该公司规定各季度末现金余额不得少于 6 000 元。资金不足时向银行借款,借款数额为 1 000 元的倍数,年利率为 10%,借款在期初,还款在期末。借款利息于每期期末偿还。

(9)该公司预计每季度缴纳所得税为 1 000 元,第二季度末和第四季度末分别支付股利 5 000 元。

(10)该公司 2021 年年末的资产负债表见表 7-19。

表 7-19　　资产负债表

海城公司 2021 年 12 月 31 日　　单位:元

资产		负债和所有者权益	
项目	年初	项目	年初
库存现金	25 000	应付账款	1 150
应收账款	3 000	长期借款	20 000
直接材料	618	普通股	40 000

产成品	1 022	未分配利润	12 490
固定资产	50 000		
累计折旧	6 000		
资产总额	73 640	负债和所有者权益总额	73 640

要求：根据上述资料，编制海城公司 2022 年的财务预算。

子项目二　财务控制

任务引例　中石化公司的全面预算控制和先进的 ERP 管理信息系统控制

中石化公司于 2003 年成立了内部控制领导小组，设立专门机构，负责协调内部控制制度建设的相关工作。2005 年 1 月 1 日，股份公司率先实施内部控制制度，2006 年集团公司非上市部分也开始试行内部控制制度，并于 2008 年 1 月 1 日起正式实施，目前集团公司和股份公司正在执行 2009 年版《内部控制手册》。

中石化公司把所有的业务活动全部纳入预算管理，把预算嵌入到“授权指引”和 ERP 管理信息系统中，使所有授权均为预算（计划）项下的授权，规范了每项业务流程中预算的编制、上报和批复程序，加强了预算执行监督考核工作，从而使各部门和各个分（子）公司都把预算作为约束日常业务和推动优化经营管理的重要手段。在预算责任体系上，中石化公司建立了由董事会审查年度财务预算，各事业部和各职能部门监控预算执行和分（子）公司、研究院等全面落实预算目标的预算管理体系，分（子）公司建立了分级预算网络。目前，中石化公司各事业部、分（子）公司的预算管理率达到了 100%。通过实施全面预算管理体制，公司整体效益得到了提高，有力促成了企业整体经营目标的实现。

中石化公司的 ERP 管理信息系统分为会计核算、资金管理、物资管理等分业务自成体系的管理信息系统。中石化公司的 ERP 管理信息系统中的所有授权都是基于“预算项”下的授权，并将公司的整体目标分解为具体的控制项目和明确的控制标准，适时评价经济业务的价值链过程，作为成本控制及绩效考核的基础，从而实现了预算“硬约束”的功能。

工作任务 1　认识财务控制

一、财务控制的含义

财务控制是指按照一定的程序和方式确保企业内部机构及其人员全面落实，实现对企业资金的取得、投放、使用和分配过程的控制。

财务控制所借助的手段如责任预算、责任报告及业绩考核、内部转移价格等，是通过价值指标实现的，所以，它不仅可以将各种不同性质的业务综合起来控制，而且可以将不同层次、不同部门的业务综合起来进行控制，是一种全面控制。这种全面控制是通过对现金流量状况的重点控制来实现的。

财务管理包括财务预测、财务决策、财务预算、财务控制和财务分析等各个环节。其中，财务预测、财务决策、财务预算为财务控制指明了方向，提供了依据，而财务控制是实现财务管理目标的关键。如果没有财务控制，其他财务管理环节就失去了意义。财务控制是一种价值控制，有很强的连续性和全面性，起着促进、监督、协调等重要作用，能够保证企业资金活动的顺利进行。

二、财务控制的种类

1.按控制时间分类

财务控制按控制时间分为事前财务控制、事中财务控制和事后财务控制。事前财务控制是指财务收支活动尚未发生前所进行的控制；事中财务控制是指财务收支活动发生过程中所进行的控制；事后财务控制是指对财务收支活动的结果所进行的考核及相应的奖罚。

2.按控制主体分类

财务控制按控制主体分为所有者财务控制、经营者财务控制和财务部门财务控制。所有者财务控制是资本所有者对经营者财务收支活动进行的控制，其目的是实现资本保全和资本增值；经营者财务控制是企业管理者对企业的财务收支活动进行的控制，其目的是实现财务预算目标，更好地控制企业的日常生产和经营；财务部门财务控制是对企业日常财务收支活动进行的控制，其目的是保证企业现金的供给。

3.按控制对象分类

财务控制按控制对象分为收支控制和现金控制。收支控制是对企业和各责任中心的财务收支出活动进行的控制。通过收支控制，企业收入达到既定目标，成本开支减少，从而实现企业利润最大化。现金控制是对企业和各责任中心的现金流入活动和现金流出活动进行的控制，目的是通过现金控制实现现金流入和现金流出的基本平衡，既要防止因现金短缺可能出现的支付危机，也要防止因现金过多可能增加的机会成本。

4.按控制手段分类

财务控制按控制手段分为绝对控制和相对控制。绝对控制是指对企业和各责任中心的财务指标采用绝对额进行控制，通常激励性指标通过绝对额控制最低限度，约束性指标通过绝对额控制最高限度。相对控制是指对企业和各责任中心的财务指标采用相对比率进行控制，通常相对控制具有反映投入与产出对比、开源与节流并重的特征。比较而言，绝对控制没有弹性，相对控制具有弹性。

工作任务 2　责任中心控制

为了能够进行有效的控制及内部协调，企业通常按“统一领导、分级管理”的原则，在其内部合理划分责任中心，又称为责任单位。明确各责任中心承担的经济责任，享有的权利和利益，从而使责任中心各尽其职、各负其责。根据企业内部责任中心的权限范围及业务活动的特点不同，责任中心可以分为成本中心、利润中心和投资中心。

微课 27

责任中心

一、成本中心

（一）成本中心的含义

一个责任中心，如果不考核其收入，而着重考核其所发生的成本和费用，这类责任中心称为成本中心。成本中心一般包括生产部门、业务提供部门和管理部门。

成本中心的范围广泛，任何发生成本的责任领域，都可以确定为成本中心。例如，从企业工厂到车间、班组都可以确定为成本中心。成本中心由于其层次规模不同，其控制和考核的内容也不尽相同，但基本上是逐级控制的，其职责就是用一定的成本去完成规定的具体任务。

（二）成本中心的类型

成本中心的类型有标准成本中心和费用中心两种。

标准成本中心是指生产的产品稳定而明确，并且已经知道单位产品所需投入量的责任中心。标准成本中心的典型代表是制造业工厂、车间、工段、班组等。标准成本中心的每种产品都有明确的原材料、人工费用及各种间接费用的数量标准与价格标准。

费用中心是指产出物不能用财务指标来衡量，或投入和产出之间没有密切关系的责任中心。费用中心包括行政管理部门、研究开发部门、销售部门等，其发生的费用主要是为企业提供一定专业服务，通常采用预算总额审批的控制方法，是一种以直接控制经营管理费用总量为主的成本中心。

（三）成本中心的特征

1.成本中心考核成本费用

成本中心没有经营权和销售权，其工作不会形成用货币量化的收入。例如，一个生产车间的产品或半成品并不由自己出售，其没有销售职能，也没有货币收入。有的成本中心尽管有少量收入，但不属于主要的考核内容。对于大多数生产单位，只能提供成本费用信息，而无法提供收入信息。

2.成本中心只对可控成本负责

成本中心能够控制的各种耗费称为可控成本，不能控制的各种耗费称为不可控成本。成本可控与否是相对而言的，它与成本中心所处的层次、权限的大小及控制范围直接相关。例如，从企业整体来看，几乎所有的成本都可以称为可控成本，而对企业内部各部门来说，既有可控成本，也有不可控成本。通常，较低层次的成本中心的可控成本一定是较高层次的成本中心的可控成本，而较高层次的成本中心的可控成本不一定是较低层次的成本中心的可控成本。

3.成本中心控制和考核的是责任成本

责任成本是以具体的责任中心为对象，以其承担的责任范围为所归集的成本，也就是成本中心的全部可控成本。对成本中心工作业绩的考核，主要是将实际责任成本与预算责任成本进行比较。正确评价成本中心的工作业绩，应当注意责任成本与产品成本的不同，这是由成本计算的目的和用途不同造成的。责任成本是以责任中心为对象收集的生产经营耗费，收集的原则是谁负责谁承担，而产品成本是以产品为对象收集的生产耗费，收集的原则是谁受益谁承担。

（四）成本中心的考核指标

对责任中心的考核主要是将成本中心发生的实际责任成本同预算责任成本进行比较，从而判断成本中心业绩的好坏。成本中心的考核指标主要包括成本（费用）降低额和降低率，计算公式为

$$\text{成本（费用）降低额}=\text{实际责任成本（费用）}-\text{预算责任成本（费用）}$$

$$\text{成本（费用）降低率}=\frac{\text{成本（费用）降低额}}{\text{预算责任成本（费用）}}\times 100\%$$

在对成本中心进行考核时，如果实际产量与预算产量不一致，应先按弹性预算的编制方法调整预算责任成本（费用）。其计算公式为

$$\text{预算责任成本（费用）}=\text{实际产量}\times\text{单位预算责任成本（费用）}$$

职业能力操作 7-14

万达公司某成本中心生产 A 产品，预算产量为 2 000 件，单位成本为 80 元/件，实际产量为 1 800 件，单位成本为 78 元/件，计算该成本中心的成本降低额和降低率。

【操作指导】

$$\text{成本降低额}=1\,800\times78-1\,800\times80=-3\,600\text{（元）}$$

$$\text{成本降低率}=\frac{-3\,600}{1\,800\times80}\times100\%=-2.5\%$$

通过计算，该成本中心实际成本比预算成本降低 3 600 元，成本降低率为 2.5%，较好地完成了预算。

二、利润中心

（一）利润中心的含义

一个责任中心，如果能同时控制生产和销售，既对成本负责又对收入负责，但没有责任或权力决定该中心的资产投资水平，而可以根据其利润的多少来评价该中心的业绩，这类中心称为利润中心。

（二）利润中心的类型

利润中心分为自然利润中心和人为利润中心。自然利润中心可以直接向企业外部销售产品，在市场上进行购销业务。这类利润中心一般是企业内部独立单位，其功能和独立企业类似，能独立地控制成本，取得收入。人为利润中心可以在企业内部按照内部转移价格出售产品，从而取得内部销售收入，人为利润中心一般也具有独立经营权，与其他责任中心一起确定合理的内部转移价格，以实现利润中心的功能。

（三）利润中心的考核指标

在评价利润中心业绩时，有四种考核指标可供选择，即边际贡献、部门可控边际贡献、部门边际贡献和部门税前利润。

边际贡献＝部门销售收入－部门变动成本

部门可控边际贡献＝边际贡献－部门可控固定成本

部门边际贡献＝部门可控边际贡献－部门不可控固定成本

部门税前利润＝部门边际贡献－公司管理费用

职业能力操作 7-15

万达公司某部门实现销售收入 20 000 元，已销商品变动成本和变动销售费用为 13 000 元，部门可控固定间接费用为 900 元，部门不可控固定间接费用为 1 000 元，分配的公司管理费用为 1 200 元，计算用于评价利润中心的各指标。

【操作指导】

边际贡献＝20 000－13 000＝7 000(元)

部门可控边际贡献＝7 000－900＝6 100(元)

部门边际贡献＝6 100－1 000＝5 100(元)

部门税前利润＝5 100－1 200＝3 900(元)

通过对上面例题的分析可以看出，以边际贡献作为考核指标不够全面，可能导致部门管理尽可能多地支出固定成本以减少变动成本支出，虽然边际贡献变大了，但会增加总成本。用部门可控边际贡献来评价业绩可能是最好的，它反映了部门经理在其权限和控制范围内有效使用银行存款的能力；用部门边际贡献来评价业绩，更适合评价该部门对企业利润和管理费用的贡献，但不适合对部门经理的评价，因为有一部分固定成本是部门经理很难改变的；用部门税前利润来评价业绩通常是不合适的，因为公司管理费用是部门经理无法控制的成本。

三、投资中心

（一）投资中心的含义

一个责任中心，如果既要对成本和利润负责，又要对投资效果负责，那么该责任中心为投资中心。由于投资的目的是获得利润，因而投资中心同时也是利润中心，但投资中心与利润中心又有所不同。投资中心有决策权，处于责任中心的最高层次，具有最大决策权，同时也承担最大的责任。

（二）投资中心的考核指标

1.投资利润率

投资利润率是投资中心获得的利润与投资额的比率。其计算公式为

$$投资利润率=\frac{利润}{投资额}\times 100\%$$

职业能力操作 7-16

万达公司某部门资产额为 22 000 元，部门边际贡献为 4 400 元，计算该投资中心的投资利润率。

【操作指导】 $投资利润率=\frac{4\ 400}{22\ 000}\times 100\%=20\%$

用投资利润率来评价投资中心的业绩有许多优点：投资利润率是根据现有会计资料计算得到的，比较客观，可用于部门之间及不同行业之间的比较，用它来评价每个部门的业绩，有助于提高整个企业的投资报酬率。投资利润率可以进一步分解为投资周转率与销售利润率的乘积，从而对整个部门的经营状况做出评价。

但是，投资利润率也有明显的缺点：部门经理可能放弃高于资本成本而低于目前部门投资利润率的机会，或者减少现有的投资利润率较低但高于资本成本的某些资产，使部门的业绩获得较好的评价，但这样做会损害企业整体的利益。

职业能力操作 7-17

承前例，假设万达公司的资本成本为 15%，部门经理现面临一个投资利润率为 16% 的投资机会，投资额为 10 000 元，计算增资后的投资利润率。

【操作指导】 $投资利润率=\frac{(4\,400+10\,000\times16\%)}{(22\,000+10\,000)}\times100\%=18.75\%$

通过对上面例题的分析可以看出，虽然部门经理面临一个投资利润率为 16% 的投资机会，但部门经理却不愿意投资，因为如果进行了这项投资，就会使投资利润率由 20% 下降到 18.75%，从而影响部门业绩。

2.剩余收益

剩余收益是指投资中心获得的利润扣减其最低投资收益后的余额。其计算公式为

$$剩余收益=利润-投资额\times预期最低投资收益率$$

职业能力操作 7-18

承前例，计算部门的剩余收益。

【操作指导】

未增资前的剩余收益 $=4\,400-22\,000\times15\%=1\,100$（元）

增资后的剩余收益 $=(4\,400+10\,000\times16\%)-(22\,000+10\,000)\times15\%=1\,200$（元）

用剩余收益来评价投资中心的业绩可以克服投资利润率的缺陷，它可以把业绩评价与企业的目标协调一致。只要投资利润率大于预期最低投资收益率，该项目就是可行的。但该指标是绝对数指标，不便于不同部门之间的比较。

3.现金回收率

现金回收率是营业现金流量与总资产的比率。其计算公式为

$$现金回收率=\frac{营业现金流量}{总资产}\times100\%$$

营业现金流量是年现金收入与现金支出的差额，总资产是部门资产历史平均值。

用现金回收率来评价投资中心的业绩，可以减少在计算利润的过程中间接费用分配方法的影响，可以检验投资评估指标的实际执行结果。

因为现金回收率也是一个相对数指标，同样具有投资利润率的类似缺点，为了克服这一不足，可以采用剩余现金流量对投资中心进行业绩评价。其计算公式为

剩余现金流量＝经营现金流入－部门资产×资金成本率

职业能力操作 7-19

万达公司某部门的营业现金流量为 6 600 元，资产历史平均值为 22 000 元，资金成本率为 15%，计算现金回收率及剩余现金流量。

【操作指导】

$$现金回收率=\frac{6\ 600}{22\ 000}\times 100\%=30\%$$

剩余现金流量＝6 600－22 000×15%＝3 300(元)

用剩余现金流量来评价投资中心的业绩，可以克服现金回收率的不足，它能将业绩评价与企业的目标协调一致。只要现金回收率大于预期的最低现金回收率，该项目就是可行的。但该指标也是绝对数指标，不便于不同部门之间的比较。

工作任务 3　内部转移价格控制

一、内部转移价格的含义和作用

（一）内部转移价格的含义

内部转移价格是指有利益关系的各企业之间、企业集团或公司内部各利润中心之间调拨产品或商品的结算价格，又称为“调拨价格”，一般由进货价格、流通费用和利润构成。其特点是只反映企业集团或公司内部各利润中心之间的经济联系，一般不直接与消费者发生联系，不作为各种差、比价的依据和计算基础。

（二）内部转移价格的作用

1.合理界定各责任中心的经济责任

内部转移价格作为一种计量手段，可以确定转移产品或劳务的价值量。这些价值量既标志着提供产品或劳务的责任中心经济责任的完成，又标志着接受产品或劳务的责任中心应负经济责任的开始。

2.有效测定各责任中心的资金流量

各责任中心在生产经营过程中，需要占用一定数量的资金。企业集团可以根据内部转移价格确定一定时期内各责任中心的资金流入量和资金流出量，并可在此基础上根据企业集团资金周转的需求，合理制定各责任中心的资金占用量。

3.科学考核各责任中心的经营业绩

提供产品或劳务的责任中心可以根据提供产品或劳务的数量及内部转移价格计算本身的“收入”，同时根据各生产耗费的数量及内部转移价格计算本身的“支出”。

二、制定内部转移价格的原则

1.全局性原则

制定内部转移价格只是为了分清各单位的责任。企业在制定内部转移价格时，应从全局出发，使局部利益和整体利益协调统一，力争企业整体利益最大化。

2.公平性原则

制定内部转移价格应公平合理，防止某些单位因价格上的缺陷而获得一些额外的利益或损失。如果制定的内部转移价格不合理，就会影响单位的生产经营积极性。

3.自主性原则

在企业整体利益最大化的前提下，各单位有一定的自主权，如生产权、技术权、人事权和理财权等，制定的内部转移价格必须为各方所接受。

4.重要性原则

在制定内部转移价格时，对那些价高量大、耗用频繁的对象，应科学计算，从严定价；而对那些价低量小、不常耗用的对象，可以从简定价。

三、内部转移价格的种类

1.市场价格

在中间产品存在完全竞争的市场条件下，市场价格减去对外的销售费用，是理想的转移价格。

2.以市场为基础的协商价格

如果中间产品存在非完全竞争的外部市场，可以采用协商的办法确定转移价格，即双方部门经理就转移中间产品的数量、质量、时间和价格进行协商，并设法取得一致意见。

3.变动成本加固定费用转移价格

变动成本加固定费用转移价格要求中间产品的转移用单位变动成本来定价，与此同时，还应向购买部门收取固定费用，作为长期以低价获得中间产品的一种补偿。

4.全部成本转移价格

以全部成本或者以全部成本加上一定利润作为内部转移价格，可能是最差的选择。

(1)它以各部门的成本为基础，再加上一定百分比作为利润，在理论上缺乏说服力；

(2)在连续式生产企业中成本随产品在部门间流转，成本不断积累，使用相同的成本加成率会使后序部门利润明显大于前序部门。它唯一的优点是简单。

职业能力训练

一、单项选择题

1.成本中心的责任成本是该中心的(　　)。

A.固定成本　　B.产品成本　　C.可控成本之和　　D.不可控成本之和

2.下列选项中，不属于利润中心责任范围的是(　　)。

A.成本　　B.收入　　C.利润　　D.投资效果

3.投资中心的考核指标不包括(　　)。

A.剩余收益　　B.现金回收率　　C.边际贡献　　D.投资利润率

4.A 成本中心生产某产品,预算产量为 600 件,预算单位责任成本为 150 元;实际产量为 800 件,实际单位责任成本为 130 元。A 成本中心的成本降低率是(　　)。

A.13.33%　　B.15.39%　　C.10%　　D.15.56%

5.万盛公司某部门资产额为 220 万元,边际贡献为 44 万元,该公司资本成本为 15%,部门经理现有一个投资利润率为 16%的投资机会,投资额为 100 万元,增资后的投资利润率为(　　)。

A.15%　　B.16%　　C.18.75%　　D.15.5%

二、多项选择题

1.成本中心的特点有(　　)。

A.成本中心只考核成本费用,不考核收益

B.成本中心只对可控成本承担责任

C.成本中心只对责任成本进行考核和控制

D.成本中心的考核需要兼顾一些不可控成本

2.下列说法中,正确的有(　　)。

A.考核利润中心业绩时不进行投入产出比较

B.利润中心一定是独立法人

C.利润中心没有投资决策权

D.投资中心具有最大的决策权,同时也承担最大的责任

3.内部转移价格的种类有(　　)。

A.变动成本加固定费用转移价格　　B.以市场为基础的协商价格

C.全部成本转移价格　　D.市场价格

4.制定内部转移价格的原则有(　　)。

A.全局性原则　　B.公平性原则　　C.自主性原则　　D.重要性原则

5.成本中心的类型有(　　)。

A.标准成本中心　　B.费用中心　　C.可控成本中心　　D.责任成本中心

三、简答题

1.简述财务控制的种类。

2.比较利润中心考核指标的优缺点。

3.简述内部转移价格的含义和制定原则。

四、计算题

1.隆泰公司某事业部资产额为 200 万元,部门边际贡献为 19 万元。假设该公司资金成本为 15%,部门经理现面临一个投资报酬率为 16%的投资机会,投资额为 100 万元。请计算该投资中心的投资利润率、增资后的投资利润率和部门剩余收益指标。

2.隆盛公司设有三个投资中心,有关资料如下表所示:

指标	总公司	甲投资中心	乙投资中心	丙投资中心
净利润(万元)	55 000	20000	18 000	17 000
净资产平均占用额	513 500	172 000	171 500	170 000
要求的最低投资报酬率	10%			

(1)计算该集团公司和各投资中心的投资报酬率,并据此评价各投资中心的业绩;

(2)计算各投资中心的剩余收益,并评价各投资中心的业绩;

(3)综合评价各投资中心的业绩。

项目八

财务分析

职业能力目标

◎ 理解企业的基本财务报表；

◎ 能够利用财务比率对企业的财务状况和经营成果进行分析评价；

◎ 能够利用杜邦财务分析法评价企业业绩。

◎ 能够根据财务指标判断企业风险程度。

素质培养目标

◎ 能够客观分析企业经营状况，培养“客观公正”的职业品德；

◎ 能够用联系的、辩证的眼光，通过企业表象发现经营中的问题；

◎ 正确理解会计诚信的行为准则，践行社会主义核心价值观“诚信”；

◎ 能够分析新冠肺炎疫情的严重冲击对企业的影响，提高风险预见预判能力。

工作任务列表

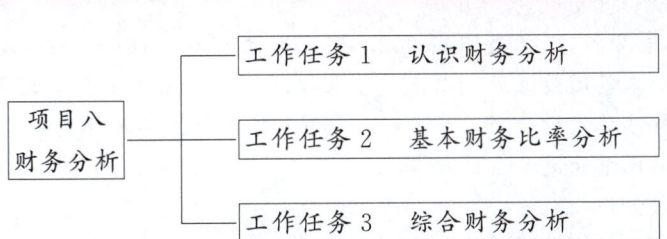

- 项目八 财务分析
  - 工作任务1　认识财务分析
  - 工作任务2　基本财务比率分析
  - 工作任务3　综合财务分析

项目引言

财务分析是以会计核算和报表资料及其他相关资料为依据，采用一系列专门的财务分析技术和方法,对企业等经济组织过去和现在有关筹资活动、投资活动、经营活动、分配活动的盈利能力、营运能力、偿债能力和发展能力等进行分析与评价的经济管理活动。财务分析是为企业的投资者、债权人、经营者及其他关心企业的组织或个人了解企业过去、评价企业现状、预测企业未来做出正确决策提供准确的信息或依据的一项财务管理活动。

项目引例

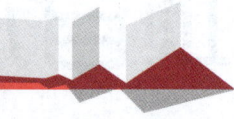

从财务报表观察小米集团发展

北京小米科技有限责任公司(简称:小米),成立于2010年4月,是一家专注于高端智能手机、互联网电视以及智能家居生态链建设的创新型科技企业。小米集团作为一家以智能手机制造、物联网(IoT)与生活服务产品供应及互联网服务供应为核心发展领域的"互联网+制造业"企业,近年来取得了飞速发展。我们通过小米集团近五年的财务报表来回顾其发展历程。

一、资产负债表分析

(一)资产分析

在2016~2020年,小米公司的总资产呈现显著的上升趋势。从2016年资产负债表日披露的资产总额507.66亿元到2020年资产负债表日的2 536.80亿元,上涨了将近5倍。以2018年这一年增长最为迅速,从年初的897.70亿元,增长至年末的1 452.28亿元,增长了554.58亿元,增长率高达61.78%。

(二)负债分析

从流动负债方面来看,小米集团负债从迅速增加到增速放缓,从中可以看出,2016~2017年小米集团追求利用负债作为财务杠杆,使企业扩大生产获得利益,在2018~2020年小米集团开始逐步稳定负债规模。其中在短期借款项目中,在2016~2018年保持30亿元左右的稳定规模后,小米集团在2019年的短期借款下降到了128.37亿元,在2020年进一步下降到69.62亿。在非流动负债方面,小米集团非流动负债在2016~2019年间呈逐年下降的趋势,从2016年的1 167.60亿元,降至2019年的97.91亿元,但是2020年又呈现了一定的上升趋势。

(三)股东权益分析

从数据上看,小米集团的股东权益经历了一个由负到正的过程,2016年为−921.92亿元,2017年达到顶峰−1 272.11亿元。2018年后恢复为正数,2019年持续增加,2020年则达到了1 240.14亿元。

二、利润表分析

从公开的利润表分析,小米集团在2020年营业收入为2 458.66亿元,毛利为367.52亿元。从总体上看,小米集团最近五年以来的营业收入和毛利都呈现稳定增长的态势。从数值上看,营业总收入持续稳定增长,2017年10月,小米集团营业收入仅用不到7年的时间,提前跨过千亿元门槛,同比增长更是达到67.49%。

三、现金流量表分析

从现金净额角度来说,2020年期末现金(547.52亿元)较期初现金(259.20亿元)增加一倍多。

在经营活动产生的现金流中,小米集团披露的现金流量表显示,2016~2020年经营活动产生的现金流量金额成波动趋势,在2016年为45.31亿元、2017年和2018年又为负值,分别为−9.96亿元和−14.15亿元,到了2019年为238.10亿元,2020年为218.79亿元。

(数据来源:小米集团2020年年度报告)

工作任务1　认识财务分析

一、财务分析的意义

财务分析是以财务报表反映的财务指标为主要依据，采用一系列专门的财务分析技术与方法，用以揭示各项财务指标之间的内在联系，从而了解企业的财务状况、经营成果和现金流量，发现企业生产经营活动中存在的问题，预测企业未来发展趋势，为未来决策提供依据的一项财务管理活动。

财务分析既是对已完成的财务活动的总结，又是财务预测的前提，在财务管理的循环中起着承上启下的作用，具有十分重要的意义。

（一）财务分析是财务预测、决策与计划的基础和重要依据

通过财务分析，可以了解过去、把握现在、预测未来，可以了解企业获利能力的高低、偿债能力的大小及营运能力的强弱，可以了解投资后的风险和收益情况，从而为做出正确的投资决策提供可靠依据，减少不必要的损失。

（二）财务分析是评价财务状况、衡量经营业绩的重要依据

通过财务分析，不仅能把握财务活动的结果，财务计划的完成情况，经营目标是否实现，从而总结经验与教训，发扬优点及改进不足等，而且能分清各部门、各单位的工作成果及其对财务计划执行情况与经济效益的影响程度。通过财务分析，还可以将影响财务状况和经营成果的主观因素与客观因素区分开来，进一步明确责任，合理评价经营者的工作业绩，并据此奖优罚劣，以促进经营者不断改进工作。

（三）财务分析是挖掘潜力、改进工作、实现财务目标的重要手段

企业财务管理的根本目标是追求企业价值最大化。通过财务分析，可以促使企业不断挖掘内部潜力，充分认识未被利用的各种资源，寻找利用不当的部分及其原因，发现进一步提高利用效率的可能性，使有利因素得到巩固和发展，从而促进企业生产经营活动实现良性循环。

二、财务分析的目的

一般来说，财务报告的使用者主要有公司的股东、债权人、经营者、职工以及政府机构和公司潜在的投资者等。不同的使用者与公司有着不同的利害关系，对公司财务信息关心的侧重点不一样，因此，财务分析的目的也有所不同。

（一）公司的股东

股东既是公司的所有者，又是公司的投资者。股东不直接参与公司的经营管理，主要通过公司提供的财务报告获得有关信息，并据以分析公司的经营成果、资本结构、资本保值增值、利润分配和现金流量情况，测算其投资报酬率能达到多少，以及达到这个报酬率的可能性、所遇

到的风险程度有多大等。股东进行财务分析的主要目的是分析公司的盈利能力和风险程度，通过财务分析来评估投资收益与风险程度，从而做出是增加投资额还是保持原有投资额，是放弃投资机会还是转让股权等投资决策。

股东的财务分析内容更加全面，包括对公司的盈利能力、资产管理水平、财务风险、竞争能力、发展前景等方面的分析和评价。

（二）公司的债权人

公司的债权人包括向公司提供信贷资金的银行、公司债券持有者、商业信用提供者等。债权人关心的是公司到期能否偿还债务，因而需要通过财务分析了解公司的举债经营、资产抵押、偿债基金准备、资本结构、资产的流动性、现金流量等情况。债权人还要判断公司的偿债能力，对公司进行信用评级，然后才能做出继续放款或收回贷款的信贷决策。由于债务的期限不同，债权人进行财务分析关注的重点也有所不同。对于短期信用而言，债权人主要关心公司当前的财务状况、短期资产的流动性以及资金周转状况。对于长期信用而言，债权人更关注公司未来的现金流量和盈利能力。

（三）公司的经营者

公司的经营者通过财务分析，可以发现经营、理财上的问题，调整经营方针与投资策略，不断提高管理水平。财务分析也是考核公司本期财务计划的完成情况，对经营者完成受托责任做出一个合理评价的依据，还可以作为正确制订下期财务计划的依据，有利于经营者做出正确的经营决策。

（四）政府及有关管理部门

政府通常以社会管理者的身份对公司进行财务分析，了解其对宏观经济管理、制定宏观经济政策等的作用。比如，了解资源配置的状况与效益，评估公司的财务状况与经营成果对所在行业产生的影响；了解公司纳税申报的执行情况，并据以监督公司依法纳税，确保国家税收的及时性；了解公司遵守政府法规和市场秩序的情况，以便加强对宏观经济政策的制定和管理。

（五）中介机构

注册会计师对公司的财务报表进行审计，其目的是在某种程度上确保财务报表的编制符合公认会计准则，没有重大错误和不规范的会计处理。注册会计师通过财务分析可以确定审计的重点，提高审计的效率和质量，客观、公正地提供审计报告。其他咨询机构可以根据提供服务的需要进行财务分析，以便为信息使用者提供其所需要的财务信息。

三、财务分析的内容

财务分析的内容是由分析对象的内容和分析的目的决定的。分析的目的不同，分析的内容和侧重点也就不相同。从满足各方的需要出发，财务分析的内容包括以下几个部分：

1.偿债能力分析

偿债能力是指公司偿还各种到期债务的能力。偿债能力分析主要是分析公司1年以内及1年以上的长短期债务的偿还能力及财务风险，为公司经营者、股东和债权人提供偿债能力的信息。

2.营运能力分析

营运能力反映了公司对资产的运用和管理能力。营运能力分析主要是指对公司运用经济资源从事业务经营的能力和经济资源的利用效率进行分析评价。对公司营运能力进行分析可以了解公司的资本保值增值情况，分析公司的资产利用率、管理水平和资金周转情况等，为评价公司的经营管理水平提供依据。

3.盈利能力分析

盈利能力分析主要分析公司获取利润的能力及利润分配情况。盈利能力强可以提高公司偿还债务的能力，提升公司的信誉。对公司盈利能力进行分析不仅要关心利润的绝对数，还要分析反映利润的相对指标。

4.发展能力分析

发展能力是公司生存的基础，是扩大规模、壮大实力的潜在能力。通过对公司发展能力的分析，可以判断公司的发展潜力，预测公司的经营前景，为公司经营者和股东进行经营决策和投资决策提供重要依据。

5.其他财务情况分析

其他财务情况分析是除了上述内容以外，其他的有关财务情况和经营收支方面的分析，如对投资者投入资本保值增值情况的分析、资本积累情况的分析等。

四、财务分析的常用方法

（一）比较分析法

比较分析法是通过对有关的财务报表数据或财务指标进行对比，揭示企业存在的差异和矛盾，了解企业的财务状况及其变化趋势的一种分析方法。

对经济指标的对比，主要有以下几种形式：

1.实际与计划比

实际与计划比，可以揭示实际与计划的差异，了解计划完成情况。

2.本期实际与上期实际或本企业历史最好水平比

本期实际与上期实际成本企业历史最好水平比是一种纵向比较，通过比较可以确定前后不同时期有关经济指标的变动情况，了解企业生产经营管理的发展趋势和管理工作的改进情况。

3.与同行业比

与同行业平均水平或先进企业横向比较，可以确定企业在同行业中的位置，发现差距与问题，推动本企业改善经营管理，提高竞争力，赶超先进水平。

（二）比率分析法

比率分析法是利用财务报表中两项相关数据的比率来揭示企业财务状况和经营成果的一种分析方法。比率分析法常用的财务比率有：

1.结构比率

结构比率是通过计算某项经济指标的各个组成部分占总体的比率，反映部分与总体的关系。如负债比率、所有者权益比率等。

2.相关比率

相关比率是同一时期财务报表及有关会计资料中两项相关数值的比率，如销售利润率、资产负债率等。

3.效率比率

效率比率是反映某项经济活动投入和产出之间关系的财务比率，如总资产报酬率、成本费用利润率等，利用效率比率可以考察经济活动的经济效益，反映企业的盈利能力。

采用比率分析法，应注意以下几个问题：对比指标要有相关性；对比指标的计算口径要一致；衡量标准的科学性。比率分析法的优点是计算简便，计算结果容易判断，而且可以使某些指标在不同规模的企业之间进行比较。

（三）因素分析法

因素分析法又称为连环替代法，它是用来确定几个相互联系的因素对分析对象——综合财务指标或经济指标的变动额（率）的影响程度的一种分析方法。

职业能力操作 8-1

利明企业 2021 年的销售量、单价、销售收入的计划数和实际数见表 8-1，要求运用因素分析法分析销售量和单价对销售收入的影响程度。

表 8-1　　销售收入变动的因素分析

项目	单位	计划数	实际数	差异
销售量	件	100	140	+40
单价	元/件	8	6	−2
销售收入	元	800	840	+40

【操作指导】

根据表 8-1 所列资料，销售收入实际数比计划数增加 40 元，这就是分析对象。显然，销售收入的变动受销售量与单价这两个因素变动的影响。运用因素分析法，可以计算各因素变动对销售收入变动的影响程度。

计划指标：100×8＝800（元）　①

第一次替代：140×8＝1 120（元）　②

第二次替代：140×6＝840（元）　③

②－①＝1 120－800＝＋320（元）

这说明由于销售量实际数超过计划数 40（140－100）件，使销售收入增加了 320 元；

③－②＝840－1 120＝－280（元）

这说明由于单价实际数比计划数下降了 2 元，使销售收入下降了 280 元；

二者综合影响：＋320＋（－280）＝＋40（元）

本例还可以通过以下简便方法进行分析：

①销售量实际数超过计划数 40 件，使销售收入增加了 40×8＝320（元）

②单价实际数比计划数下降了 2 元，使销售收入变动了（－2）×140＝－280（元）

这种方法称为差额分析法，它是因素分析法的简化方法。

（四）趋势分析法

趋势分析法是通过对比两期或连续数期财务报告中的相同指标，确定其增减变动的方向、数额和幅度，从而揭示企业当期财务状况和经营成果的增减变动及其发展趋势的一种分析方法。

1.定基分析法

定基分析法是以某一时期的报表数据作为基数，其他各期与之对比，计算定基发展速度（或定基增长速度），以观察各期相对于固定基期的变化趋势。

定基发展速度＝报告期数值÷固定基期数值

定基增长速度＝定基发展速度－1

2.环比分析法

环比分析法是以前一期数据为基期计算的趋势百分比，以观察每一期相对于前一期的增减变化情况。

环比发展速度＝报告期数值÷报告期前一期数值

环比增长速度＝环比发展速度－1

运用趋势分析法对财务报表进行整体分析，即分别计算若干期财务报表各项目的定基发展速度或环比发展速度，得出趋势报表（或称为指数报表），反映财务报表各项目的变化趋势。

工作任务 2　基本财务比率分析

总结和评价企业财务状况与经营成果的分析指标包括偿债能力指标、营运能力指标、盈利能力指标和发展能力指标。万达公司有关的简化报表见表 8-2 和表 8-3。

表 8-2　　万达公司资产负债表

2021 年 12 月 31 日　　单位：万元

资产	年初数	年末数	负债及所有者权益	年初数	年末数
流动资产：			流动负债：		
货币资金	210	390	短期借款	170	200
交易性金融资产	10	20	应付账款	2 000	1 900
应收账款	1 480	1 500	预收账款	300	400
预付账款	200	250	其他应付款	100	100
存货	1 900	2 000	流动负债合计	2 570	2 600
流动资产合计	3 800	4 160	非流动负债：		
非流动资产：			长期借款	1 200	900
长期股权投资	400	400	非流动负债合计	1 200	900
固定资产	2 100	1 800	负债合计	3 770	3 500
无形资产	500	550	所有者权益：		
非流动资产合计	3 000	2 750	实收资本	2 500	2 500
			盈余公积	230	230
			未分配利润	300	680
			所有者权益合计	3 030	3 410
资产合计	6 800	6 910	负债及所有者权益合计	6 800	6 910

表 8-3 万达公司利润表

2021 年度

单位:万元

项目	上年数	本年数
一、营业收入	6 950	7 960
减:营业成本	5 430	6 110
税金及附加	410	470
销售费用	150	200
管理费用	180	280
财务费用	120(利息费用 80)	160(利息费用 100)
加:投资收益	20	30
二、营业利润	680	770
加:营业外收入	30	10
减:营业外支出	40	30
三、利润总额	670	750
减:所得税(税率 25%)	167.5	187.5
四、净利润	502.5	562.5

补充资料:2020 年年初应收账款余额为 1 400 万元,存货余额为 1 800 万元,流动资产余额为 3 600 万元,资产余额为 6 000 万元,所有者权益余额为 3 000 万元;根据公司现金流量表,其 2020 年度、2021 年度经营活动产生的现金净流量分别为 1 000 万元和 1 500 万元。

一、偿债能力分析

偿债能力是指企业偿还各种到期债务的能力。偿债能力分析有利于债权人进行借贷决策,有利于股东进行投资决策,有利于经营者进行正确的经营决策,有利于正确评价企业的财务状况。偿债能力分析主要分为短期偿债能力分析和长期偿债能力分析。

微课 28

短期偿债能力分析

(一)短期偿债能力分析

短期偿债能力是指企业流动资产对流动负债及时足额偿还的保证程度,是衡量企业当前财务能力特别是流动资产变现能力的重要标志。流动负债是指在 1 年内或超过 1 年的一个营业周期内需要偿还的债务。一般来说,流动负债需要以现金直接偿还,而流动资产是在 1 年内或超过 1 年的一个营业周期内可变现的资产,因而流动资产就成为偿还流动负债的一个安全保障。评价短期偿债能力的指标主要有流动比率、速动比率和现金流量比率等。

1.流动比率

流动比率是流动资产与流动负债的比率,用于评价企业流动资产在短期债务到期前,可以变为现金用于偿还流动负债的能力。其计算公式为

$$流动比率=\frac{流动资产}{流动负债}$$

流动资产主要包括货币资金、交易性金融资产、应收账款、预付账款、存货和1年内到期的非流动资产等。流动负债主要包括短期借款、交易性金融负债、应付账款、预收账款、应交税费和1年内到期的非流动负债等。通常利用资产负债表中的流动资产总额和流动负债总额进行计算。

流动比率表明每一元流动负债中有多少流动资产做后盾。一般来说，企业流动比率越大，偿还流动负债的能力越强，债权人越有保障。但过大的流动比率对企业来说也并非好现象，可能是企业滞留在流动资产上的资金过多(如应收账款、存货)，未能有效地加以利用，从而影响企业的获利能力。根据西方企业的长期经验，一般认为2∶1为好。但这一比例究竟应保持多高水平，主要视企业自身的特点及其现金流量的可预测程度来确定。

职业能力操作8-2

根据表8-2中的资料，计算万达公司2021年年初的流动比率。

【操作指导】 $流动比率=\frac{3\ 800}{2\ 570}=1.48$

2.速动比率

速动比率是企业的速动资产与流动负债的比率。速动比率较流动比率能更加准确、可靠地评价企业的短期偿债能力。其计算公式为

$$速动比率=\frac{速动资产}{流动负债}$$

$$\begin{aligned}速动资产&=货币资金+交易性金融资产+应收票据+应收账款\\&=流动资产-存货-预付账款-一年内到期的非流动资产-其他流动资产\end{aligned}$$

一般来说，流动资产扣除存货后的资产称为速动资产，主要包括货币资金、交易性金融资产、应收账款、应收票据等。

通常情况下，速动比率为1∶1是比较安全的。若该比率过低，则会使企业面临很大的偿债风险；若该比率过高，虽然短期债务的安全性很高，但同时会使企业闲置资金增多，会增加企业的机会成本，影响企业的收益水平。

在实际分析时，应根据企业性质和其他因素来综合判断，不能一概而论。例如，大量采用现金销售的商店，几乎没有应收账款，大大低于1的速动比率也是正常的。

职业能力操作8-3

根据表8-2中的资料，计算万达公司2021年年初的速动比率。

【操作指导】 $速动比率=\frac{3\ 800-1\ 900-200}{2\ 570}=0.66$

3.现金流量比率

虽然流动比率、速动比率能够反映资产的流动性或偿债能力，但其具有一定的局限性，因为真正能用于偿还短期债务的是现金，而有利润的年份不一定有足够的现金来偿还短期债务，所以利用以收付实现制为基础的现金净流量和债务之比可以更好地反映偿债能力的强弱。其计算公式为

$$现金流量比率=\frac{年经营活动现金净流量}{年末流动负债}$$

式中年经营活动现金净流量是指一定时期内由经营活动产生的现金及其等价物的流入量与流出量的差额，可以从企业的现金流量表中直接得到。

现金流量比率可以衡量由经营活动产生的现金用于支付即将到期债务的能力。利用该指标评价企业偿债能力将更为谨慎。一般该比率越大，表明企业现金流动性越好，短期偿债能力越强。而从企业资金的合理使用角度看，该比率过高意味着企业拥有闲置资金过多，资金使用效率差。因此，企业应根据行业的实际情况确定最佳比率。

职业能力操作 8-4

根据表 8-2 中的资料以及补充资料，计算万达公司 2020 年的现金流量比率。

【操作指导】 $现金流量比率=\frac{1\ 000}{2\ 570}=0.39$

（二）长期偿债能力分析

微课 29

长期偿债能力分析

长期偿债能力是指企业偿还长期负债的能力。企业的长期负债主要有长期借款、应付债券、长期应付款、专项应付款等。反映企业长期偿债能力的指标主要有资产负债率、利息保障倍数、产权比率和权益乘数等。

1.资产负债率

资产负债率又称为负债比率，是负债总额与资产总额的比率。它实际上是结构比率，表明企业资产中负债的比重，以及企业资产对债权人权益的保障程度。其计算公式为

$$资产负债率=\frac{负债总额}{资产总额}\times 100\%$$

资产负债率比较保守的经验判断一般为不高于 50%，国际上一般认为 60% 比较好。

资产负债率越低表明企业债务越少，自有资金越雄厚，财务状况越稳定，其偿债能力越强。但从企业经营者的角度看，适当举债可以获得财务杠杆收益，对于企业未来的发展、规模的扩大起着举足轻重的作用。在企业的管理实践中，难以简单地用资产负债率的高低来判断负债的优劣，应结合企业的盈利能力进一步分析。

职业能力操作 8-5

根据表 8-2 中的资料，计算万达公司 2021 年年初的资产负债率。

【操作指导】 $资产负债率=\frac{3\ 770}{6\ 800}\times 100\%=55.44\%$

2.利息保障倍数

利息保障倍数又称为利息所得倍数或已获利息倍数，是企业一定时期内息税前利润与利息支出的比值。该指标充分反映了企业收益对偿付债务利息的保障程度和企业的偿债能力。其计算公式为

$$利息保障倍数=\frac{息税前利润}{利息}$$

利息保障倍数反映当期企业收益是所需支付利息的多少倍，从偿债资金来源的角度考察企业偿还利息的能力。如果利息保障倍数适当，则表明企业偿付债务利息的风险较小。国外一般选择计算企业5年的利息保障倍数，以充分说明企业稳定偿还利息的能力。国际上公认的利息保障倍数标准为3。美国商业银行的系统显示，当利息保障倍数为1和1以下时，企业的违约风险将很大，在这种状况下，35%以上的企业到期偿还不了债务和利息。一般情况下，若该指标大于1，则表明企业负债经营能赚取比资本成本高的利润，但这仅表示企业能维持经营；若该指标小于1，则表明企业收益不足以支付利息，企业财务风险很大。

职业能力操作 8-6

根据表8-3中的资料，计算万达公司2020年的利息保障倍数。

【操作指导】 $利息保障倍数=\frac{670+80}{80}=9.38(倍)$

3.产权比率

产权比率是衡量公司长期偿债能力的指标之一，它是负债总额与所有者权益总额的比率，这一比率可用以衡量主权资本对借入资本的保障程度。其计算公式为

$$产权比率=\frac{负债总额}{所有者权益总额}\times100\%$$

职业能力操作 8-7

根据表8-2中的资料，计算万达公司2021年年初的产权比率。

【操作指导】 $产权比率=\frac{3\ 770}{3\ 030}\times100\%=124.42\%$

产权比率反映由债权人提供的资本与股东提供的资本的相对关系，反映公司基本财务结构是否合理。产权比率高，是高风险、高报酬的财务结构；产权比率低，是低风险、低报酬的财务结构。公司应对收益与风险进行权衡，力求保持合理、适度的财务结构，以便既能提高盈利能力，又能保障债权人的利益。从这个意义上说，产权比率应小于100%，即借入资本小于股东资本为好。

4.权益乘数

权益乘数是资产总额与股东权益总额的比值。其计算公式为

$$权益乘数=\frac{资产总额}{股东权益总额}$$

权益乘数反映了企业财务杠杆的大小。权益乘数越大，表明股东投入的资本在资产中所占的比重越小，财务杠杆作用越大，财务风险越高。

职业能力操作 8-8

根据表8-2中的资料，计算万达公司2021年年初的权益乘数。

【操作指导】 $权益乘数=\frac{6\ 800}{3\ 030}=2.24$

微课 30

营运能力分析

二、营运能力分析

营运能力即企业资产的利用效率，其关键在于资金周转速度。一般来说，资金周转速度越快，资产营运能力越强；反之，资产营运能力越弱。衡量资金周转速度可以采用两种形式：周转次数与周转天数，二者可以换算。一定时期内周转次数越多，周转速度越快；周转一次所需的时间越短，周转速度越快。评价企业营运能力常用的指标有应收账款周转率、存货周转率、流动资产周转率和总资产周转率等。

$$\text{周转次数}=\frac{\text{周转额}}{\text{资产平均余额}}$$

$$\text{周转天数}=\frac{\text{计算期天数}}{\text{周转次数}}=\frac{\text{资产平均余额}}{\text{周转额}}\times\text{计算期天数}$$

在实际工作中，一般先计算周转次数，再根据以上所示的关系推出周转天数。

1.应收账款周转率

应收账款周转率是指企业一定时期的营业收入同应收账款平均余额的比值。其计算公式为

$$\text{应收账款周转率}=\frac{\text{营业收入}}{\text{应收账款平均余额}}$$

$$\text{应收账款平均余额}=(\text{应收账款年初数}+\text{应收账款年末数})\div 2$$

该指标反映了企业应收账款的流动速度，即企业本年度内应收账款转为现金的平均次数。一般认为，应收账款周转率高能减少企业在应收账款上的呆滞占用，活化企业营运资金，提高资产利用率。但要注意，由于季节性经营、大量采用现金方式结算等都有可能使该指标失实，所以，应结合企业前后期间、行业平均水平进行综合分析。

职业能力操作 8-9

根据表 8-2、表 8-3 中的资料以及补充资料，计算万达公司 2020 年的应收账款周转率。

【操作指导】

2020 年应收账款平均余额 ＝(1 400＋1 480)÷2＝1 440(万元)

$$\text{应收账款周转率}=\frac{6\ 950}{1\ 440}=4.83(\text{次})$$

$$\text{应收账款周转天数}=\frac{360}{4.83}=75(\text{天})$$

一定时期内应收账款的周转次数越多，说明应收账款的周转速度越快，应收账款的利用效果越好。应收账款周转天数又称为应收账款占用天数，是反映应收账款周转情况的另一个重要指标。周转天数越少，说明应收账款周转速度越快，利用效果越好。

2.存货周转率

在流动资产中，存货所占比重较大，存货的流动性将直接影响企业的流动比率。存货周转

率是指企业一定时期的营业成本同存货平均余额的比值。其计算公式为

$$存货周转率=\frac{营业成本}{存货平均余额}$$

$$存货平均余额=(存货年初数+存货年末数)\div 2$$

该指标是评价企业从取得存货、投入生产到完工销售等各环节管理状况的综合性指标，用于反映存货的周转速度，即存货的流动性及存货资金占用量的合理与否。一般来说，存货周转率越高，表明企业资产由于销售顺畅而具有较高的流动性，存货转化为现金或应收账款的速度越快，存货占用水平越低。运用该指标时，还要注意综合考虑进货批量、生产销售的季节性变动以及存货结构等。

职业能力操作 8-10

根据表 8-2、表 8-3 中的资料以及补充资料，计算万达公司 2020 年的存货周转率。

【操作指导】

2020 年存货平均余额 =(1 800+1 900)÷2=1 850(万元)

$$存货周转率=\frac{5\ 430}{1\ 850}=2.94(次)$$

$$存货周转天数=\frac{360}{2.94}=123(天)$$

一定时期内存货周转次数越多，说明存货周转速度越快，存货利用效果越好。同理，存货周转天数越少，说明存货周转速度越快，存货利用效果越好。

3.流动资产周转率

流动资产周转率是指企业一定时期的营业收入同流动资产平均余额的比值。其计算公式为

$$流动资产周转率=\frac{营业收入}{流动资产平均余额}$$

$$流动资产平均余额=(流动资产年初数+流动资产年末数)\div 2$$

该指标体现了流动资产的周转速度，是从企业全部资产中流动性最强的流动资产角度对资金利用效果进一步分析。要实现该指标的良性循环，应以营业收入的增长幅度高于流动资产的增长幅度做保证。一般情况下，该指标越高，表明企业流动资产的利用效果越好。

职业能力操作 8-11

根据表 8-2、表 8-3 中的资料以及补充资料，计算万达公司 2020 年的流动资产周转率。

【操作指导】

2020 年流动资产平均余额 =(3 600+3 800)÷2=3 700(万元)

流动资产周转率=6 950÷3 700=1.88(次)

$$流动资产周转天数=\frac{360}{1.88}=192(天)$$

4.总资产周转率

总资产周转率是指企业一定时期的营业收入同总资产平均余额的比值。其计算公式为

$$总资产周转率=\frac{营业收入}{总资产平均余额}$$

$$总资产平均余额=(资产总额年初数+资产总额年末数)\div 2$$

该指标体现了企业经营期间全部资产从投入到产出周而复始的流转速度,反映了企业全部资产的管理质量和利用率。一般情况下,该指标越高,周转速度越快,资产利用率越高。

职业能力操作 8-12

根据表 8-2、表 8-3 中的资料以及补充资料,计算万达公司 2020 年的总资产周转率。

【操作指导】

2020 年总资产平均余额=(6 000+6 800)÷2=6 400(万元)

总资产周转率=6 950÷6 400=1.09(次)

$$总资产周转天数=\frac{360}{1.09}=331(天)$$

三、盈利能力分析

微课 31

盈利能力分析

盈利能力就是企业赚取利润的能力,是企业资金增值的能力,通常体现为企业收益数额的大小与水平的高低。无论是投资者还是债权人,都认为盈利能力很重要,因为健全的财务状况必须有较高的盈利能力来支持。企业财务管理人员十分重视盈利能力,因为要实现财务管理的目标,必须不断提高利润、降低风险。

反映企业盈利能力的指标主要有销售毛利率、销售净利率、净资产收益率、总资产报酬率和总资产净利率等。

1.销售毛利率

销售毛利率又称为毛利率,是指企业的销售毛利与销售收入的比率,其计算公式为

$$销售毛利率=\frac{销售毛利}{销售收入}\times 100\%$$

$$销售毛利=销售收入-销售成本$$

销售毛利率反映了企业的销售收入与销售成本的比例关系,其数值越大,说明在销售收入中销售成本所占的比重越小,企业通过销售获取利润的能力越强。

职业能力操作 8-13

根据表 8-3 中的资料,计算万达公司 2020 年的销售毛利率。

【操作指导】 $销售毛利率=\frac{6\ 950-5\ 430}{6\ 950}\times 100\%=21.87\%$

2.销售净利率

销售净利率是净利润与销售收入的比率,其计算公式为

$$销售净利率=\frac{净利润}{销售收入}\times 100\%$$

销售净利率反映了企业净利润与销售收入的比例关系，可以用它来评价企业通过销售赚取利润的能力。该指标越高，说明企业通过扩大销售获取报酬的能力越强。

职业能力操作 8-14

根据表 8-3 中的资料，计算万达公司 2020 年的销售净利率。

【操作指导】 $销售净利率=\frac{502.5}{6\ 950}\times 100\%=7.23\%$

3.净资产收益率

净资产收益率是指企业一定时期的净利润与平均净资产的比率。其计算公式为

$$净资产收益率=\frac{净利润}{平均净资产}\times 100\%$$

$$平均净资产=(期初净资产+期末净资产)\div 2$$

净资产即所有者权益。

净资产收益率是评价自有资本及其积累获取报酬水平的最具综合性与代表性的指标，充分反映了企业资本运营的综合效益。该指标通用性强，适应范围广，不受行业局限，是国际上企业综合评价中使用率非常高的一个指标，也是评价企业资本运营效益的核心指标。通过对该指标的综合对比分析，可以看出企业获利能力在同行业中所处的地位，以及与同类企业的差异。一般认为，企业净资产收益率越高，企业自有资本获取收益的能力越强，资本运营效益越好，对企业投资者、债权人的利益保证程度越高。

职业能力操作 8-15

根据表 8-2、表 8-3 中的资料以及补充资料，计算万达公司 2020 年的净资产收益率。

【操作指导】

2020 年平均净资产 $=(3\ 000+3\ 030)\div 2=3\ 015$（万元）

$净资产收益率=\frac{502.5}{3\ 015}\times 100\%=16.67\%$

4.总资产报酬率

总资产报酬率是指企业一定时期内获得的报酬总额与平均资产总额的比率。报酬总额用息税前利润来表示。息税前利润是企业支付债务利息和所得税前的利润总额。它可以看作是企业为债权人、政府和股东创造的报酬。总资产报酬率是反映企业资产综合利用效果的指标，也是衡量企业利用负债和所有者权益总额取得盈利的重要指标。其计算公式为

$$总资产报酬率=\frac{息税前利润}{平均资产总额}\times 100\%$$

$$平均资产总额=(期初资产总额+期末资产总额)\div 2$$

总资产报酬率表示全部资产获取收益的水平，全面反映了企业的获利能力和投入产出状况。

通过对该指标的深入分析，可以增强各方面对企业资产经营状况的关注，促进企业提高单位资产的收益水平。企业可将该指标与市场资本利率进行比较，如果该指标大于市场利率，则表明企业可以充分利用财务杠杆，进行负债经营，获取尽可能多的收益。一般来说，该指标越高，表明企业投入产出的水平越好，企业全部资产的总体运营效益越高，整个企业的获利能力越强。

职业能力操作 8-16

根据表 8-2、表 8-3 中的资料以及补充资料，计算万达公司 2020 年的总资产报酬率。

【操作指导】

2020 年平均资产总额 =(6 000+6 800)÷2=6 400(万元)

$$\text{总资产报酬率}=\frac{(670+80)}{6\ 400}\times 100\%=11.72\%$$

5.总资产净利率

总资产净利率是指企业一定时期的净利润与平均资产总额的比率，反映每一元资产创造的净利润。其计算公式为

$$\text{总资产净利率}=\frac{\text{净利润}}{\text{平均资产总额}}\times 100\%$$

总资产净利率通常是用于评价企业股权投资回报能力的考核依据。该指标越高，表明企业资产的利用效果越好。

职业能力操作 8-17

根据表 8-3 中的资料以及补充资料，计算万达公司 2020 年的总资产净利率。

【操作指导】

平均资产总额=(6 000+6 800)÷2=6 400(万元)

$$\text{总资产净利率}=\frac{502.5}{6\ 400}\times 100\%=7.85\%$$

四、发展能力分析

微课 32

发展能力分析

发展能力是企业在生存的基础上，扩大规模、壮大实力的潜在能力。发展能力分析的指标主要有销售收入增长率、总资产增长率、资本积累率、资本保值增值率和营业利润增长率等。

1.销售收入增长率

销售收入增长率是指企业本年销售收入增长额同上年销售收入总额的比率。其计算公式为

$$\text{销售收入增长率}=\frac{\text{本年销售收入增长额}}{\text{上年销售收入总额}}\times 100\%$$

$$\text{本年销售收入增长额}=\text{本年销售收入}-\text{上年销售收入}$$

销售收入可以使用利润表中的“营业收入”数据。

销售收入增长率是衡量企业经营状况和市场占有能力、预测企业经营业务拓展趋势的重

要标志，也是企业扩张资本的重要前提。不断增加的销售收入是企业生存的基础和发展的条件。若该指标大于0，则表示企业本年的销售收入有所增长，指标值越高，表明销售收入的增长速度越快，企业市场前景越好；若该指标小于0，则说明产品或服务销售不畅。该指标在实际操作中，应结合企业历年的销售收入水平、企业市场占有情况、行业未来发展及其他影响企业发展的潜在因素进行前瞻性预测，或结合企业前三年的销售收入增长率做出趋势性分析判断。

职业能力操作 8-18

根据表 8-3 中的资料，计算万达公司 2021 年的销售收入增长率。

【操作指导】 $2021\text{年销售收入增长率}=\frac{7\,960-6\,950}{6\,950}\times100\%=14.53\%$

该指标值越高，表明企业销售收入的增长速度越快，企业市场前景越好。

2.总资产增长率

总资产增长率是指企业本年资产增长额与年初资产总额的比率，反映企业本期资产规模的增长情况。其计算公式为

$$\text{总资产增长率}=\frac{\text{本年资产增长额}}{\text{年初资产总额}}\times100\%$$

$$\text{本年资产增长额}=\text{年末资产总额}-\text{年初资产总额}$$

一般来说，总资产增长率越高，表明企业资产规模增长的速度越快，企业的竞争力越强。

职业能力操作 8-19

根据表 8-2 中的资料，计算万达公司 2021 年的总资产增长率。

【操作指导】 $\text{总资产增长率}=\frac{6\,910-6\,800}{6\,800}\times100\%=1.62\%$

3.资本积累率

资本积累率是指企业本年所有者权益增长额与年初所有者权益总额的比率。其计算公式为

$$\text{资本积累率}=\frac{\text{本年所有者权益增长额}}{\text{年初所有者权益总额}}\times100\%$$

资本积累率反映了企业当年所有者权益总额的增长率，体现了企业资本的积累情况，是企业发展强盛的标志，也是企业扩大再生产的源泉，展示了企业的发展潜力。该指标越高，表明企业的资本积累越多，企业资本保全性越强，抵御风险、持续发展的能力越大。若该指标小于0，则表明企业资本受到侵蚀，所有者利益受到损害，应予以充分重视，查找原因，解决问题。

职业能力操作 8-20

根据表 8-2 中的资料，计算万达公司 2021 年的资本积累率。

【操作指导】 $2021\text{年资本积累率}=\frac{3\,410-3\,030}{3\,030}\times100\%=12.54\%$

4.资本保值增值率

资本保值增值率是指企业本年末所有者权益扣除客观增减因素后同年初所有者权益的比率。该指标是评价企业财务效益状况的辅助指标，反映了企业当年资本在其自身努力下的实际增减变动情况。其计算公式为

$$资本保值增值率=\frac{扣除客观因素后的年末所有者权益}{年初所有者权益}\times 100\%$$

资本保值增值率是根据“资本保全”原则设计的指标，更加谨慎、稳健地反映了企业资本保全和增值情况。它也充分体现了经营者的主观努力程度和利润分配中的积累状况。一般情况下，该指标应大于100%。该指标越高，表明企业的资本保全状况越好，所有者权益增长越快。若该指标小于100%，则表明企业资本受到侵蚀，没有实现资本保全，减少了所有者权益，妨碍了企业进一步发展壮大。

职业能力操作 8-21

根据表8-2中的资料，计算万达公司2021年的资本保值增值率。

【操作指导】 $2021年资本保值增值率=\frac{3\ 410}{3\ 030}\times 100\%=112.54\%$

5.营业利润增长率

营业利润增长率是指企业本年营业利润增长额与上年营业利润总额的比率，该指标反映了企业营业利润的增减变动情况。其计算公式为

$$营业利润增长率=\frac{本年营业利润增长额}{上年营业利润总额}\times 100\%$$

$$本年营业利润增长额=本年营业利润-上年营业利润$$

职业能力操作 8-22

根据表8-3中的资料，计算万达公司2021年的营业利润增长率。

【操作指导】 $2021年营业利润增长率=\frac{770-680}{680}\times 100\%=13.24\%$

从利润表来看，企业的利润有营业利润、利润总额和净利润三种形式。其中，利润总额和净利润包含着非经营因素，所以更能直接反映企业经营获利能力的指标是营业利润增长率，该指标越高，表明企业主营业务市场竞争力越强，发展潜力越大，获利能力越强。

五、上市公司市场价值的比率分析

反映上市公司市场价值的指标主要有基本每股收益、每股股利、市盈率和每股净资产。

1.基本每股收益

基本每股收益只考虑当期实际发行在外的普通股股数，按照归属于普通股股东的当期净利润除以当期实际发行在外普通股的加权平均数计算确定。它反映了普通股的获利水平。其计算公式为

$$\text{基本每股收益}=\frac{\text{归属于普通股股东的当期净利润}}{\text{当期实际发行在外普通股的加权平均数}}$$

$$\begin{matrix}\text{当期实际发行在外}\\\text{普通股的加权平均数}\end{matrix}=\begin{matrix}\text{期初发行在外}\\\text{普通股股数}\end{matrix}+\begin{matrix}\text{当期新发}\\\text{普通股股数}\end{matrix}\times\begin{matrix}\text{已发行}\\\text{时间}\end{matrix}\div\begin{matrix}\text{报告期}\\\text{时间}\end{matrix}-\begin{matrix}\text{当期回购}\\\text{普通股股数}\end{matrix}\times\begin{matrix}\text{已回购}\\\text{时间}\end{matrix}\div\begin{matrix}\text{报告期}\\\text{时间}\end{matrix}$$

基本每股收益是评价上市公司盈利能力的最基本和核心的指标，也是确定股票价格的主要参考指标。该指标具有引导投资、增加市场评价功能、简化财务指标体系的作用。一般来说，该指标越高，表明公司的盈利能力越强，股东的投资效益越好，每一股份所得的利润也就越多。在其他条件不变的情况下，其市价上升的空间越大。

职业能力操作 8-23

万达公司 2021 年期初发行在外的普通股为 3 000 万股；4 月 30 日新发行普通股 1 620 万股；12 月 1 日回购普通股 720 万股，以备将来奖励职工之用。该公司当年度实现净利润 562.5 万元。计算该公司 2021 年度的基本每股收益。

【操作指导】

发行在外普通股的加权平均数：

3 000×12/12＋1 620×8/12－720×1/12＝4 020（万股）

或者 3 000×4/12＋4 620×7/12＋3 900×1/12＝4 020（万股）

基本每股收益＝562.5÷4 020＝0.14（元/股）

在这里，还有一个相关指标叫作稀释每股收益。稀释每股收益是指以基本每股收益为基础，假设企业所有发行在外的稀释性潜在普通股均已转换为普通股，从而分别调整归属于普通股股东的当期净利润以及发行在外普通股的加权平均数计算而得的每股收益。

潜在普通股是指赋予其持有者在报告期或以后期间享有取得普通股权利的一种金融工具或其他合同。目前，我国企业发行的潜在普通股主要有可转换公司债券、认股权证、股份期权等。

稀释性潜在普通股是指假设当期转换为普通股会减少每股收益的潜在普通股。

2.每股股利

每股股利是指企业现金股利总额与期末发行在外普通股股数的比值。其计算公式为

$$\text{每股股利}=\frac{\text{现金股利总额}}{\text{期末发行在外的普通股股数}}$$

职业能力操作 8-24

万达公司 2021 年期末发行在外的普通股为 3 900 万股，该公司当年度发放现金股利 195 万元。计算该公司 2021 年度的每股股利。

【操作指导】 $\text{每股股利}=\frac{195}{3\ 900}=0.05$（元/股）

每股股利能够反映普通股股东获取股利的水平，该指标的数值在很大程度上取决于每股收益的大小。上市公司股利支付情况除了受盈利能力的影响外，还取决于公司的股利政策和未来的投资机会。

3.市盈率

市盈率是指普通股的每股市价与每股收益的比值。它反映了投资者对每一元净利润所愿支付的价格，可以用来估计股票的投资报酬和风险。其计算公式为

$$市盈率=\frac{每股市价}{每股收益}$$

一般来说，市盈率越低，表明该股票的投资风险越小，相对来说，投资价值也越大。但在股票市场不健全的情况下，股票价格有可能与它的每股收益严重脱节，在这种情况下，如果盲目依据市盈率判断公司前景美好而购进股票，将会面临很大的风险。

公司界通常是在市盈率较低时，以收购股票的形式实现对其他公司的兼并，然后进行改造，等到市盈率升高时，再以出售股票的形式卖出公司，从中获利。

职业能力操作 8-25

若万达公司 2020 年、2021 年普通股的每股市价分别为 2 元和 1.56 元，则依据表 8-4 计算该公司的市盈率。

表 8-4　　万达公司收益情况表

项　　目	年　　度	
	2020 年	2021 年
净利润(万元)	502.5	562.5
年末普通股股数(万股)	3 000	3 900
每股收益(元)	0.17	0.14

【操作指导】

$$2020\ 年市盈率=\frac{2}{0.17}=11.76$$

$$2021\ 年市盈率=\frac{1.56}{0.14}=11.14$$

由此可见，万达公司 2021 年市盈率较 2020 年有所降低，说明该公司股票的投资风险有所降低，而投资价值有所提高。

4.每股净资产

每股净资产是指年度末净资产与年度末发行在外普通股股数的比值，也称为每股账面价值。其计算公式为

$$每股净资产=\frac{期末净资产}{期末发行在外的普通股股数}$$

这里的“期末净资产”是指扣除优先股权益后的余额。

每股净资产反映发行在外的每股普通股所代表的净资产成本，即账面价值。在投资分析时，只能有限地使用这个指标，因其是用历史成本计量的，既不反映净资产的变现价值，也不反映净资产的产出能力。

职业能力操作 8-26

万达公司的相关资料如表 8-5 所示，计算该公司 2020 年和 2021 年的每股净资产。

表 8-5　　万达公司收益情况表

项　目	年　度	
	2020 年	2021 年
期末净资产（万元）	3 030	3 410
期末普通股股数（万股）	3 000	3 900

【操作指导】

$$2020\text{ 年的每股净资产}=\frac{3\ 030}{3\ 000}=1.01(\text{元/股})$$

$$2021\text{ 年的每股净资产}=\frac{3\ 410}{3\ 900}=0.87(\text{元/股})$$

需要指出的是，以上所举实例仅以同一指标的本年数与上年数进行了对比，在实务中，还应结合公司的计划数、同行业平均水平或先进水平做进一步比较分析，从而说明公司的经营绩效。

工作任务 3　综合财务分析

财务分析的最终目的在于全方位地了解公司经营理财的状况，并据此对公司经济效益的好坏做出系统合理的评价。前面对财务比率的分析，虽然可以了解公司各方面的理财状况，但是不能反映它们之间的相互关系。事实上，单独计算分析任何一项财务指标，都难以全面评价公司的财务状况和经营成果。要想对公司的财务状况和经营成果有一个综合判断，就必须对这些财务指标进行相互关联的分析，即将公司的营运能力分析、偿债能力分析、盈利能力分析和发展能力分析纳入一个有机整体，只有这样，才能对公司的经营绩效做出科学的评价。下面介绍两种常用的综合分析法：杜邦财务分析法和财务比率综合评分法。

一、杜邦财务分析法

杜邦财务分析法就是根据某些财务比率之间的内在联系来综合分析公司理财状况的一种方法。其目的是找出影响公司理财效益的各方面原因，从而总结经验教训，为制订下期财务计划打好基础。因其最初由美国杜邦公司创立并成功运用而得名。其分解公式如下：

净资产收益率＝总资产净利率×权益乘数

＝销售净利率×总资产周转率×权益乘数

1.净资产收益率是一个综合性最强的财务比率，它是杜邦财务分析体系的核心。其他各项指标都是围绕这一核心，通过研究彼此间的依存关系来揭示公司的获利能力及其前因后果。

2.净资产收益率的高低取决于总资产净利率和权益乘数。总资产净利率是一个综合性较强的财务比率，它是销售净利率与总资产周转率的乘积。因此，要进一步分析公司的销售成果及资产运营情况。

3.权益乘数即权益总资产率，是指资产总额与股东权益的比率，反映资产与所有者权益之间的倍数关系，由股东权益融资的资产比例越大，权益乘数越小。其计算公式为

$$权益乘数=\frac{资产}{所有者权益}=\frac{1}{1-资产负债率}$$

显然，在资产一定的情况下，适当举债，相对减少所有者权益所占的份额，可以提高权益乘数，这样可为公司带来较大的财务杠杆收益，但同时公司也要承受较大的财务风险。

杜邦财务分析体系的基本结构如图 8-1 所示（图中数据依据表 8-2、表 8-3 及其补充资料计算所得）。

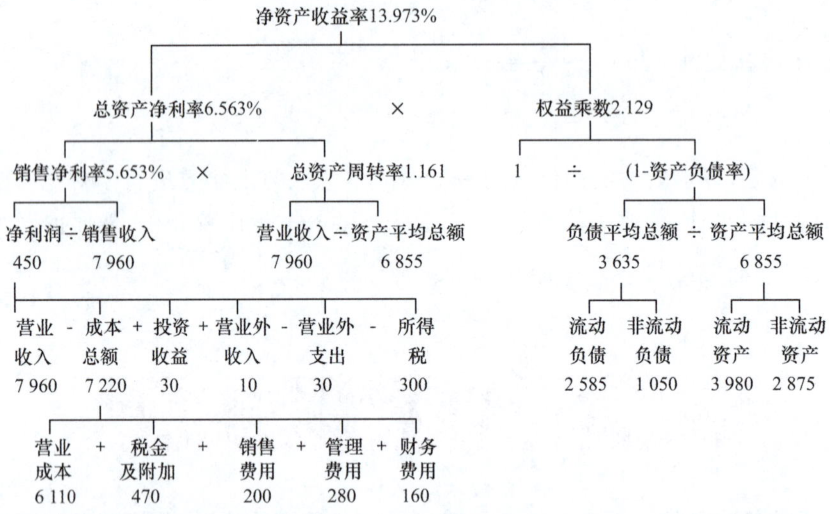

图 8-1

通过对杜邦财务分析体系自上而下的分析，不仅可以揭示出公司各项财务指标间的结构关系，查明各项主要财务指标变动的影响因素，而且为决策者优化经营理财状况，提高公司经营效益提供了思路。提高主权资本收益率的根本在于扩大销售、节约成本、优化投资配置、加速资金周转、优化资本结构和确立风险意识等。

二、财务比率综合评分法

为了进行综合的财务分析，可以编制财务比率汇总表，将反映偿债能力、营运能力、盈利能力和发展能力的财务比率进行分类，进而得出各方面的财务情况。财务比率综合评分法常采用的一种方法是指数法。运用指数法编制综合评分表的步骤如下：

第一步：选定评价公司财务状况的比率。通常是选择能够说明问题的比率，即从各项财务比率中选取具有代表性的比率。

第二步：根据各项财务比率的重要程度，确定重要性系数。各项财务比率的系数之和应等于1。重要程度的判断，需根据公司的财务状况、发展趋势以及公司所有者、债权人和管理人员的态度等具体情况确定。

第三步：确立各项财务比率的标准值。所谓标准值就是理想值或最优值。

第四步：计算公司在一定时期各项财务指标的实际值。

第五步：计算各项财务指标实际值与标准值的比率，即关系比率。

第六步：计算各项财务指标的综合指数及其合计数。各项财务指标的综合指数的计算公式如下：

综合指数＝关系比率×重要性系数

综合指标合计数是评价公司财务状况的一个依据。一般而言，综合指数合计数若为 1 或接近于 1，则表明公司的财务状况基本上达到标准要求；若与 1 有较大差距，则表明公司的财务状况偏离标准要求较远，在此基础上，应进一步分析具体原因。

职业能力操作 8-27

根据表 8-2、表 8-3 中的资料以及补充资料，简单列示万达公司 2021 年度的综合评分表（表 8-6）。

【操作指导】

表 8-6　　万达公司 2021 年度的综合评分表

财务指标类型	财务指标	实际值	标准值	重要性系数①	关系比率②	综合指数③＝①×②
偿债能力	1.流动比率	1.6	2	0.06	0.8	0.048
	2.速动比率	0.7	1	0.05	0.7	0.035
	3.资产负债率	50.65%	40%	0.06	1	0.06
	4.利息保障倍数	8.5	8	0.05	1	0.05
盈利能力	1.净资产收益率	13.98%	13%	0.20	1	0.20
	2.总资产报酬率	12.40%	12%	0.05	1	0.05
	3.资本保值增值率	112.54%	110%	0.08	1	0.08
	4.盈余现金保障倍数	1.41	1.5	0.09	0.94	0.084 6
营运能力	1.流动资产周转率	2 次	3 次	0.09	0.67	0.060 3
	2.总资产周转率	1.16 次	1.5 次	0.09	0.77	0.069 3
发展能力	1.销售收入增长率	14.53%	15%	0.09	0.97	0.087 3
	2.资本积累率	12.54%	10%	0.09	1	0.09
合计	—	—	—	1	—	0.914 5

从表中可以看出，万达公司 2021 年度财务指标的综合指数为 0.914 5，小于 1，所以，该公司财务状况不是很好，需要进一步改进。

职业能力训练

一、单项选择题

1.应收账款周转率是指（　　）与应收账款平均余额的比值，它反映了应收账款的流动程度。

A.营业成本　　B.营业利润　　C.营业收入　　D.现销收入

2.在下列财务指标中,(　　)属于企业长期偿债能力分析的指标。

A.销售毛利率　B.资产利润率　C.产权比率　D.速动比率

3.产权比率与权益乘数的关系是(　　)

A.产权比率×权益乘数=1　B.权益乘数=1+产权比率

C.权益乘数=(1+产权比率)÷产权比率　D.权益乘数=1÷(1-产权比率)

4.下列选项中,能够反映营运能力的财务指标是(　　)

A.资产负债率　B.流动比率　C.存货周转率　D.总资产报酬率

5.某企业2021年的销售净利率为5.73%,总资产周转率为2.17%;2022年的销售净利率为4.88%,总资产周转率为2.88%。若两年的资产负债率相同,2022年的净资产收益率比2021年的变化趋势是(　　)

A.下降　B.不变　C.上升　D.难以确定

二、多项选择题

1.下列选项中,能够影响企业净资产收益率的措施有(　　)。

A.提高销售净利率　B.提高资产负债率　C.提高资产周转率

D.提高流动比率　E.提高速动比率

2.下列选项中,(　　)会降低企业的流动比率。

A.赊购存货　B.应收账款减值　C.股利支付

D.冲销坏账　E.将现金存入银行

3.下列选项中,财务指标的数值越高,表明企业获利能力越强的有(　　)。

A.销售净利率　B.资产负债率　C.净资产收益率

D.速动比率　E.流动资产周转率

4.评价短期偿债能力的财务指标主要有(　　)。

A.流动比率　B.存货周转率　C.速动比率

D.现金流量比率　E.资本保值增值率

5.某公司当年的营业利润很多,却不能偿还到期债务。为清查其原因,应检查的财务指标有(　　)。

A.资产负债率　B.流动比率　C.存货周转率

D.应收账款周转率　E.利息保障倍数

三、简答题

1.简述财务分析的目的和内容。

2.简述流动比率与速动比率的概念、计算公式及运用这两个财务指标如何来评价企业的短期偿债能力。

3.短期偿债能力分析的财务指标有哪些?

4.应收账款营运能力可通过哪些财务指标进行分析?

5.存货营运能力可通过哪些财务指标进行分析?

四、案例分析

1.利亚公司2022年的有关资料如下:

存货期初数200万元,期末数260万元;流动负债期初数160万元,期末数240万元;速动比率期初数0.8;流动比率期末数1.8;总资产周转率本期平均数1.5次;总资产本期平均数1 000万元。

要求：

(1)计算该公司流动资产的期初数和期末数。

(2)计算该公司本期的销售收入。

(3)计算该公司本期流动资产平均余额和流动资产周转率。

2.达利企业 2021 年 12 月 31 日的资产负债表(简表)(表 8-7)如下：

表 8-7　　资产负债表(简表)

2021 年 12 月 31 日　　单位：万元

资产	期末数	负债及所有者权益	期末数
货币资金	300	应付账款	300
应收账款	900	应付票据	600
存货	1 800	长期借款	2 700
固定资产	2 100	实收资本	1 200
无形资产	300	留存收益	600
资产合计	5 400	负债及所有者权益合计	5 400

该企业 2021 年的销售收入为 6 000 万元，销售净利率为 10%，净利润的 50%分配给投资者。预计 2022 年销售收入比上年增长 25%，为此需要增加固定资产 200 万元，增加无形资产 100 万元，根据有关情况分析，企业流动资产项目和流动负债项目将随销售收入同比例增减。假定该企业 2022 年的销售净利率和利润分配政策与上年保持一致，该年度内长期借款不发生变化；2022 年年末固定资产和无形资产合计为 2 700 万元。2022 年该企业需要增加对外筹集的资金由投资者增加投入解决。

要求：

(1)计算 2022 年需要增加的营运资金额。

(2)预测 2022 年需要增加对外筹集的资金额(不考虑计提法定盈余公积的因素；以前年度的留存收益均已有指定用途)。

(3)预测 2022 年年末的流动资产、流动负债、资产总额、负债总额和所有者权益总额。

(4)预测 2022 年的速动比率和产权比率。

(5)预测 2022 年的流动资产周转率和总资产周转率。

(6)预测 2022 年的净资产收益率。

(7)预测 2022 年的资本积累率。

附 录

附表 1 **复利终值系数表**

期数	1%	2%	3%	4%	5%	6%	7%	8%	9%	10%
1	1.0100	1.020 0	1.030 0	1.040 0	1.050 0	1.060 0	1.070 0	1.080 0	1.090 0	1.100 0
2	1.020 1	1.040 4	1.060 9	1.081 6	1.102 5	1.123 6	1.144 9	1.166 4	1.188 1	1.210 0
3	1.030 3	1.061 2	1.092 7	1.124 9	1.157 6	1.191 0	1.225 0	1.259 7	1.295 0	1.331 0
4	1.040 6	1.082 4	1.125 5	1.169 9	1.215 5	1.262 5	1.310 8	1.360 5	1.411 6	1.464 1
5	1.051 0	1.104 1	1.159 3	1.216 7	1.276 3	1.338 2	1.402 6	1.469 3	1.538 6	1.610 5
6	1.061 5	1.126 2	1.194 1	1.265 3	1.340 1	1.418 5	1.500 7	1.586 9	1.677 1	1.771 6
7	1.072 1	1.148 7	1.229 9	1.315 9	1.407 1	1.503 6	1.605 8	1.713 8	1.828 0	1.948 7
8	1.082 9	1.171 7	1.266 8	1.368 6	1.477 5	1.593 8	1.718 2	1.850 9	1.992 6	2.143 6
9	1.093 7	1.195 1	1.304 8	1.423 3	1.551 3	1.689 5	1.838 5	1.999 0	2.171 9	2.357 9
10	1.104 6	1.219 0	1.343 9	1.480 2	1.628 9	1.790 8	1.967 2	2.158 9	2.367 4	2.593 7
11	1.115 7	1.243 4	1.384 2	1.539 5	1.710 3	1.898 3	2.104 9	2.331 6	2.580 4	2.853 1
12	1.126 8	1.268 2	1.425 8	1.601 0	1.795 9	2.012 2	2.252 2	2.518 2	2.812 7	3.138 4
13	1.138 1	1.293 6	1.468 5	1.665 1	1.885 6	2.132 9	2.409 8	2.719 6	3.065 8	3.452 3
14	1.149 5	1.319 5	1.512 6	1.731 7	1.979 9	2.260 9	2.578 5	2.937 2	3.341 7	3.797 5
15	1.161 0	1.345 9	1.558 0	1.800 9	2.078 9	2.396 6	2.759 0	3.172 2	3.642 5	4.177 2
16	1.172 6	1.372 8	1.604 7	1.873 0	2.182 9	2.540 4	2.952 2	3.425 9	3.970 3	4.595 0
17	1.184 3	1.400 2	1.652 8	1.947 9	2.292 0	2.692 8	3.158 8	3.700 0	4.327 6	5.054 5
18	1.196 1	1.428 2	1.702 4	2.025 8	2.406 6	2.854 3	3.379 9	3.996 0	4.717 1	5.559 9
19	1.208 1	1.456 8	1.753 5	2.106 8	2.527 0	3.025 6	3.616 5	4.315 7	5.141 7	6.115 9
20	1.220 2	1.485 9	1.806 1	2.191 1	2.653 3	3.207 1	3.869 7	4.661 0	5.604 4	6.727 5
21	1.232 4	1.515 7	1.860 3	2.278 8	2.786 0	3.399 6	4.140 6	5.033 8	6.108 8	7.400 2
22	1.244 7	1.546 0	1.916 1	2.369 9	2.925 3	3.603 5	4.430 4	5.436 5	6.658 6	8.140 3
23	1.257 2	1.576 9	1.973 6	2.464 7	3.071 5	3.819 7	4.740 5	5.871 5	7.257 9	8.954 3
24	1.269 7	1.608 4	2.032 8	2.563 3	3.225 1	4.048 9	5.072 4	6.341 2	7.911 1	9.849 7
25	1.282 4	1.640 6	2.093 8	2.665 8	3.386 4	4.291 9	5.427 4	6.848 5	8.623 1	10.835
26	1.295 3	1.673 4	2.156 6	2.772 5	3.555 7	4.549 4	5.807 4	7.396 4	9.399 2	11.918
27	1.308 2	1.706 9	2.221 3	2.883 4	3.733 5	4.822 3	6.213 9	7.988 1	10.245	13.110
28	1.321 3	1.741 0	2.287 9	2.998 7	3.920 1	5.111 7	6.648 8	8.627 1	11.167	14.421
29	1.334 5	1.775 8	2.356 6	3.118 7	4.116 1	5.418 4	7.114 3	9.317 3	12.172	15.863
30	1.347 8	1.811 4	2.427 3	3.243 4	4.321 9	5.743 5	7.612 3	10.063	13.268	17.449
40	1.488 9	2.208 0	3.262 0	4.801 0	7.040 0	10.286	14.975	21.725	31.409	45.259
50	1.644 6	2.691 6	4.383 9	7.106 7	11.467	18.420	29.457	46.902	74.358	117.39
60	1.816 7	3.281 0	5.891 6	10.520	18.679	32.988	57.946	101.26	176.03	304.48

（续表）

期数	12%	14%	15%	16%	18%	20%	24%	28%	32%	36%
1	1.120 0	1.140 0	1.150 0	1.160 0	1.180 0	1.200 0	1.240 0	1.280 0	1.320 0	1.360 0
2	1.254 4	1.299 6	1.322 5	1.345 6	1.392 4	1.440 0	1.537 6	1.638 4	1.742 4	1.849 6
3	1.404 9	1.481 5	1.520 9	1.560 9	1.643 0	1.728 0	1.906 6	2.097 2	2.300 0	2.515 5
4	1.573 5	1.689 0	1.749 0	1.810 6	1.938 8	2.073 6	2.364 2	2.684 4	3.036 0	3.421 0
5	1.762 3	1.925 4	2.011 4	2.100 3	2.287 8	2.488 3	2.931 6	3.436 0	4.007 5	4.652 6
6	1.973 8	2.195 0	2.313 1	2.436 4	2.699 6	2.986 0	3.635 2	4.398 0	5.289 9	6.327 5
7	2.210 7	2.502 3	2.660 0	2.826 2	3.185 5	3.583 2	4.507 7	5.629 5	6.982 6	8.605 4
8	2.476 0	2.852 6	3.059 0	3.278 4	3.758 9	4.299 8	5.589 5	7.205 8	9.217 0	11.703
9	2.773 1	3.251 9	3.517 9	3.803 0	4.435 5	5.159 8	6.931 0	9.223 4	12.167	15.917
10	3.105 8	3.707 2	4.045 6	4.411 4	5.233 8	6.191 7	8.594 4	11.806	16.060	21.647
11	3.478 5	4.226 2	4.652 4	5.117 3	6.175 9	7.430 1	10.657	15.112	21.199	29.439
12	3.896 0	4.817 9	5.350 3	5.936 0	7.287 6	8.916 1	13.215	19.343	27.983	40.038
13	4.363 5	5.492 4	6.152 8	6.885 8	8.599 4	10.699	16.386	24.759	36.937	54.451
14	4.887 1	6.261 3	7.075 7	7.987 5	10.147	12.839	20.319	31.691	48.757	74.053
15	5.473 6	7.137 9	8.137 1	9.265 5	11.974	15.407	25.196	40.565	64.359	100.71
16	6.130 4	8.137 2	9.357 6	10.74 8	14.129	18.488	31.243	51.923	84.954	136.97
17	6.866 0	9.276 5	10.761	12.468	16.672	22.186	38.741	66.461	112.14	186.28
18	7.690 0	10.575	12.376	14.463	19.673	26.623	48.039	85.071	148.02	253.34
19	8.612 8	12.056	14.232	16.777	23.214	31.948	59.568	108.89	195.39	344.54
20	9.646 3	13.744	16.367	19.461	27.393	38.338	73.864	139.38	257.92	468.57
21	10.804	15.668	18.822	22.575	32.324	46.005	91.592	178.41	340.45	637.26
22	12.100	17.861	21.645	26.186	38.142	55.206	113.57	228.36	449.39	866.67
23	13.552	20.362	24.892	30.376	45.008	66.247	140.83	292.30	593.20	1 178.7
24	15.179	23.212	28.625	35.236	53.109	79.497	174.63	374.14	783.02	1 603.0
25	17.000	26.462	32.919	40.874	62.669	95.396	216.54	478.90	1 033.6	2 180.1
26	19.040	30.167	37.857	47.414	73.949	114.48	268.51	613.00	1 364.3	2 964.9
27	21.325	34.390	43.535	55.000	87.260	137.37	332.96	784.64	1 800.9	4 032.3
28	23.884	39.205	50.066	63.800	102.97	164.84	412.86	1 004.3	2 377.2	5 483.9
29	26.750	44.693	57.576	74.009	121.50	197.81	511.95	1 285.6	3 137.9	7 458.1
30	29.960	50.950	66.212	85.850	143.37	237.38	634.82	1 645.5	4 142.1	10 143
40	93.051	188.88	267.86	378.72	750.38	1 469.8	5 455.9	19 427	66 521	*
50	289.00	700.23	1 083.7	1 670.7	3 927.4	9 100.4	46 890	*	*	*
60	897.60	2 595.9	4 384.0	7 370.2	20 555	56 348	*	*	*	*

注：* >99 999

附表 2　　**复利现值系数表**

期数	1%	2%	3%	4%	5%	6%	7%	8%	9%	10%
1	0.990 1	0.980 4	0.970 9	0.961 5	0.952 4	0.943 4	0.934 6	0.925 9	0.917 4	0.909 1
2	0.980 3	0.961 2	0.942 6	0.924 6	0.907 0	0.890 0	0.873 4	0.857 3	0.841 7	0.826 4
3	0.970 6	0.942 3	0.915 1	0.889 0	0.863 8	0.839 6	0.816 3	0.793 8	0.772 2	0.751 3
4	0.961 0	0.923 8	0.888 5	0.854 8	0.822 7	0.792 1	0.762 9	0.735 0	0.708 4	0.683 0
5	0.951 5	0.905 7	0.862 6	0.821 9	0.783 5	0.747 3	0.713 0	0.680 6	0.649 9	0.620 9
6	0.942 0	0.888 0	0.837 5	0.790 3	0.746 2	0.705 0	0.666 3	0.630 2	0.596 3	0.564 5
7	0.932 7	0.870 6	0.813 1	0.759 9	0.710 7	0.665 1	0.622 7	0.583 5	0.547 0	0.513 2
8	0.923 5	0.853 5	0.789 4	0.730 7	0.676 8	0.627 4	0.582 0	0.540 3	0.501 9	0.466 5
9	0.914 3	0.836 8	0.766 4	0.702 6	0.644 6	0.591 9	0.543 9	0.500 2	0.460 4	0.424 1
10	0.905 3	0.820 3	0.744 1	0.675 6	0.613 9	0.558 4	0.508 3	0.463 2	0.422 4	0.385 5
11	0.896 3	0.804 3	0.722 4	0.649 6	0.584 7	0.526 8	0.475 1	0.428 9	0.387 5	0.350 5
12	0.887 4	0.788 5	0.701 4	0.624 6	0.556 8	0.497 0	0.444 0	0.397 1	0.355 5	0.318 6
13	0.878 7	0.773 0	0.681 0	0.600 6	0.530 3	0.468 8	0.415 0	0.367 7	0.326 2	0.289 7
14	0.870 0	0.757 9	0.661 1	0.577 5	0.505 1	0.442 3	0.387 8	0.340 5	0.299 2	0.263 3
15	0.861 3	0.743 0	0.641 9	0.555 3	0.481 0	0.417 3	0.362 4	0.315 2	0.274 5	0.239 4
16	0.852 8	0.728 4	0.623 2	0.533 9	0.458 1	0.393 6	0.338 7	0.291 9	0.251 9	0.217 6
17	0.844 4	0.714 2	0.605 0	0.513 4	0.436 3	0.371 4	0.316 6	0.270 3	0.231 1	0.197 8
18	0.836 0	0.700 2	0.587 4	0.493 6	0.415 5	0.350 3	0.295 9	0.250 2	0.212 0	0.179 9
19	0.827 7	0.686 4	0.570 3	0.474 6	0.395 7	0.330 5	0.276 5	0.231 7	0.194 5	0.163 5
20	0.819 5	0.673 0	0.553 7	0.456 4	0.376 9	0.311 8	0.258 4	0.214 5	0.178 4	0.148 6
21	0.811 4	0.659 8	0.537 5	0.438 8	0.358 9	0.294 2	0.241 5	0.198 7	0.163 7	0.135 1
22	0.803 4	0.646 8	0.521 9	0.422 0	0.341 8	0.277 5	0.225 7	0.183 9	0.150 2	0.122 8
23	0.795 4	0.634 2	0.506 7	0.405 7	0.325 6	0.261 8	0.210 9	0.170 3	0.137 8	0.111 7
24	0.787 6	0.621 7	0.491 9	0.390 1	0.310 1	0.247 0	0.197 1	0.157 7	0.126 4	0.101 5
25	0.779 8	0.609 5	0.477 6	0.375 1	0.295 3	0.233 0	0.184 2	0.146 0	0.116 0	0.092 3
26	0.772 0	0.597 6	0.463 7	0.360 7	0.281 2	0.219 8	0.172 2	0.135 2	0.106 4	0.083 9
27	0.764 4	0.585 9	0.450 2	0.346 8	0.267 8	0.207 4	0.160 9	0.125 2	0.097 6	0.076 3
28	0.756 8	0.574 4	0.437 1	0.333 5	0.255 1	0.195 6	0.150 4	0.115 9	0.089 5	0.069 3
29	0.749 3	0.563 1	0.4243	0.320 7	0.242 9	0.184 6	0.140 6	0.107 3	0.082 2	0.063 0
30	0.741 9	0.552 1	0.412 0	0.308 3	0.231 4	0.174 1	0.131 4	0.099 4	0.075 4	0.057 3
35	0.705 9	0.500 0	0.355 4	0.253 4	0.181 3	0.130 1	0.093 7	0.067 6	0.049 0	0.035 6
40	0.671 7	0.452 9	0.306 6	0.208 3	0.142 0	0.097 2	0.066 8	0.046 0	0.031 8	0.022 1
45	0.639 1	0.410 2	0.264 4	0.171 2	0.111 3	0.072 7	0.047 6	0.031 3	0.020 7	0.013 7
50	0.608 0	0.371 5	0.228 1	0.140 7	0.087 2	0.054 3	0.033 9	0.021 3	0.013 4	0.008 5
55	0.578 5	0.336 5	0.196 8	0.115 7	0.068 3	0.040 6	0.024 2	0.014 5	0.008 7	0.005 3

（续表）

期数	12%	14%	15%	16%	18%	20%	24%	28%	32%	36%
1	0.892 9	0.877 2	0.869 6	0.862 1	0.847 5	0.833 3	0.806 5	0.781 3	0.757 6	0.735 3
2	0.797 2	0.769 5	0.756 1	0.743 2	0.718 2	0.694 4	0.650 4	0.610 4	0.573 9	0.540 7
3	0.711 8	0.675 0	0.657 5	0.640 7	0.608 6	0.578 7	0.524 5	0.476 8	0.434 8	0.397 5
4	0.635 5	0.592 1	0.571 8	0.552 3	0.515 8	0.482 3	0.423 0	0.372 5	0.329 4	0.292 3
5	0.567 4	0.519 4	0.497 2	0.476 1	0.437 1	0.401 9	0.341 1	0.291 0	0.249 5	0.214 9
6	0.506 6	0.455 6	0.432 3	0.410 4	0.370 4	0.334 9	0.275 1	0.227 4	0.189 0	0.158 0
7	0.452 3	0.399 6	0.375 9	0.353 8	0.313 9	0.279 1	0.221 8	0.177 6	0.143 2	0.116 2
8	0.403 9	0.350 6	0.326 9	0.305 0	0.266 0	0.232 6	0.178 9	0.138 8	0.108 5	0.085 4
9	0.360 6	0.307 5	0.284 3	0.263 0	0.225 5	0.193 8	0.144 3	0.108 4	0.082 2	0.062 8
10	0.322 0	0.269 7	0.247 2	0.226 7	0.191 1	0.161 5	0.116 4	0.084 7	0.062 3	0.046 2
11	0.287 5	0.236 6	0.214 9	0.195 4	0.161 9	0.134 6	0.093 8	0.066 2	0.047 2	0.034 0
12	0.256 7	0.207 6	0.186 9	0.168 5	0.137 2	0.112 2	0.075 7	0.051 7	0.035 7	0.025 0
13	0.229 2	0.182 1	0.162 5	0.145 2	0.116 3	0.093 5	0.061 0	0.040 4	0.027 1	0.018 4
14	0.204 6	0.159 7	0.141 3	0.125 2	0.098 5	0.077 9	0.049 2	0.031 6	0.020 5	0.013 5
15	0.182 7	0.140 1	0.122 9	0.107 9	0.083 5	0.064 9	0.039 7	0.024 7	0.015 5	0.009 9
16	0.163 1	0.122 9	0.106 9	0.093 0	0.070 8	0.054 1	0.032 0	0.019 3	0.011 8	0.007 3
17	0.145 6	0.107 8	0.092 9	0.080 2	0.060 0	0.045 1	0.025 8	0.015 0	0.008 9	0.005 4
18	0.130 0	0.094 6	0.080 8	0.069 1	0.050 8	0.037 6	0.020 8	0.011 8	0.006 8	0.003 9
19	0.116 1	0.082 9	0.070 3	0.059 6	0.043 1	0.031 3	0.016 8	0.009 2	0.005 1	0.002 9
20	0.103 7	0.072 8	0.061 1	0.051 4	0.036 5	0.026 1	0.013 5	0.007 2	0.003 9	0.002 1
21	0.092 6	0.063 8	0.053 1	0.044 3	0.030 9	0.021 7	0.010 9	0.005 6	0.002 9	0.001 6
22	0.082 6	0.056 0	0.046 2	0.038 2	0.026 2	0.018 1	0.008 8	0.004 4	0.002 2	0.001 2
23	0.073 8	0.049 1	0.040 2	0.032 9	0.022 2	0.015 1	0.007 1	0.003 4	0.001 7	0.000 8
24	0.065 9	0.043 1	0.034 9	0.028 4	0.018 8	0.012 6	0.005 7	0.002 7	0.001 3	0.000 6
25	0.058 8	0.037 8	0.030 4	0.024 5	0.016 0	0.010 5	0.004 6	0.002 1	0.001 0	0.000 5
26	0.052 5	0.033 1	0.026 4	0.021 1	0.013 5	0.008 7	0.003 7	0.001 6	0.000 7	0.000 3
27	0.046 9	0.029 1	0.023 0	0.018 2	0.011 5	0.007 3	0.003 0	0.001 3	0.000 6	0.000 2
28	0.041 9	0.025 5	0.020 0	0.015 7	0.009 7	0.006 1	0.002 4	0.001 0	0.000 4	0.000 2
29	0.037 4	0.022 4	0.017 4	0.013 5	0.008 2	0.005 1	0.002 0	0.000 8	0.000 3	0.000 1
30	0.033 4	0.019 6	0.015 1	0.011 6	0.007 0	0.004 2	0.001 6	0.000 6	0.000 2	0.000 1
35	0.018 9	0.010 2	0.007 5	0.005 5	0.003 0	0.001 7	0.000 5	0.000 2	0.000 1	*
40	0.010 7	0.005 3	0.003 7	0.002 6	0.001 3	0.000 7	0.000 2	0.000 1	*	*
45	0.006 1	0.002 7	0.001 9	0.001 3	0.000 6	0.000 3	0.000 1	*	*	*
50	0.003 5	0.001 4	0.000 9	0.000 6	0.000 3	0.000 1	*	*	*	*
55	0.002 0	0.000 7	0.000 5	0.000 3	0.000 1	*	*	*	*	*

注：* <0.0001

附表 3 年金终值系数表

期数	1%	2%	3%	4%	5%	6%	7%	8%	9%	10%
1	1.000 0	1.000 0	1.000 0	1.000 0	1.000 0	1.000 0	1.000 0	1.000 0	1.000 0	1.000 0
2	2.010 0	2.020 0	2.030 0	2.040 0	2.050 0	2.060 0	2.070 0	2.080 0	2.090 0	2.100 0
3	3.030 1	3.060 4	3.090 9	3.121 6	3.152 5	3.183 6	3.214 9	3.246 4	3.278 1	3.310 0
4	4.060 4	4.121 6	4.183 6	4.246 5	4.310 1	4.374 6	4.439 9	4.506 1	4.573 1	4.641 0
5	5.101 0	5.204 0	5.309 1	5.416 3	5.525 6	5.637 1	5.750 7	5.866 6	5.984 7	6.105 1
6	6.152 0	6.308 1	6.468 4	6.633 0	6.801 9	6.975 3	7.153 3	7.335 9	7.523 3	7.715 6
7	7.213 5	7.434 3	7.662 5	7.898 3	8.142 0	8.393 8	8.654 0	8.922 8	9.200 4	9.487 2
8	8.285 7	8.583 0	8.892 3	9.214 2	9.549 1	9.897 5	10.260	10.637	11.029	11.436
9	9.368 5	9.754 6	10.159	10.583	11.027	11.491	11.978	12.488	13.021	13.580
10	10.462	10.950	11.464	12.006	12.578	13.181	13.816	14.487	15.193	15.937
11	11.567	12.169	12.808	13.486	14.207	14.972	15.784	16.646	17.560	18.531
12	12.683	13.412	14.192	15.026	15.917	16.870	17.889	18.977	20.141	21.384
13	13.809	14.680	15.618	16.627	17.713	18.882	20.141	21.495	22.953	24.523
14	14.947	15.974	17.086	18.292	19.599	21.015	22.551	24.215	26.019	27.975
15	16.097	17.293	18.599	20.024	21.579	23.276	25.129	27.152	29.361	31.773
16	17.258	18.639	20.157	21.825	23.658	25.673	27.888	30.324	33.003	35.950
17	18.430	20.012	21.762	23.698	25.840	28.213	30.840	33.750	36.974	40.545
18	19.615	21.412	23.414	25.645	28.132	30.906	33.999	37.450	41.301	45.599
19	20.811	22.841	25.117	27.671	30.539	33.760	37.379	41.446	46.019	51.159
20	22.019	24.297	26.870	29.778	33.066	36.786	40.996	45.762	51.160	57.275
21	23.239	25.783	28.677	31.969	35.719	39.993	44.865	50.423	56.765	64.003
22	24.472	27.299	30.537	34.248	38.505	43.392	49.006	55.457	62.873	71.403
23	25.716	28.845	32.453	36.618	41.431	46.996	53.436	60.893	69.532	79.543
24	26.974	30.422	34.427	39.083	44.502	50.816	58.177	66.765	76.790	88.497
25	28.243	32.030	36.459	41.646	47.727	54.865	63.249	73.106	84.701	98.347
26	29.526	33.671	38.553	44.312	51.114	59.156	68.677	79.954	93.324	109.18
27	30.821	35.344	40.710	47.084	54.669	63.706	74.484	87.351	102.72	121.10
28	32.129	37.051	42.931	49.968	58.403	68.528	80.698	95.339	112.97	134.21
29	33.450	38.792	45.219	52.966	62.323	73.640	87.347	103.97	124.14	148.63
30	34.785	40.568	47.575	56.085	66.439	79.058	94.461	113.28	136.31	164.49
40	48.886	60.402	75.401	95.026	120.80	154.76	199.64	259.06	337.88	442.59
50	64.463	84.579	112.80	152.67	209.35	290.34	406.53	573.77	815.08	1 163.9
60	81.670	114.05	163.05	237.99	353.58	533.13	813.52	1 253.2	1 944.8	3 034.8

（续表）

期数	12%	14%	15%	16%	18%	20%	24%	28%	32%	36%
1	1.000 0	1.000 0	1.000 0	1.000 0	1.000 0	1.000 0	1.000 0	1.000 0	1.000 0	1.000 0
2	2.120 0	2.140 0	2.150 0	2.160 0	2.180 0	2.200 0	2.240 0	2.280 0	2.320 0	2.360 0
3	3.374 4	3.439 6	3.472 5	3.505 6	3.572 4	3.640 0	3.777 6	3.918 4	4.062 4	4.209 6
4	4.779 3	4.921 1	4.993 4	5.066 5	5.215 4	5.368 0	5.684 2	6.015 6	6.362 4	6.725 1
5	6.352 8	6.610 1	6.742 4	6.877 1	7.154 2	7.441 6	8.048 4	8.699 9	9.398 3	10.146
6	8.115 2	8.535 5	8.753 7	8.977 5	9.442 0	9.929 9	10.980	12.136	13.406	14.799
7	10.089	10.731	11.067	11.414	12.142	12.916	14.615	16.534	18.696	21.126
8	12.300	13.233	13.727	14.240	15.327	16.499	19.123	22.163	25.678	29.732
9	14.776	16.085	16.786	17.519	19.086	20.799	24.713	29.369	34.895	41.435
10	17.549	19.337	20.304	21.322	23.521	25.959	31.643	38.593	47.062	57.352
11	20.655	23.045	24.349	25.733	28.755	32.150	40.238	50.399	63.122	78.998
12	24.133	27.271	29.002	30.850	34.931	39.581	50.895	65.510	84.320	108.44
13	28.029	32.089	34.352	36.786	42.219	48.497	64.110	84.853	112.30	148.48
14	32.393	37.581	40.505	43.672	50.818	59.196	80.496	109.61	149.24	202.93
15	37.280	43.842	47.580	51.660	60.965	72.035	100.82	141.30	198.00	276.98
16	42.753	50.980	55.718	60.925	72.939	87.442	126.01	181.87	262.36	377.69
17	48.884	59.118	65.075	71.673	87.068	105.93	157.25	233.79	347.31	514.66
18	55.750	68.394	75.836	84.141	103.74	128.12	195.99	300.25	459.45	700.94
19	63.440	78.969	88.212	98.603	123.41	154.74	244.03	385.32	607.47	954.28
20	72.052	91.025	102.44	115.38	146.63	186.69	303.60	494.21	802.86	1 298.8
21	81.699	104.77	118.81	134.84	174.02	225.03	377.46	633.59	1 060.8	1 767.4
22	92.503	120.44	137.63	157.42	206.34	271.03	469.06	812.00	1 401.2	2 404.7
23	104.60	138.30	159.28	183.60	244.49	326.24	582.63	1 040.4	1 850.6	3 271.3
24	118.16	158.66	184.17	213.98	289.49	392.48	723.46	1 332.7	2 443.8	4 450.0
25	133.33	181.87	212.79	249.21	342.60	471.98	898.09	1 706.8	3 226.8	6 053.0
26	150.33	208.33	245.71	290.09	405.27	567.38	1 114.6	2 185.7	4 260.4	8 233.1
27	169.37	238.50	283.57	337.50	479.22	681.85	1 383.1	2 798.7	5 624.8	11 198
28	190.70	272.89	327.10	392.50	566.48	819.22	1 716.1	3 583.3	7 425.7	15 230
29	214.58	312.09	377.17	456.30	669.45	984.07	2 129.0	4 587.7	9 802.9	20 714
30	241.33	356.79	434.75	530.31	790.95	1 181.9	2 640.9	5 873.2	12 941	28 172
40	767.09	1 342.0	1 779.1	2 360.8	4 163.2	7 343.9	22 729	69 377	207 874	609 890
50	2 400.0	4 994.5	7 217.7	10 436	21 813	45 497	195 373	819 103	*	*
60	7 471.6	18 535	29 220	46 058	114 190	281 733	*	*	*	*

注：*＞999 999.99

附表 4

年金现值系数表

期数	1%	2%	3%	4%	5%	6%	7%	8%	9%	10%
1	0.990 1	0.980 4	0.970 9	0.961 5	0.952 4	0.943 4	0.934 6	0.925 9	0.917 4	0.909 1
2	1.970 4	1.941 6	1.913 5	1.886 1	1.859 4	1.833 4	1.808 0	1.783 3	1.759 1	1.735 5
3	2.941 0	2.883 9	2.828 6	2.775 1	2.723 2	2.673 0	2.624 3	2.577 1	2.531 3	2.486 9
4	3.902 0	3.807 7	3.717 1	3.629 9	3.546 0	3.465 1	3.387 2	3.312 1	3.239 7	3.169 9
5	4.853 4	4.713 5	4.579 7	4.451 8	4.329 5	4.212 4	4.100 2	3.992 7	3.889 7	3.790 8
6	5.795 5	5.601 4	5.417 2	5.242 1	5.075 7	4.917 3	4.766 5	4.622 9	4.485 9	4.355 3
7	6.728 2	6.472 0	6.230 3	6.002 1	5.786 4	5.582 4	5.389 3	5.206 4	5.033 0	4.868 4
8	7.651 7	7.325 5	7.019 7	6.732 7	6.463 2	6.209 8	5.971 3	5.746 6	5.534 8	5.334 9
9	8.566 0	8.162 2	7.786 1	7.435 3	7.107 8	6.801 7	6.515 2	6.246 9	5.995 2	5.759 0
10	9.471 3	8.982 6	8.530 2	8.110 9	7.721 7	7.360 1	7.023 6	6.710 1	6.417 7	6.144 6
11	10.367 6	9.786 8	9.252 6	8.760 5	8.306 4	7.886 9	7.498 7	7.139 0	6.805 2	6.495 1
12	11.255 1	10.575 3	9.954 0	9.385 1	8.863 3	8.383 8	7.942 7	7.536 1	7.160 7	6.813 7
13	12.133 7	11.348 4	10.635 0	9.985 6	9.393 6	8.852 7	8.357 7	7.903 8	7.486 9	7.103 4
14	13.003 7	12.106 2	11.296 1	10.563 1	9.898 6	9.295 0	8.745 5	8.244 2	7.786 2	7.366 7
15	13.865 1	12.849 3	11.937 9	11.118 4	10.379 7	9.712 2	9.107 9	8.559 5	8.060 7	7.606 1
16	14.717 9	13.577 7	12.561 1	11.652 3	10.837 8	10.105 9	9.446 6	8.851 4	8.312 6	7.823 7
17	15.562 3	14.291 9	13.166 1	12.165 7	11.274 1	10.477 3	9.763 2	9.121 6	8.543 6	8.021 6
18	16.398 3	14.992 0	13.753 5	12.659 3	11.689 6	10.827 6	10.059 1	9.371 9	8.755 6	8.201 4
19	17.226 0	15.678 5	14.323 8	13.133 9	12.085 3	11.158 1	10.335 6	9.603 6	8.950 1	8.364 9
20	18.045 6	16.351 4	14.877 5	13.590 3	12.462 2	11.469 9	10.594 0	9.818 1	9.128 5	8.513 6
21	18.857 0	17.011 2	15.415 0	14.029 2	12.821 2	11.764 1	10.835 5	10.016 8	9.292 2	8.648 7
22	19.660 4	17.658 0	15.936 9	14.451 1	13.163 0	12.041 6	11.061 2	10.200 7	9.442 4	8.771 5
23	20.455 8	18.292 2	16.443 6	14.856 8	13.488 6	12.303 4	11.272 2	10.371 1	9.580 2	8.883 2
24	21.243 4	18.913 9	16.935 5	15.247 0	13.798 6	12.550 4	11.469 3	10.528 8	9.706 6	8.984 7
25	22.023 2	19.523 5	17.413 1	15.622 1	14.093 9	12.783 4	11.653 6	10.674 8	9.822 6	9.077 0
26	22.795 2	20.121 0	17.876 8	15.982 8	14.375 2	13.003 2	11.825 8	10.810 0	9.929 0	9.160 9
27	23.559 6	20.706 9	18.327 0	16.329 6	14.643 0	13.210 5	11.986 7	10.935 2	10.026 6	9.237 2
28	24.316 4	21.281 3	18.764 1	16.663 1	14.898 1	13.406 2	12.137 1	11.051 1	10.116 1	9.306 6
29	25.065 8	21.844 4	19.188 5	16.983 7	15.141 1	13.590 7	12.277 7	11.158 4	10.198 3	9.369 6
30	25.807 7	22.396 5	19.600 4	17.292 0	15.372 5	13.764 8	12.409 0	11.257 8	10.273 7	9.426 9
35	29.408 6	24.998 6	21.487 2	18.664 6	16.374 2	14.498 2	12.947 7	11.654 6	10.566 8	9.644 2
40	32.834 7	27.355 5	23.114 8	19.792 8	17.159 1	15.046 3	13.331 7	11.924 6	10.757 4	9.779 1
45	36.094 5	29.490 2	24.518 7	20.720 0	17.774 1	15.455 8	13.605 5	12.108 4	10.881 2	9.862 8
50	39.196 1	31.423 6	25.729 8	21.482 2	18.255 9	15.761 9	13.800 7	12.233 5	10.961 7	9.914 8
55	42.147 2	33.174 8	26.774 4	22.108 6	18.633 5	15.990 5	13.939 9	12.318 6	11.014 0	9.947 1

（续表）

期数	12%	14%	15%	16%	18%	20%	24%	28%	32%	36%
1	0.892 9	0.877 2	0.869 6	0.862 1	0.847 5	0.833 3	0.806 5	0.781 3	0.757 6	0.735 3
2	1.690 1	1.646 7	1.625 7	1.605 2	1.565 6	1.527 8	1.456 8	1.391 6	1.331 5	1.276 0
3	2.401 8	2.321 6	2.283 2	2.245 9	2.174 3	2.106 5	1.981 3	1.868 4	1.766 3	1.673 5
4	3.037 3	2.913 7	2.855 0	2.798 2	2.690 1	2.588 7	2.404 3	2.241 0	2.095 7	1.965 8
5	3.604 8	3.433 1	3.352 2	3.274 3	3.127 2	2.990 6	2.745 4	2.532 0	2.345 2	2.180 7
6	4.111 4	3.888 7	3.784 5	3.684 7	3.497 6	3.325 5	3.020 5	2.759 4	2.534 2	2.338 8
7	4.563 8	4.288 3	4.160 4	4.038 6	3.811 5	3.604 6	3.242 3	2.937 0	2.677 5	2.455 0
8	4.967 6	4.638 9	4.487 3	4.343 6	4.077 6	3.837 2	3.421 2	3.075 8	2.786 0	2.540 4
9	5.328 2	4.946 4	4.771 6	4.606 5	4.303 0	4.031 0	3.565 5	3.184 2	2.868 1	2.603 3
10	5.650 2	5.216 1	5.018 8	4.833 2	4.494 1	4.192 5	3.681 9	3.268 9	2.930 4	2.649 5
11	5.937 7	5.452 7	5.233 7	5.028 6	4.656 0	4.327 1	3.775 7	3.335 1	2.977 6	2.683 4
12	6.194 4	5.660 3	5.420 6	5.197 1	4.793 2	4.439 2	3.851 4	3.386 8	3.013 3	2.708 4
13	6.423 5	5.842 4	5.583 1	5.342 3	4.909 5	4.532 7	3.912 4	3.427 2	3.040 4	2.726 8
14	6.628 2	6.002 1	5.724 5	5.467 5	5.008 1	4.610 6	3.961 6	3.458 7	3.060 9	2.740 3
15	6.810 9	6.142 2	5.847 4	5.575 5	5.091 6	4.675 5	4.001 3	3.483 4	3.076 4	2.750 2
16	6.974 0	6.265 1	5.954 2	5.668 5	5.162 4	4.729 6	4.033 3	3.502 6	3.088 2	2.757 5
17	7.119 6	6.372 9	6.047 2	5.748 7	5.222 3	4.774 6	4.059 1	3.517 7	3.097 1	2.762 9
18	7.249 7	6.467 4	6.128 0	5.817 8	5.273 2	4.812 2	4.079 9	3.529 4	3.103 9	2.766 8
19	7.365 8	6.550 4	6.198 2	5.877 5	5.316 2	4.843 5	4.096 7	3.538 6	3.109 0	2.769 7
20	7.469 4	6.623 1	6.259 3	5.928 8	5.352 7	4.869 6	4.110 3	3.545 8	3.112 9	2.771 8
21	7.562 0	6.687 0	6.312 5	5.973 1	5.383 7	4.891 3	4.121 2	3.551 4	3.115 8	2.773 4
22	7.644 6	6.742 9	6.358 7	6.011 3	5.409 9	4.909 4	4.130 0	3.555 8	3.118 0	2.774 6
23	7.718 4	6.792 1	6.398 8	6.044 2	5.432 1	4.924 5	4.137 1	3.559 2	3.119 7	2.775 4
24	7.784 3	6.835 1	6.433 8	6.072 6	5.450 9	4.937 1	4.142 8	3.561 9	3.121 0	2.776 0
25	7.843 1	6.872 9	6.464 1	6.097 1	5.466 9	4.947 6	4.147 4	3.564 0	3.122 0	2.776 5
26	7.895 7	6.906 1	6.490 6	6.118 2	5.480 4	4.956 3	4.151 1	3.565 6	3.122 7	2.776 8
27	7.942 6	6.935 2	6.513 5	6.136 4	5.491 9	4.963 6	4.154 2	3.566 9	3.123 3	2.777 1
28	7.984 4	6.960 7	6.533 5	6.152 0	5.501 6	4.969 7	4.156 6	3.567 9	3.123 7	2.777 3
29	8.021 8	6.983 0	6.550 9	6.165 6	5.509 8	4.974 7	4.158 5	3.568 7	3.124 0	2.777 4
30	8.055 2	7.002 7	6.566 0	6.177 2	5.516 8	4.978 9	4.160 1	3.569 3	3.124 2	2.777 5
35	8.175 5	7.070 0	6.616 6	6.215 3	5.538 6	4.991 5	4.164 4	3.570 8	3.124 8	2.777 7
40	8.243 8	7.105 0	6.641 8	6.233 5	5.548 2	4.996 6	4.165 9	3.571 2	3.125 0	2.777 8
45	8.282 5	7.123 2	6.654 3	6.242 1	5.552 3	4.998 6	4.166 4	3.571 4	3.125 0	2.777 8
50	8.304 5	7.132 7	6.660 5	6.246 3	5.554 1	4.999 5	4.166 6	3.571 4	3.125 0	2.777 8
55	8.317 0	7.137 6	6.663 6	6.248 2	5.554 9	4.999 8	4.166 6	3.571 4	3.125 0	2.777 8